房地产开发与管理系列经典教材

房地产法学

（第二版）

李闫岩 主 编
薛 立 乔立新 岳 红 赵 军 副主编

Real Estate Law

大连理工大学出版社

图书在版编目(CIP)数据

房地产法学 / 李闫岩主编. — 2版. — 大连 : 大连理工大学出版社，2014.5

房地产开发与管理系列经典教材

ISBN 978-7-5611-9155-2

Ⅰ.①房… Ⅱ.①李… Ⅲ.①房地产－法学－中国－教材 Ⅳ.①D922.181.1

中国版本图书馆 CIP 数据核字(2014)第 100238 号

大连理工大学出版社出版

地址:大连市软件园路 80 号 邮政编码:116023

发行:0411-84708842 邮购:0411-84703636 传真:0411-84701466

E-mail:dutp@dutp.cn URL:http://www.dutp.cn

大连理工印刷有限公司印刷 大连理工大学出版社发行

幅面尺寸:170mm×240mm 印张:18 字数:333 千字

2008 年 6 月第 1 版 2014 年 5 月第 2 版

2014 年 5 月第 1 次印刷

责任编辑:邵 婉 责任校对:元 元

封面设计:波 朗

ISBN 978-7-5611-9155-2 定 价:33.00 元

房地产开发与管理系列经典教材编委会

丛书序

1987年,我国在深圳特区率先开展土地使用权有偿出让和转让试点,在改革开放近10年的时候开始了新时代真正的房地产经营管理。在过去的20多年里,中国的经济取得了举世瞩目的快速增长,房地产业的发展速度也明显加快,在部分大中城市已经成为具有支柱产业性质的行业,在国民经济中的地位不断提高。在纪念改革开放30年的今天,随着中国社会主义市场经济的发展,随着房地产市场日趋成熟,中国房地产开发企业正面临着越来越激烈的市场竞争,政府和行业管理者同样面对着复杂多变的局面。如何提升房地产经营管理者的领导力及执行力,已成为应该深刻思考和热切关注的问题。全球化的市场又为中国房地产业带来了国际市场竞争的机遇与挑战,这些机遇与挑战要求中国房地产业的创业者与业内人士必须关注中国经验的实践与理论,必须关注中国特色的提升与完善,必须关注房地产业的趋势与明天。

我们一直关注和参与中国特色房地产业的实践和发展,一直关注和参与中国特色房地产业的建设和完善,一直关注和参与中国特色房地产业的专业教育和人才培养。1993年,我们在与大连理工大学出版社策划"房地产开发与管理系列教材"时我就说过:"高等教育应该为房地产业的科学化、规范化、规模化和高移化做出贡献(刘亚臣,1993)"。在由我主编的这套丛书多次再版时,我也多次重复这样的观点。今天,应广大房地产业人士与学生的要求,为了便于房地产从业人员充分了解和认识我国的房地产政策,掌握有关房地产经营与管理方面的理论知识和实践技巧,提升行业水平,我们与大连理工大学出版社重新策划组织筛选了一批精品教材,再版为"房地产开发与管理系列经典教材",奉献给我国高校房地产专业的老师和学生以及广大业内人士,并向我国改革开放30周年献礼。

本系列教材的编者以沈阳建筑大学骨干师资力量为主体,并吸收了大连理工大学、辽宁大学、辽宁工业大学、辽宁石油化工大学的骨干教师及政府管理部门的人员。1993年,沈阳建筑大学成为我国最早独立设置房地产经营与管理本科专业的院校之一。1998年国家教育部学科目录调整后,沈阳建筑大学管理学院一直独立设置房地产学系,其工程管理专业也一直设有房地产经营管理方向。2006年,国家教育部批准沈阳建筑大学重新设置房地产经营管理本科专业(目录外),并开始面向全国招生。所以,此套教材的编著是以沈阳建筑大学管理学院为主体的参编人员,通过长期的、大量的辛苦工作凝结而成的。为应对房地产经营理论与模式的不断创新,我们在多年教学讲义的基础上,几易其稿,多次与国内外有关专家学者及实践工作者交流探讨,完善该系列教材各学科的知识体系。

本系列教材从房地产开发建设及管理入手,囊括房地产经营管理和房地产开发与管理专业课程设置中的房地产经营管理、房地产市场营销、房地产物业管理、房地产投资分析、房地产估价、房地产会计学、房地产法学、房地产金融与保险、房地产经纪人、房地产经济学和房地产管理信息系统等方面内容。整套教材具有内容简明扼要、通俗易懂、覆盖面宽、理论联系实际、实践指导性强等特色。

本系列教材以中国房地产经营管理体制改革的理论与实践为指导,结合了当前市场的需求,全方位、多角度、深层次地揭示了房地产开发经营各环节可能出现的问题,为房地产开发经营管理、物业管理和中介服务从业人员提供了重要参考。本系列教材既可作为房地产经营管理、房地产开发与管理、工程管理、工商管理专业的相应课程教材或阅读参考书使用,同时也可以作为其他专业了解房地产行业以及房地产有关活动的入门书。我们希望读者能在阅读参考中掌握房地产开发管理的真谛,使本系列教材成为地产人士的良师益友。

刘亚臣
2011年8月

第二版前言

2008年我们组织沈阳建筑大学多年从事房地产法学教学和具有实践经验的老师，编写了这本《房地产法学》，该教材也是沈阳建筑大学与大连理工大学出版社合作的“房地产经营管理系列经典教材”之一，自使用以来因其篇幅适中，章节合理，受到广大师生的好评。2013年入选为“辽宁省首批‘十二五’普通高等教育本科省级规划教材”。

本书虽然取得一定成绩，但随着时光流逝，尤其是近年来我国法律制度的建设，法律体系的完善，新的房地产法律和法规的出台、修订以及大量司法解释的颁布，原有教材的某些内容已显陈旧，难以全面反映现实，适应新时代、新政策的迫切要求。如，2012年《中华人民共和国民事诉讼法》的二次修正；2013年《中华人民共和国行政诉讼法修正案（草案）》颁布；2011年1月国务院第590号令公布并施行《国有土地上房屋征收与补偿条例》，《城市房屋拆迁管理条例》同时废止；2010年《中华人民共和国农村土地承包经营纠纷调解仲裁法》《商品房屋租赁管理办法》出台；2009年《最高人民法院关于审理建筑物区分所有权纠纷案件具体应用法律若干问题的解释》《最高人民法院关于审理物业服务纠纷案件具体应用法律若干问题的解释》《最高人民法院关于审理城镇房屋租赁合同纠纷案件具体应用法律若干问题的解释》等具体应用法律若干问题的解释颁布实施。

在党的政策方面：2013年11月12日中国共产党第十八届中央委员会第三次全体会议通过的《中共中央关于全面深化改革若干重大问题的决定》（以下简称《决议》）规定：“建立城乡统一的建设用地市场。在符合规划和用途管制前提下，允许农村集体经营性建设用地出让、租赁、入股，实行与国有土地同等入市、同权同价。”2014 年中央一号文件:“稳定农村土地承包关系并保持长久不变,在坚持和完善最严格的耕地保护制度前提下,赋予农民对承包地占有、使用、收益、流转及承包经营权抵押、担保权能。在落实农村土地集体所有权的基础上,稳定农户承包权、放活土地经营权,允许承包土地的经营权向金融机构抵押融资。”习近平总书记在 2014 年 1 月 7 日到 8 日召开的中央政法工作会议中指出,“要正确处理党的政策和国家法律的关系,党的政策和国家法律都是人民根本意志的反映,在本质上是一致的。”党的政策可以通过立法程序上升为法律。因此,学习和掌握这些有关房地产的方针政策尤为重要,有关部门正抓紧研究实施办法,建立配套的机制,推动修订相关法律法规。

鉴于此,《房地产法学》必须根据客观形势的变化情况加以修订和补充。这次修订,基本保留原有章节不变,将第 6 章“城市房屋拆迁法律制度”修改为“国有土地上房屋征收与补偿法律制度”;第 2 章 2.7“房地产登记制度”修改为“不动产登记制度”;第 4 章 4.5“经济适用住房开发建设”修改为“保障性住房开发建设与管理”。其他相关内容如建筑物区分所有权、建设用地使用权、土地承包经营权、商品房销售、房屋租赁、房地产纠纷诉讼等根据法律法规的颁布、修正作了适当修改完善并将《决议》等相关政策的内容也纳入其中。但由于编者水平所限,难免仍有不尽完善之处,敬请指教。

本次修订工作的分工为(以章为序):第 1 章、第 2 章、第 5 章,李闫岩;第 3 章,乔立新;第 4 章,乔立新、赵军;第 6 章、第 7 章、第 8 章,薛立;第 9 章,岳红、李闫岩。全书由李闫岩统筹,李闫岩担任主编,薛立、乔立新、岳红、赵军担任副主编。

编　者

2014 年 5 月

前言

随着我国土地有偿使用制度的建立和住房制度改革的深入，房地产业得到迅速发展，已成为我国重要的支柱产业之一。早在1992年国务院《关于发展房地产业若干问题的通知》中就指出，“房地产在我国是一个新兴产业，是第三产业的重要组成部分，随着城镇国有土地有偿使用和房屋商品化的推进，将成为国民经济的支柱产业之一。”该通知对我国房地产业作了定位。房地产业的发展也极大地带动了相关产业的崛起，为社会提供了大量劳动就业机会，房产也成为与广大居民生活息息相关的大宗商品。为了引导房地产业的发展方向，规范房地产开发行为，建立良好的房地产市场秩序，促进房地产业健康发展，须大力加强房地产法律制度的建设。

房地产法是调整房地产财产权和房地产开发、经营、管理、服务及与房地产相关的各种社会关系的法律规范的总称。我国已建立起以《物权法》《土地管理法》《城市房地产管理法》为核心，《城市房地产开发经营管理条例》《城市房屋拆迁管理条例》《商品房销售管理办法》等一系列配套法规为补充的房地产法律体系。但应当看到，我国尚缺少《住宅法》《不动产法》等核心房地产法律。另外，随着《物权法》的颁布实施，现行的法律、法规应在其框架下尽快作出修正、修订。同时，为加强房地产的宏观调控，国家适时出台一系列政策，这些政策会对房地产市场，甚至对房地产业产生影响，同样是房地产法学的研究内容。

房地产法学是以房地产法为研究对象的一门新兴法学学科，也是近年来发展较快的法律分支学科之一，具有很强的专业性。为了满足广大从事房地产开发、经营、管理从业人员和房地产专业学生以及科研、教学人员迫切希望系统掌握房地产法律知识的需求,结合房地产法学的特点,我们组织沈阳建筑大学有多年房地产教学、实践经验的教师,在深入研究我国现有房地产法律、法规及有关政策文件,参考国内外房地产法学著作、教材和各种科研成果的基础上,编写了本书。

全书共分房地产法概述、房地产权属法律制度、土地管理法律制度、房地产开发法律制度、房地产交易法律制度、城市房屋拆迁法律制度、房地产税收法律制度、物业管理法律制度和房地产纠纷的解决等9章内容,力求较全面、系统地介绍房地产法律制度的基本内容。每章配有2～3个案例和若干复习思考题,通过对案例的法理评析,帮助读者更好地理解相关章节的内容,培养应用房地产法律基础知识分析问题、解决问题的能力。复习思考题帮助读者检验学习效果,巩固所学知识。为使读者迅速了解各章知识体系,掌握重点、难点,在每章的开篇均有"本章提要"。

本书是集体成果,撰写人员具体分工如下:前言:李闫岩;第1章:李闫岩、岳红;第2章、第4章:李闫岩;第3章:乔立新、乔惠林;第5章:乔立新;第6章、第7章、第8章:薛立;第9章:岳红。全书由李闫岩统筹、主编,薛立、乔立新、岳红为副主编。

在本书写作过程中得到院、校领导的支持,在此表示感谢!

由于作者水平有限,本书在体系安排和内容深度上难免存在不足,望广大读者批评指正。

编　者

2008年1月

目录

第1章 房地产法概述

本章提要：

房地产法的基础理论，是学习和研究房地产法首先必须掌握的基本内容，是学习后续章节的基础。本章将对房地产及房地产业，房地产法的调整对象、基本原则，房地产法律关系，我国房地产法发展过程，现行立法体系及国外房地产立法概况等问题进行介绍，并对完善我国房地产法律法规体系提出建议。通过本章的学习，了解房地产、房地产业和房地产法规的基本知识；掌握房地产法的基本概念和基本原理；理解对房地产关系实行法律调整的重要性及房地产法与邻近部门法律的关系。

1.1 房地产法概述

1.1.1 房地产法的概念和特征

1. 房地产法的概念

房地产法是调整房地产经济关系的法律规范的总称。这里法律规范不仅包括宪法、民法、经济法、行政法、刑法等，还包括国务院及其各部委颁发的条例、部门规章、地方法规规章、法律解释等。狭义的房地产法，特指 1994 年 7 月 5 日第八届全国人民代表大会常务委员会第八次会议通过，2007 年 8 月 30 日修正的《中华人民共和国城市房地产管理法》，共七章七十三条。

从我国经济生活的实际情况来看，房地产法所调整的社会经济关系是十分广泛的，既有财产关系，也有非财产关系；既有房地产业的开发经营关系，也有公民之间、职工与其单位之间、公民与政府之间的基于房地产使用或产权而发生的非房地产业关系。

2. 房地产法的特征

(1)房地产法调整不动产领域，其所调整的社会关系比较稳固。不动产是指土地和地上附着物，是不能移动或移动后会丧失其经济价值或经济用途的物，它是人们在生产和生活中一刻也不能离开的物质资料，不动产使用期限比较长，一般也不轻易改变用途。比如，我国有关房地产法律规定，商品房用地可长达 70 年，期满后还可以再续期，可以比较长期地满足人们的需要。另外，不动产的转移并非实际物体发生位移，而是权利主体发生变动。房地产交易实际上是权利的交易。因此，房地产法是一个以权属为基础的法，只要权属还存在，就可以不断交易下去。

(2)房地产社会关系严密置于国家的控制之下。房地产社会关系可以分为两大类，一类是当事人之间平等的社会关系，另一类是管理和被管理的社会关系。国家对这一领域的行政干预十分显著。从土地的无偿划拨到有偿出让、转让，从土地的利用规划到工程施工管理，从商品房的开发到售后服务，从产权产籍登记过户的管理到抵押登记等等，几乎无处不体现国家有关职能部门行使监督和管理的权利。

(3)房地产法律关系的确定一般都要采用书面形式。房地产法律关系的相对稳定性，客观上就要求它必须采用书面形式，即要求房地产法律关系的参加者，将其相互间的权利义务关系用文字记录下来，以确保这种法律关系的稳定性和严肃性。房地产方面的合同内容比较完整，条文比较复杂，多有合同示范文本，许多合同还必须报送有关部门批准或备案。

(4)以登记公示为权利变动的成立要件。这是房地产权利变动的基本要求。动产的权利变动以标的物的转移占有为原则，而不动产的权利变动，则以当事人在政府有关管理部门办理变动登记公示的为原则，未经政府管理机关办理权利变动登记，其行为不具有法律效力，这是动产权利与不动产权利变动的显著区别。

1.1.2　房地产法的调整对象

房地产法的调整对象是指房地产法所调整的特定领域的房地产社会经济关系。所谓特定领域有广义与狭义之分，本书为广义的理解。广义上的特定领域的房地产社会经济关系包括房地产产权、开发、经营、使用、交易、服务、管理及其他与房地产相关的各种社会关系；狭义上的特定领域的房地产社会经济关系是指在中华人民共和国城市规划区国有土地范围内，取得房地产开发用地的土地使用权，从事房地产开发、房地产交易、实施房地产管理过程中所发生的各种社会关系。按照房地产经济活动的范畴，房地产法的调整对象可分为房地产产权、开发、经营、使用、交易、服务、管理及其他与房地产相关的社会关系。

1. 按照房地产法律关系所主要涉及的法律部门可分为以下三类：

(1)房地产民事关系。具体包括：房地产所有权关系、土地承包经营权关系、建设用地使用权关系、宅基地使用权关系、地役权关系、房地产抵押关系、房地产转让关系、房屋租赁关系、房地产相邻关系、房屋继承关系、房屋征收关系等。房地产民事关系中的某些部分以民法一般调整为主，专门法规调整为辅，如物权关系、房屋继承关系、房屋赠与关系、房屋租赁关系、房屋征收关系、房地产相邻关系等；另一部分则为以商法性质为主的一些房地产专门立法所调整，如房地产交易关系、房屋维修关系、房地产中介服务关系、物业管理关系等。

(2)房地产行政关系。这类关系中有一部分是纯粹的行政关系，如房地产行政管理体制关系；另一部分也是大部分属于与经济法律关系相交叉而又以行政性为主的关系，如房地产建设项目管理关系、房地产产权和产籍管理关系、房地产行业管理关系、房地产市场的监督管理关系等。这类关系的主要特征是不具备财产内容或者不以财产内容为主，主体之间完全是命令与服从、管理与被管理的关系。

(3)房地产经济法律关系。这是房地产法调整对象最大量的部分，也正是这类调整对象的存在，才使房地产法具有相对独立的意义。主要包括：土地管理法律关系（包括土地规划管理关系、国有土地使用权出让关系、集体土地使用关系、土地征用关系、土地保护关系、土地使用权转让关系等），房地产规划管理关系（包括土地规划管理关系和城市建设规划关系),房地产开发和经营管理关系,房地产税费收缴关系,房地产金融关系,房地产质量,价格管理关系,房地产国有资产经营管理关系,涉外房地产关系等。

我国房地产经济法律关系中还应包括房地产社会保障关系,具体内容包括:住宅社会保障关系,公有房屋的使用、转让和管理关系,单位与其职工的房屋产权和使用关系,房地产消费者保护关系等。社会保障关系在国外多作为独立部门法的社会保障法所调整。这类房地产关系虽然具有较强的公法性,但与房地产行政关系有本质上的区别;虽然具有一定的财产内容,但与民商事关系亦有本质上的区别;它与经济法律关系更为接近,但经营管理的因素很有限。在市场经济条件下,房地产社会保障关系是房地产法的重要调整对象。

2. 房地产法调整对象的具体内容

(1)土地、房屋财产关系。土地的所有权和使用权,房屋的所有权和使用权,都属于财产。它们是房地产业务活动的基础。

(2)土地利用和管理关系。土地利用总体规划,对耕地的特殊保护,土地开发利用,土地用途管制,建设用地审批,集体土地的征收或者征用,国有土地使用权的出让、转让、出租和抵押等等,有些属于市场行为,有些属于政府行为,有些属于市场行为与政府行为的结合。

(3)城市房地产开发经营关系。房地产开发经营,是指房地产开发企业在城市规划区内国有土地上进行基础设施建设,房屋建设,并转让房地产开发项目或者销售、出租商品房的行为。既包括开发,又包括交易。

(4)城市房地产管理关系。城市的整体规划,对公有房屋和私有房屋的管理,这些都属于政府管理、监督行为。

(5)城市物业管理服务关系。物业所有人(即业主)、使用人与物业管理服务企业之间,就房屋建筑及其配套设施和居住小区内绿化、卫生、交通、治安、环境容貌等管理项目进行维修、修缮与整治,发生一系列社会经济关系,也可归属于广义的房地产法调整之列。

1.1.3 房地产法的基本原则

1. 土地公有和土地有偿使用原则

社会主义经济是建立在公有制基础上的,公有制经济占主导地位,多种所有制经济共同发展。土地不仅是资源,而且是资产。我国坚持社会主义道路,基本原则之一就是实行土地的社会主义公有制。我国境内的土地，除由法律规定属于国家所有的外，属于劳动群众集体所有。国家可以依法征收集体土地，一经征收即转化为全民所有。我国内地不存在土地私有制。

国家依法实行国有土地有偿、有期限使用制度。

2. 十分珍惜、合理利用土地和切实保护耕地的原则

保护土地，保护耕地，就是保护我们的生命线。十分珍惜、合理利用土地和切实保护耕地已成为我国的基本国策之一。各级人民政府应当采取措施，全面规划，严格管理，保护、开发土地资源，制止非法占用土地的行为。要坚持实行土地用途管制制度。

对耕地实行特殊保护，包括基本农田保护制度、占用耕地补偿制度。

3. 房地产综合开发原则

房地产开发经营应当按照经济效益、社会效益、环境效益相统一的原则，实行全面规划、合理布局、综合开发、配套建设。在实践中，三大效益之间可能存在矛盾，不大平衡。亦即是说，有些时候处于两难之中。我们的任务是努力谋求“三位一体”，互相促进，注意防止顾此失彼。

4. 城镇住房商品化原则

国家根据社会、经济发展水平，扶持发展居民住宅建设，逐步改善居民的居住条件。逐步推行城镇居民住房商品化，不断满足人民群众日益增长的住房需求。

5. 宏观调控与市场调节相结合的原则

鉴于房地产在国民经济中的重要性，房地产市场交易的高利润和高风险性，对房地产活动既不能管得太死，又不能放任自流，特别要警惕“泡沫经济”成分。2003年8月，国务院《关于促进房地产市场持续健康发展的通知》将房地产行业定位为拉动国民经济发展的支柱产业之一，明确提出要保持房地产业的持续健康发展，要求充分认识房地产市场持续健康发展的重要意义。2003年至2013年间国家出台一系列政策和措施，如：“国八条”“国六条”“（新）国十条”“取消房贷优惠政策”“深化房产税改革”“提高首付比例”等对房地产进行宏观调控。

《中共中央关于全面深化改革若干重大问题的决定》关于“建设统一开放、竞争有序的市场体系，是使市场在资源配置中起决定性作用的基础。必须加快形成企业自主经营、公平竞争，消费者自由选择、自主消费，商品和要素自由流动、平等交换的现代市场体系，着力清除市场壁垒，提高资源配置效率和公平性。”的规定将对我国房地产调控政策产生影响。

1.2 房地产法律关系

1.2.1 房地产法律关系的概念和特征

1.房地产法律关系的概念

房地产社会关系受到多种社会规范的调整，如政策规范、法律规范、道德与习惯规范、组织纪律与内部规章规范等，其中法律规范调整的房地产社会关系形成了受法律强制力保护的权利义务关系，这种房地产社会关系即上升为房地产法律关系。

房地产法律关系包括三个要素：主体要素、内容要素和客体要素。主体是指房地产法律关系的参加者；内容是指房地产法律关系主体所享有的权利和承担的义务；客体是指房地产法律关系主体的权利义务所指向的对象。三者对房地产法律关系的构成缺一不可，且任何一个要素的变更和消灭都会导致房地产法律关系的变更和消灭。

房地产法律关系在房地产社会关系中的地位是一个社会房地产经济发展程度的重要标志，同时也对一个社会房地产经济的发展方向和利益格局起着重要的决定作用。例如，在中国封建社会的自然经济状态下，房地产大量地属于自给自足的个体(包括家族)，极少进入市场，调整这类房地产社会关系的社会规范即以习惯和宗族规约为主，辅之以行政政策，而法律关系则居于较次要的位置；在计划经济条件下，房地产被作为社会的或企事业单位的福利而主要通过行政分配，且所有权主要为国家或集体所有，相应的这种房地产社会关系主要通过行政命令和政策以及内部规章调整；只有在市场经济的条件下，才对房地产的法律调整为主提出要求。房地产业是以现代城市经济为重要标志的市场经济发展到较高程度的产物，而现代市场经济本身即意味着法制经济，房地产社会关系上升为法律关系是市场经济发展的客观要求；另一方面，房地产法律关系的正确调整也是房地产业健康发展的基本保障。

2.房地产法律关系的特征

(1)房地产法律关系是一种新型的法律关系

①房地产法律关系是现代城市经济和现代房地产业的产物，是一个新兴的法律分支的调整对象。从各国家和地区调整房地产经济关系的法律规范体系来看，虽然大部分国家在立法体系上并无独立的房地产法，但房地产业的形成和发展使

调整这一综合产业的法律规范的系统化趋势日渐明显，特别是我国港澳地区和房地产业迅猛发展为支柱产业的一些国家和地区，房地产法律关系作为一种新型的法律关系的地位已得以确认。

②房地产法律关系体现了现代社会新型法律关系的各种原则和价值。在产权制度方面，房地产法体现了现代物权法和财产法重土地利用权的原则；在价值取向方面，房地产法强调房地产的社会价值和公民的居住基本生存权利的价值；在调整方法上，房地产法提倡法律对各种不同利益的协调、兼顾和综合调整；在法理学方面，房地产法贯穿了现代法理学的许多新理念，突破了大陆法和普通法的界限、公法与私法的界限。我国房地产法在对土地资源的合理利用方面强调的房地产业可持续发展原理，其代内公平与代际公平原理，发展与限制的原理，是对传统法理学的重大发展。

上述新型法律关系的原则在一些具有调整房地产关系功能的相关法律中个别地体现，而在房地产法对房地产法律关系的综合调整体系中得以全面地体现。

(2)房地产法律关系是一种综合的法律关系

①主体的综合性。房地产法律关系的主体既包括民事法律关系的主体，也包括行政法律关系的主体和经济法律关系的主体。在一定情况下，一个主体甚至可能同时具有两种主体资格，如在国有土地使用权出让法律关系中，国家作为土地所有者既是合同关系中的民事主体，同时又作为土地资源的管理者和房地产业的管理者，这种情况在其他法律关系中是不多见或不明显的。

②内容的综合性。房地产法律关系是民事法律关系、行政法律关系，有时还包括社会保障法律关系的综合，片面强调其中的任何一种法律关系都不利于对房地产社会关系的合理调整，这种综合性特征使房地产法具有经济法律关系内容的特征。

③客体的综合性。房地产法律关系的客体与一般财产法客体范围不同，后者仅为有形的财产，而前者不仅包括有形财产的物，也包括行为，甚至从房地产业以第三产业为中心的意义上来说，房地产法律关系的客体应当主要是服务性的经营行为。此外，房地产业客体也包括无形财产，例如香港房地产抵押的重要形式之一是按揭，其中又以公义式按揭为主，这种权利的客体为普通法上的一种期待权，相当于大陆法中的无形财产权，但却不是现实存在的事物，而是一种将来的利益。关于房地产概念中土地和房屋的不可分性，在一定意义上也是房地产法律关系客体综合性的表现。

(3)房地产法律关系是一种有限的法律关系

如前所述，房地产业与房地产不同，房地产法律关系主要是法律对房地产业社会关系的调整，广义房地产社会关系中的房地产业以外的社会关系则由其他法律调整，如房地产继承关系、农村房地产关系等属于一般的民事法律关系，土地征用、耕地保护、特殊用地等主要属于土地法律关系。这种局限性在不同国家和地区有所区别，在西方国家，所谓房地产法律关系基本上仅局限于不动产交易法律关系，在港澳地区则主要限于房地产开发和交易关系，我国内地房地产法律关系的范围在理论上尚无定论，主要争论之一在于住宅商品化制度，特别是带有社会福利性质的住宅开发和交易应否属于房地产法律关系。实践证明，这类房地产关系有必要进入房地产市场，并且应逐步将其纳入房地产法律关系。另一方面，即使是城市房地产社会关系中，也有相当一部分不由法律调整，而由其他社会规范调整，如一些具有涉外因素而政策性较强的房地产确权问题主要由政策调整而不能适用一般的法律规定，部门或单位内部成员房屋权属的争议主要由内部规章处理，法院亦不受理这类争议的案件。目前我国住房制度改革过程中形成的房地产社会关系主要适用政策规范调整，只有在条件成熟时，例如一些城市公房销售成功而可以进入二级市场时，才使这类房地产关系具有法律关系的性质。

1.2.2 房地产法律关系的构成要素

1.房地产法律关系主体

房地产法律关系主体即房地产法律关系的参加者，指参加房地产法律关系，享有房地产权利、承担房地产义务的当事人。其中，享有权利的当事人称为权利主体，承担义务的当事人称为义务主体。可以从不同的角度进行分类。

(1)从一般民事法律关系的角度，房地产法律关系主体可分为：国家、法人和公民。这是许多房地产法论著的分类方法，但国家在民事法律关系中仅作为一般的民事主体，与法人和公民在法律地位上是平等的，而不具有管理者的地位，这种主体分类方法仅仅是局部意义的，不能涵盖一切房地产法律关系的主体范围。

(2)从各类主体在房地产法律活动中所起的不同作用的角度，房地产法律关系主体可分为：

①国家或政府。包括土地管理部门、房屋管理部门、规划管理部门、建设管理部门、公证机构等。这类主体在房地产法律关系中具有三重性质或地位，一是作为一般的民事法律关系主体，如国家机关为其工作人员向开发商购买商品房而形成的房地产买卖关系中作为买方的主体资格，这是一种纯粹的民事法律关系主体。二是作为房地产法律活动中的管理者所具有的主体资格，如国家对房地产建设用地的法律限制、对房地产价格的限制、对房地产交易的管理、对房地产产权和产籍的管理等，这是一种纯粹的行政或经济行政法律关系主体。上述两种主体资格是一切国家或政府所普遍具有的双重资格。三是作为国有土地资源所有者和管理者

的特殊主体资格，这是我国内地和港澳地区的特有现象，国家和政府在土地使用权出让关系中既是合同一方，同时也是房地产建设用地的管理者，这种法律关系既有财产内容也有管理内容，这种特殊主体具有经济法律关系主体资格的性质。

②房地产开发商。指专门从事房地产开发的企业。在以房地产业为标志的现代房地产社会关系中，这种主体居于核心地位，它是房地产市场经济的首要主体，是房地产开发活动的组织者。我国的房地产开发企业分为三种：第一种是房地产开发专营企业，即以房地产开发经营为主业的企业；第二种是房地产开发兼营企业，即经批准从事房地产开发经营业务的其他企业；第三种是房地产开发项目公司，即以开发项目为对象从事单项房地产开发经营的企业，该项目完成后，项目公司即告终止。我国对房地产开发企业实行分等定级，将房地产专营企业按企业的资金、人员的素质、管理的水平等资质条件分为一、二、三、四，四个等级，低等级的开发企业不得承接高等级企业才可承接的建设项目。

③工程承包商。指承接开发商提供的房地产开发项目，进行建筑施工的企业。建筑商主要受《建筑法》和《合同法》的规范，基于此形成的法律关系是房地产相关法律关系。建筑商不仅要对开发商负合同责任，还要对房地产消费者负建筑质量责任，建筑质量纠纷是近年来房地产消费者保护案件的主要类型。我国对建筑施工企业的管理主要包括：企业资质管理、施工管理和建设工程监理。我国建筑企业按企业的资历、技术管理人员等级和数量、固定资产和专业设备的数量以及生产能力等条件分为四个等级，并以此划分可承接的不同规模和类别的建筑项目。

④房地产卖方。主要指作为商品的房屋的出售者，也包括土地使用权转让的卖方，因为国家垄断土地一级市场，因此，不包括土地使用权出让的卖方。房地产卖方分为土地使用权二、三级市场的卖方和商品房一、二、三级市场的卖方。

房地产卖方亦可分为销售商、投机商和非经营性销售者。销售商是指通过房地产销售获取合理商业利润即平均利润的房地产卖方；投机商则是以获取投机利益为目的，通过“炒地皮”“倒项目”，或囤积房地产、操纵房地产市场以获取投机暴利的房地产卖方。事实上，房地产投机商往往既是投机销售者，也是投机购买者；另一方面，投机性销售往往与一些开发商的经营行为联系在一起，但通过按揭制度“炒楼花”而获利的个体投机者也大有人在。上述两种卖方均属于经营性销售者。非经营性卖方主要指非房地产经营者且非以营利为目的销售房地产者。例如一些公民通过房地产二、三级市场以房屋的实际价值销售现有住房，这种销售者与经营性销售者具有本质上的不同，基本上属于一般的民事法律行为。广义上的非经营性销售者也包括公房出售的卖方，由于这种售卖并非通过房地产市场，主要适用的规范是部门或单位的内部规范而不是法律规范，故不是典型的买卖行为，且“买卖”的标的中往往含有相当成分的福利因素，这种因素的实物化本质上并不属于买卖的范围。但公房出售后上市的关系即应属于买卖关系。

⑤房地产买方。与房地产卖方的分类原理相同,但重要的是一般住宅的购买属于消费性购买,是基于公民居住权及基本生存权的消费,这种买方具有消费者的资格,应当受到消费者保护法的进一步严格保护。

⑥房地产辅助商。指从事除直接进行房地产开发和交易以外的房地产服务性经营者。包括:a. 房地产经纪人。指在房地产交易活动中充当中介人的机构或个人;b. 房地产交易行。指专门为房地产交易提供场所的机构;c. 房地产金融和保险机构。指银行、投资公司、保险公司等为房地产投资置业提供贷款、融资、保险等服务业务的机构;d. 房地产估价机构。指专门从事房地产价值评估的机构及其人员;e. 房地产咨询顾问人。指专门向委托人提供有关房地产方面的专门知识和信息的机构及其人员;f. 物业管理公司。指专门从事现有房地产维修、保养及其他配套服务的公司;g. 房地产律师。指为各类房地产活动提供法律服务和诉讼代理的司法业务机构和人员。

⑦房地产他项权利人和义务人。包括房地产抵押权人及其相对人、房地产出租人和承租人等。

(3)从房地产利益结构关系的角度,房地产法律关系主体可以划分为国家和政府、房地产经营者和房地产消费者。国家和政府在房地产利益结构中的利益,主要与其第三种主体资格即同时作为国有土地所有者和管理者的资格相关,即国有土地使用权出让收益;房地产经营者的利益是指各类房地产经营主体的经营性利益;房地产消费者利益则主要指居民以有偿方式购买、使用房地产取得而应受到法律保护的各种消费者权益。

在房地产三元利益结构中,政府处于最强有力的地位,而且其权力与利益直接结合,稍有不慎即可能引发经济和社会的动荡。其次是商人或企业的地位和利益,房地产商人或企业具有较强的经济实力,特别是在发达国家和地区,大房地产商利用雄厚的经济实力在相当大的程度上控制和操纵整个房地产市场,甚至具有左右政府政策的能力。处于最弱势地位的是作为房地产消费者的公民个人,他们既没有权力又缺少金钱,难以与房地产商人抗衡。在资本主义制度下,这种三元利益结构往往是失衡的。在港澳地区,这种失衡主要表现在房地产商人利益的主导和支配地位以及政府曾经对土地出让金利益的过度追求。

我国社会主义公有制决定了国家、集体、个人三者利益在根本上是一致的,国家的房地产收益取之于民用之于民,房地产政策以保护土地资源和安居工程为重点,完全是向保护公民的利益倾斜,但上述三角利益关系的失衡问题也是存在的。市场经济条件下存在所有制的多元主体,国家、地方、部门、企业、个人的利益彼此有独立的一面,特别是作为国有企业的商业利益与国家利益存在混同的可能,这种商业利益与公民消费者利益的对立与冲突已经成为严峻的社会问题。我国前一时期,一些地方的房地产立法和政策取向过分强调市场和价值规律的作用,事实上是商业利益主导,当然如果没有商人或商业利益就不会有房地产市场,至少没有充满生机与活力的房地产市场,从而房地产业对提高人民生活水平和增加国家财富的作用都会受到不利的影响,但不可否认的是,商业利益的增加即意味着消费者利益减少,商业利益的主导即意味着国家和社会公共利益的弱化。综上所述,我国房地产主体利益结构决定了我国房地产法律调整的总方针应当是:严格规范批地制度,保证国家地产资源利益不流失;限制商业利益的过度扩张,杜绝炒地皮、倒项目的恶性投机;拓展房地产消费市场,保护人民群众的住宅消费利益。

2. 房地产法律关系客体

法律关系的客体是指主体依法享有房地产权利和依法承担房地产义务所共同指向的对象,这种对象往往被理解为物、行为和智力成果等。已故著名民法学者佟柔教授指出,"把物和行为这两个不同的事物分别作为民事法律关系的客体是不妥的。物在民事法律关系中只能作为权利的标的,不能作为客体。单纯的物和行为一样都不能作为民事法律关系的要素。只有把它们结合起来,即结合成一定物质利益的行为,才能成为民事法律关系的客体"。房地产法律关系客体最充分地体现了这一结合属性。众所周知,房地产业是以第三产业为核心的综合性产业,这种产业所形成的法律关系中权利所指向的标的是物,即房地产物质财富,但其核心内容却是对土地的利用行为,以及房地产开发、交易和转让等行为,也包括一定的经济管理行为。当事人权利义务共同指向的并不完全是物,也不是单纯的行为,而是二者相结合而成的房地产物质利益。事实上分别用大陆法物和行为的概念是不能涵盖具有深远普通法渊源的房地产客体的。例如,在源于香港普通法的房地产按揭法律关系中,当事人共同权利义务所指向的对象是一种期待的利益,即尚未客观存在的所谓公义式产权,它既不属于物,也不属于行为,亦非知识产权,但却公认地属于物质利益。从宏观上来看,房地产法也正是对这种物质利益进行协调的法律体系。

3. 房地产法律关系内容

房地产法律关系的内容即房地产法律关系主体依法享有的权利和依法承担的义务。房地产社会关系和房地产业的综合性决定了房地产法律关系内容的综合性,性质上可分为以下三类:

(1)房地产民事权利义务

这是基于房地产民事法律关系所产生的权利义务,其特征是权利义务主体一律平等,以财产权为核心。主要可以从以下不同角度进行分类:

①房地产物权。指权利主体对特定的房地产所享有的直接支配并排除他人干涉的权利，包括土地所有权、土地使用权、房屋所有权、建筑物区分所有权、房地产经营管理权、相邻权、抵押权、典权，以及具有一定物权意义的房屋租赁权等。

②房地产债权。指当事人依合同的约定或法律的规定，以房地产物质利益为客体的相互权利义务关系，如房地产买卖、房屋保险、房屋拆迁、房地产中介服务、房地产价格评估、房地产物业管理服务、房地产金融服务、房地产代管与托管等活动中形成的权利义务关系。

③房地产继承权。指依照法律规定或遗嘱指定取得被继承人房地产遗产的权利。此外，房地产民事权利还可分为绝对权和相对权、请求权和形成权、主权利和从权利等。

(2)房地产行政权利义务

指基于房地产行政法律规范调整所形成的权利义务。其特征是主体地位是不平等的，权利义务不涉及或不直接涉及等价交换的物质利益，体现的是一种领导与被领导、管理与被管理、命令与服从的关系。在房地产行政管理过程中，管理者作为法律关系的主体所享有的行政权利不同于民事权利，主体行使行政职能是被国家赋予的职权，是一种不可转让或放弃的公权力。我国房地产行政权利义务主要产生于以下房地产法律关系当中地政管理关系、房屋管理关系、规划管理关系、建筑工程管理关系、销售和价格管理关系、产权和产籍登记管理关系、房地产经营企业管理关系、房地产公证关系等。此外，部门和单位内部的房地产关系在性质上也主要属于房地产行政权利义务关系。

(3)房地产经济权利义务

指基于经济法律规范调整所形成的房地产权利义务关系。其特征是，它同时具有房地产财产内容和管理内容，二者缺一不可；它以国家意志和社会利益为本位；其调整方法是法律、行政和经济手段的综合。我国房地产经济权利义务主要产生于以下房地产法律关系当中：国有土地使用权出让关系、房地产税收关系、房地产社会福利和社会保障法律关系、涉外房地产关系、房地产消费者保护法律关系等。

1.2.3 房地产法律关系的产生、变更和终止

房地产法律关系不是从来就有的，也不是一直不变永远存在的，凡是能引起房地产法律关系产生、变更和终止的客观事实，称之为法律事实，分为法律行为和法律事件。法律事件是指与当事人的意志无关的引起法律关系发生、变更和终止的客观情况。而法律行为则是指引起法律关系产生、变更和终止的人的有意识的活动。

1. 房地产法律关系的产生

房地产法律关系的产生是指在房地产法律关系主体之间形成一定的房地产权利和义务关系。如政府将土地使用权出让给受让人,以及房产售卖合同签订等都使房地产法律关系产生。

2. 房地产法律关系的变更

房地产法律关系变更是指房地产法律关系的主体、内容和客体任一要素发生变化。如在房屋买卖关系中,双方对合同条款中买卖双方权利义务作了变更,这是内容的变更;又如房屋所有人的变更,引起房屋所有权法律关系主体变更;因地震灾害损坏部分房屋,引起房屋所有权和使用权客体变更等,这些都是法律事实引起房地产法律关系变更。

3. 房地产法律关系的终止

房地产法律关系的终止是指房地产当事人之间房地产权利义务的终结。如土地使用人受让的土地使用权期限届满,国家收回土地使用权,因此土地使用权法律关系终止;如战争损毁了房屋,引起房产所有权关系消灭;如土地使用人死亡,导致土地使用权法律关系终结等。

1.3 房地产法的渊源

我国房地产法的渊源指房地产法律规范的表现形式。主要有:《中华人民共和国宪法》(以下简称《宪法》)、房地产法律、房地产行政法规、房地产部门规章、房地产地方性法规和规章、房地产法律解释等。

1.3.1 宪　法

《宪法》作为国家的根本大法,具有最高的法律效力,也是房地产立法和司法必须遵循的基本依据。

《宪法》中有一些条款是直接规范房地产关系的,如:①对土地所有权和使用权的规定:"城市土地属于国家所有。农村和城市郊区的土地,除法律规定属于国家所有的外,属于集体所有;宅基地和自留地、自留山,也属于集体所有。任何组织或者个人不得侵占、买卖或者以其他形式非法转让土地。土地的使用权可以依照法律的规定转让。""任何组织或者个人不得侵占、买卖或者以其他形式非法转让土地。土地的使用权可以依照法律的规定转让。一切使用土地的组织和个人必须合理地利用土地。”②对土地征收、征用的规定：“国家为了公共利益的需要，可以依照法律规定对土地实行征收或者征用并给予补偿。”③对保护公民房屋所有权的规定：“国家保护公民的合法的收入、储蓄、房屋和其他合法财产的所有权。”④对公民居住权的规定：“中华人民共和国公民的住宅不受侵犯。禁止非法搜查或者非法侵入公民的住宅。”⑤对承包经营权的规定：“农村集体经济组织实行家庭承包经营为基础、统分结合的双层经营体制。农村中的生产、供销、信用、消费等各种形式的合作经济，是社会主义劳动群众集体所有制经济。参加农村集体经济组织的劳动者，有权在法律规定的范围内经营自留地、自留山、家庭副业和饲养自留畜”等。

1.3.2 房地产法律

法律的地位仅次于宪法，包括全国人民代表大会制定的法律（即基本法律）以及全国人大常委会制定的法律（即基本法律）以外的其他法律。

调整房地产的专门及相关法律主要有：

(1)《中华人民共和国民法通则》（以下简称《民法通则》）。民法是调整平等主体的公民之间、法人之间及公民和法人之间的财产关系和人身关系的法律规范的总称。1986 年 4 月第六届全国人民代表大会第四次会议通过《民法通则》。民法通则中有关调整房地产规范的价值主要体现在它强调房地产权利的财产权性质，并使之具体化，而在全部房地产财产权中，民法通则应当强调对公民财产权特别是生存利益财产权的优先保护。

(2)《中华人民共和国物权法》（以下简称《物权法》）。调整因物的归属和利用而产生的民事关系，是规范财产关系的民事基本法律，规定了权利人对特定的动产和不动产享有直接支配和排他的权利，包括所有权、用益物权和担保物权。

(3)《中华人民共和国土地管理法》（以下简称《土地管理法》）。调整土地管理的法律规范，维护土地的社会主义公有制，保护、开发土地资源，合理利用土地，切实保护耕地，包括土地所有权、使用权，土地利用总体规划，耕地保护，建设用地等。

(4)《中华人民共和国城市房地产管理法》（以下简称《城市房地产管理法》）。该法是我国第一部全面规范房地产市场、房地产交易、实施房地产管理的法律，对房地产开发用地、房地产开发、房地产交易、权属登记等做了详尽规定。

(5)《中华人民共和国农村土地承包法》（以下简称《农村土地承包法》）。调整农村土地承包关系的法律规范，包括家庭承包发包方和承包方的权利和义务，承包的原则和程序，承包期限和承包合同，土地承包经营权的保护，土地承包经营权的流转，其他方式的承包等。

(6)《中华人民共和国城乡规划法》（以下简称《城乡规划法》）。调整城乡规划的法律规范，是城乡建设和城乡管理的基本依据，是实现城乡经济和社会发展目标，协调城乡空间布局，改善人居环境的重要保障，也是房地产开发的基本依据性相关法律。包括城乡规划制定、实施和修改等。

1.3.3 房地产行政法规

房地产行政法规是国务院根据宪法、法律制定的调整有关房地产关系的条例、细则等。

我国存在大量的调整房地产关系的行政法规，如《中华人民共和国城镇国有土地使用权出让和转让暂行条例》(1990 年 5 月 19 日国务院令第 55 号)、《城市房地产开发经营管理条例》(1998 年 7 月 20 日国务院令第 248 号)、《住房公积金管理条例》(1999 年 4 月 3 日国务院令第 262 号)、《物业管理条例》(2003 年 6 月 8 日国务院令第 379 号)、《国有土地上房屋征收与补偿条例》(2011 年 1 月 21 日国务院令第 590 号)等。

1.3.4 房地产部门规章

房地产部门规章是国务院各部、委员会、中国人民银行、审计署和具有行政管理职能的直属机构，根据法律和国务院的行政法规、决定、命令，在本部门的权限范围内，制定和修改有关房产地产规章，发布规范性命令、指示。如《协议出让国有土地使用权最低价确定办法》(国家土地管理局 1995 年 6 月 28 日)、《国有土地使用权有偿使用收入若干财政问题的暂行规定》(财政部 1992 年 9 月 21 日)、《城市商品房预售管理办法》(建设部 1994 年 11 月 15 日)、《城市房地产抵押管理办法》(建设部 1997 年 5 月 9 日)、《城市房屋租赁管理办法》(建设部 1995 年 5 月 28 日)、《城市房地产中介服务管理规定》(建设部 1996 年 1 月 8 日)、《房地产开发企业资质管理规定》(建设部 1993 年 11 月 16 日)、《征用土地公告办法》(国土资源部 2001 年 10 月 22 日)、《国有土地上房屋征收评估办法》(住建部 2011 年 6 月 3 日)、《公共租赁住房管理办法》(住建部 2012 年 5 月 28 日)等。

1.3.5 房地产地方性法规和规章

省、自治区、直辖市的人民代表大会及其常务委员会根据本行政区域的具体情况和实际需要，在不同宪法、法律、行法规相抵触的前提下，可以制定地方性法规。较大的市的人民代表大会及其常务委员会根据本市的具体情况和实际需要，在不同宪法、法律、行政法规和本省、自治区的地方性法规相抵触的前提下，可以制定地方性法规，报省、自治区的人民代表大会常务委员会批准后施行。省、自治区、直辖市和较大的市的人民政府，可以根据法律、行政法规和本省、自治区、直辖市的地方性法规，制定规章。如《山东省物业管理条例》(2009 年 1 月 8 日山东省人大常委会)、《南京市住房公积金管理条例》(2006 年 7 月 21 日南京市人大常委会制定，9 月 27 日江苏省人大常委会批准)《河北省国有土地上房屋征收与补偿实施办法》(河北省政府 2012 年 6 月 26 日)等。

1.3.6 房地产法律解释

法律解释是由特定的机关、组织或个人，根据国家的立法意识、法律原则和政策观点对现行法律或法律条文的内容、含义及所使用的概念、术语、定义所作的必要说明，其目的是正确阐明法律的含义，保证法律的准确适用。在我国，法律解释中的有效解释或正式解释是法律渊源的必要组成部分。对房地产法所作出的解释，根据解释机关的不同可分为立法解释、司法解释和行政解释三类。

(1)立法解释是由制定该法律的国家机关对该法律所作的解释，它属于立法的补充，具有普遍约束力。其具体方式有四种：第一种是将解释的内容作为法律文本的一部分列入该法律文件，如《城市房地产管理法》第二条对该法一些概念所作出的定义即属于这种解释；第二种是以发布解释文件或作出说明报告的形式，对所颁布的法律规范进行解释，如全国人大常委会对修改土地管理法所作的报告；第三种是由原制定法律规范的机关发布新的法律规范或对原法律规范中的某些规定作出解释，如国家土地管理局对土地管理法实施条例几个问题的答复；第四种是全国人大常委会根据全国人民代表大会的授权对法律作出的解释，如全国人大常委会法制工作委员会对土地管理法第九条第三款与第五款是否矛盾所作出的解释。

(2)司法解释是由国家司法机关在适用法律过程中对具体应用法律问题所作出的解释，包括人民法院所作的审判解释和人民检察院所作的检察解释。最高人民法院和最高人民检察院作出的司法解释在司法机关具体运用法律时具有普遍约束力。如最高人民法院《关于审理城镇房屋租赁合同纠纷案件具体应用法律若干问题的解释》《关于审理建筑物区分所有权纠纷案件具体应用法律若干问题的解释》等。

(3)行政解释是指依法有权解释法律的行政机关在其权限范围内，对具体应用法律问题所作的解释。它既包括对本机关依立法授权制定的行政法规所作的解释，也包括对其他立法在本部门适用所作的解释。在前一种情况下，它与立法解释性质基本相同，区别在于立法解释往往是在法律正式实施前对法条所作的静态解释，很少在法律正式实施后进行解释，而行政解释则往往是在法律实施的过程中对实践中遇到的问题所作的动态解释。

1.4 房地产法的体系

1.4.1 房地产立法体系的模式

房地产法的体系是全部房地产法律规范共同组成的有机联系的整体。一个国家或地区房地产经济的发展水平、房地产业及其利益结构的性质、立法者的意志取向决定了其房地产法律体系结构的差异。

一般认为，当今世界上以所有制划分的房地产经济模式及相应的立法体系主要有三种：第一种是以土地私有制为基础的市场经济模式，主要存在于美国、日本、法国等国家的房地产经济运行中，其标志是以物权法或不动产所有权为房地产立法体系的基础，因而理论上私人自由处置权最大；第二种是以土地公有制为主的国家控制市场的模式，主要存在于英国、英联邦国家和地区，理论上私人自由处置权适中，可以较有效地抑制房地产投机；第三种是建立在土地公有制基础上的非市场经济模式，以苏联和传统体制下的中国最为典型，理论上私人自由处置权最小，房地产投机可以杜绝。事实上，上述三种模式又可以进一步分解为六种：第一种模式是建立在不动产所有权基础上，基本上属于不动产所有权分别主义模式，我国台湾和澳门地区的房地产制度基本上也属于此种模式；而在大陆法中极具影响的德国法却不属于此种模式，其不动产所有权的结合主义模式在土地所有权问题上更多地保持了罗马法的传统。第二种模式事实上其法律并无不动产所有权之说，至少土地所有权问题是虚化的，然而在房地产经济模式上至少英国法与香港法有巨大差异，在英国，根据官方公布的数字，60%以上的土地事实上为私人所有，而且土地资源的分配不存在国家垄断问题；而在香港，无论在法律上还是在事实上，私人所有的土地极少，且政府完全垄断了土地资源的分配权。关于房地产投机问题，至少在香港房地产投机无论在深度还是在广度上，都比美国、日本或台湾地区严重得多。至于第三种模式的变化则更是不言自明，我国改革开放以后的房地产经济模式与传统的苏联模式根本不可同日而语。

1.4.2 完善我国房地产法律体系

保持房地产业的持续发展，最重要的就是规范市场，建立健全适合我国国情的房地产法律法规体系。

房地产开发的内容包含着广泛而复杂的法律权利义务关系，房地产开发市场法律需求主体有土地方、开发商、投资商、承包商及购房人等多个方面。而房地产开发流程决定了开发内容包括土地运作开发，房屋施工营建，商品房销售、租赁和物业管理等全部经营活动。从土地、房地产开发到物业管理，房地产运作的全过程已经形成一个不容忽视的庞大市场。面对这样一个法律问题层出不穷的复杂的大市场，我国目前尚无全面、系统、完善的法律体系。例如对于房地产合作开发和项目转让，无专门立法，具体操作性的法律法规也是零星、散乱的，当当事人不得不采取合作开发和转让项目的方法时，在市场运作中缺少法律的支撑和规范，对许多具体操作问题更难以把握，这是出现此类大量纠纷的根本原因。我国房地产立法造成的不足，既有我国特殊的国情因素，也有理论上、操作上的问题。

在我国，要加强房地产管理的立法，健全和完善我国房地产法律法规体系，保持房地产业的持续发展，最重要的一条就是规范市场。目前我国房地产立法存在立法滞后，立法层次低，缺乏系统性和配套性，与国际惯例相比还有很大差距等问题。因此，对政府来说，要加强房地产立法，健全和完善与国际惯例接轨的、适应市场经济的、符合我国国情的房地产法律法规体系，为房地产业提供公开、公平、公正的竞争环境。

我国房地产立法从立法原则上看，是对房地产经济活动实践经验的总结，更多地体现为“滞后性”，立法所需的时间较长。从立法过程上看，属于行政部门立法模式，如《土地管理法》《城市房地产管理法》，都是从管理的角度去规范房地产权，行政权力与民事权利不分。从立法内容上看，立法原则性很强，为了使法律法规符合各个地区的实际情况，立法时往往不做过细的规定，以便各地因地制宜地适用法律。从立法依据上讲，政策是我国房地产立法的主要基础，政策和国家法律都是人民根本意志的反映，在本质上是一致的，而且在某种程度上起到了法的规范作用。

随着《物权法》的颁布实施，我国房地产法律法规体系的完善已进入了发展的快车道，继续完善房地产法律法规体系，主要是规范物权法规范不到的地方，建立以土地使用权为核心的不动产权利体系，建立统一的土地使用权规划，出台规范土地使用权的法律。加强对房地产开发的管理，制定房地产开发管理法，对房地产开发作全面的规范。同时对城市住宅所有权、住宅建设、住宅资金与融通、住宅优惠等住宅法律关系进行调整。

案例分析

[案情介绍]——非同一法律关系不能同案处理

2006 年 5 月 18 日沈阳白云装饰工程有限公司（以下简称公司）与沈阳怀思酒

吧(以下简称酒吧)签订建筑装饰工程施工合同一份，双方约定由公司承包酒吧1～3层及外门面装饰工程，装修范围包括天棚、地面、墙面、照明灯具、通风管道及外门面，承包金额70万元，承包性质为包工、包料、包总价。工期从5月18日到7月18日。付款方式为合同签订之日给付总价款的20%即14万作为备料款，工程进度达50%时，再支付30万，工程竣工验收后给付余款。合同签订后公司进场施工。在施工过程中酒吧与公司又签订一份家具购销合同，由公司根据装修风格替酒吧购买家具。后双方因施工合同履行发生纠纷，公司诉至法院，请求:①判令双方终止建筑装修工程施工合同;②判令被告给付工程款127135元;③判令被告给付家具款33084元;④判令被告给付违约金139元/日。

法院审理过程中，双方就诉争的事实进行了举证，法院依法作出判决。但对原告第二个诉讼请求本案中法院却未予处理。

[法理评析]　双方发生纠纷的是2006年5月18日签订有关酒吧1～3层及外门面建筑装饰工程施工合同，该合同的签订使双方形成了法律关系，该法律关系中，主体分别是沈阳白云装饰工程有限公司和沈阳怀思酒吧;内容是建筑装饰工程施工合同中约定的双方的权利和义务;客体是建筑装饰工程施工合同中约定的双方的权利和义务指向的对象，即承包方提供的劳务。家具款是基于家具购销合同产生，是另一个法律关系。不同的法律关系除法律特别规定外，不能同案处理。沈阳白云装饰工程有限公司可持家具购销合同另案处理。

思考题

1. 房地产法的概念？房地产法有哪些特征？
2. 房地产法律关系的构成要素有哪些？
3. 房地产法律关系的主体有哪些？
4. 为什么要建立规范化的房地产市场？
5. 房地产法的基本原则有哪些？
6. 如何完善我国房地产法律体系？

第2章

房地产权属法律制度

本章提要：

房地产权属制度是本书的重点内容，学习、掌握好本章内容有利于后续章节的学习和理解。本章重点介绍了建筑物区分所有权、建设用地使用权、土地承包经营权、宅基地使用权、地役权、相邻关系及房地产登记等相关法律制度。通过本章学习重点掌握建筑物区分所有权的概念、特征及其构成；掌握建设用地使用权取得方式；掌握土地承包经营合同的内容、发承包双方的权利和义务、土地承包经营权的流转；理解地役权与相邻关系特征及两者的区别；了解房地产登记的种类、程序和《物权法》的实施对其产生的影响。

2.1 建筑物区分所有权

2.1.1 建筑物区分所有权的概念和特征

1. 建筑物区分所有权的概念

建筑物区分所有权为现代民法一项重要的物权法制度，有关其概念有“一元论”“二元论”“三元论”及“新一元论”说等。我国《物权法》第七十条规定：“业主对建筑物内的住宅、经营性用房等专有部分享有所有权，对专有部分以外的共有部分享有共有和共同管理的权利。”可见，我国对物权法采用的是“三元论”。建筑物区分所有权是指数人区分一栋建筑物时，所享有的专有部分的所有权、共有部分的共有权以及因区分所有权人之间的共同关系所产生的成员权的总称。建筑物区分所有权的客体是一栋建筑物能区分成数个专有部分以及各个专有部分共有的共有部分，每个专有部分须成为独立的单元，具有建筑物构造上的独立性和利用上的独立性；建筑物区分的共有部分有通向各个单元的电梯、走廊通道、覆盖建筑物的屋顶、外墙等等。如果一建筑物不能分割成数个独立部分，则只能成立单独所有权；如果数人以一栋建筑物为客体成立所有权，则成立共有所有权。区分所有权是数人对一栋建筑物的专有部分和共有部分成立的数个所有权。

2. 建筑物区分所有权的特征

建筑物区分所有权有以下特征：

(1)复合性

建筑物区分所有权是由专有权、持分权(共有权)和成员权(作为成员的管理权)三个要素构成的特殊所有权。任何一要素不可缺少。而一般不动产所有权构成要素则是单一的，仅是权利主体对不动产享有占有、使用、收益及处分的权利。

(2)一体性

构成区分所有权的三个要素是不可分离的。在区分建筑物转让、抵押、继承时，专有权、持分权和成员权三者应视为一体，任何分割三者的处分行为不得为之。《物权法》第七十一条规定：“业主对其建筑物专有部分享有占有、使用、收益和处分的权利。业主行使权利不得危及建筑物的安全，不得损害其他业主的合法权益。”第七十二条规定：“业主对建筑物专有部分以外的共有部分，享有权利，承担义务；不得以放弃权利不履行义务。业主转让建筑物内的住宅、经营性用房，其对共有部分享有的共有和共同管理的权利一并转让。”

(3)专有权的主导性

在构成建筑物区分所有权的三个要素中，专有权具有主导作用：①区分所有权人取得专有权，即取得共有部分的持分权和成员权；丧失专有权，也意味着失去了其他两个要素的权利。②一般而言，专有权的大小决定其共有部分持分权和成员权(如表决权)的大小。③在区分所有权登记上，只登记专有权，而不单独登记其他要素的权利。

(4)权利主体身份的多重性

建筑物区分所有权人相对于专有部分有资格成为专有权人，相对于共有部分有资格成为共有权人，相对于区分建筑物的共同关系形成的管理权有资格成为成员权人。而一般所有权和一般共有权的权利主体的身份只能是单一的，不具备同时兼有多重身份的资格。

2.1.2　建筑物区分所有权的三个要素

1. 专有部分所有权

专有部分所有权指区分所有人对区分建筑物内，有独立构造、能独立使用的建筑物某一单元专有部分享有占有、使用、收益和处分的权利。

构造上和利用上的独立性是专有部分构成要件。对于专有部分的范围，学术上有四种不同观点：①空间说。认为专有部分的范围限于由墙壁、地板、天花板形成的空间部分。墙壁、地板、天花板为共有部分。②壁心说。专有部分范围达到墙壁、地板和天花板等境界部分厚度的中心。③最后粉刷表层说。专有部分包括墙壁、地板、天花板等境界部分表层所粉刷的部分，境界壁与其他境界的本体则属于共有部分。④壁心和最后粉刷表层的折中说。认为在区分所有人之间对建筑物维持管理关系权利等外部关系上，专有部分的范围仅及于各境界壁的表层粉刷部分。以上各说以第四说为通说。各观点的实质分歧在于是将墙壁作为专有部分还是共有部分。较为合理的是，区分所有人在使用权利时以共同墙壁的表层为其专有部分，自由粉刷，悬挂物品；区分所有人在出售时，以共有墙壁的壁心为专有部分独立处分，而不必作为共有而征求其他权利人的同意。因此，在专有权人出售专有部分时，其他权利人不得享有优先购买权，但是在各个专有部分之间必然存在建筑构造上的相互关联，使用上形成密切的相邻关系。在专有部分的装修、改建中，专有权人因相邻关系负有法律义务并受到权利滥用的限制。

根据最高人民法院《关于审理建筑物区分所有权纠纷案件具体应用法律若干问题的解释》(以下简称《解释》)第二条规定：建筑区划内符合下列条件的房屋(含

整栋建筑物),以及车位、摊位等特定空间,应当认定为专有部分:①具有构造上的独立性,能够明确区分;②具有利用上的独立性,可以排他使用;③能够登记成为特定业主所有权的客体。规划上专属于特定房屋,且建设单位销售时已经根据规划列入该特定房屋买卖合同中的露台等,应当认定为专有部分的组成部分。

2. 共有所有权

共有所有权指区分所有人依照法律或管理规约的规定,对区分所有建筑物的共用部分所享有的占有、使用及收益的权利。区分所有人享有的共有权有以下法律特点:

(1)共有所有权的权利义务较为广泛,表现为:全体区分所有人对整个建筑物的共同权利义务;全体区分所有人对建筑物某一部分的共同权利义务;一部分区分所有人对某一共有部分设立专用使用权所形成的权利义务;因建筑物的基地使用权所发生的区分所有人与土地所有人的权利义务关系。而一般共有权人只对同一财产产生权利义务关系,内容相对较为简单。

(2)区分所有权人享有的共有权依附于专有权,专有权决定共有权的得失变更和权利大小。而一般共有权则以共有人的共同行为为独立之行为,不取决于任何其他权利,在转让财产时,一般共有权中的其他共有人具有优先购买权。在区分所有权情况下,任何人成为区分共有权人无须其他区分共有人同意,而一般共有关系成立和解散,必须由全体共有人达成协议,未经同意不得转让。

(3)区分共有权依不同标准可分为法定共有权和约定共有权、全体共有权和部分共有权、对建筑物的共有权和对附属建筑物的共有权。法定共有是对某些共有部分的权利依据法律规定产生的。区分共有人有特别约定的应优先于法定共有,但区分共有人对当然共有部分如建筑物基础结构的支柱、外墙和全体区分所有人共同使用的部分,如公共楼梯、公共走廊,不得约定为归属于某些部分区分所有人共有。

《物权法》规定建设用地使用权可以在地表、地上或地下分别设立。区分建筑物须依附于地表即与区分建筑物直接接触并支撑建筑物的土地。建筑物区分所有人应基于对建筑物的区分所有权而共同享有对该基地的使用权。

(4)区分共有人不得请求标的物的分割,一般共有人通常可请求其应有部分的分割。

《解释》第三条规定:除法律、行政法规规定的共有部分外,建筑区划内的以下部分,也应当认定为共有部分:①建筑物的基础、承重结构、外墙、屋顶等基本结构部分,通道、楼梯、大堂等公共通行部分,消防、公共照明等附属设施、设备,避难层、设备层或者设备间等结构部分;②其他不属于业主专有部分,也不属于市政公用部分或者其他权利人所有的场所及设施等。建筑区划内的土地,依法由业主共同享有建设用地使用权，但属于业主专有的整栋建筑物的规划占地或者城镇公共道路、绿地占地除外。

3. 成员权

建筑物区分所有人的成员权是指基于建筑物的构造、权利归属及使用上的密切关系而形成的，区分所有人作为建筑管理团体之成员所享有的权利和承担的义务。随着高层和多层建筑物结构和设施越来越复杂，区分所有人的共同关系也越来越密切，完全由法律规定内部关系及对外关系显然非常难，因此成立区分所有人管理团体来处理他们的共同事务就显得非常必要。成员权有以下特点：

(1)成员权是产生于专有权和共有权基础上的对全体区分所有人共同事务所享有的权利和承担的义务。它不仅具有财产关系，还具有人法性要素；而专有权和共有权只具有物法性要素。

(2)成员权是基于区分所有人之间共同关系而产生的权利。为了维持区分所有人形成的事实上的共同体关系的存续和发展，每个成员有权管理相互之间的共同事务和共同利益。

(3)成员权是一种永续性权利，它与专有权、共有权不可分离，只要建筑物及其基地使用权存在，区分所有人的团体关系就不会解散，成员权与这种共同关系共始终。

区分所有人成立自治性的区分建筑物管理组织，应享有一系列的成员权权利，包括参与订立管理团体规约、推选业主代表、选举或解除管理者、对重要管理事项表决、对重要事项召开会议讨论的请求权、对停止违反共同利益行为的请求权等权利。区分所有人作为团体成员也应承担遵守团体管理规约、协议和决议以及接受管理者的管理等义务。

2.2　建设用地使用权

2.2.1　建设用地的概念

建设用地是指建造建筑物、构筑物的土地，包括城乡住宅和公共设施用地、工矿用地、交通水利设施用地、旅游用地、军事用地等。从广义上讲，建设用地是指已利用土地中的一切非农业生产用地。如前所述，国家实行土地用途管制，严格限制农用地转为建设用地。

建设用地因不同的划分标准而有不同的分类方法。

按土地所有权性质可以分为：国家建设用地和乡(镇)建设用地。国家建设用地是指国家建设项目所需要占用或使用的土地，包括机关、部队、社会团体、学校以及企事业单位、公益事业、城市基础设施等一切建设工程所需用地。乡(镇)建设用地是指兴办乡镇企业和村民建设住宅的用地，以及乡(镇)村公共设施和公益事业建设使用的集体土地。

按建设项目大小可以分为：大型项目建设用地、中型建设项目用地、小型建设项目用地。

按利用性质可以分为：农业建设用地和非农业建设用地。其中，农业建设用地是直接用于农业生产需要或规定用于农业生产配套工程需要的工程设施用地。

2.2.2 国家建设用地使用权的取得

1. 国家建设用地的来源

国家建设用地必须是国有土地，申请使用国有建设用地，包括国家所有的土地和国家已征收的原属于农民集体所有的土地。国家通过一定的程序将国有土地使用权有偿出让或无偿划拨给建设单位或个人使用。

在下列三种情况下，国家可以划拨或出让、租赁土地使用权：

(1)农村集体所有的土地已征收为国有；

(2)国家已依法收回国有建设土地使用权；

(3)国有荒山、荒地，即国有未利用土地已改为建设用地。

2. 农用地转用审批

建设占用土地，涉及农用地转为建设用地的，应当办理农用地转用审批手续。这是《土地管理法》实行土地用途管制的一个关键。办理转用审批后，方可办理征地手续。

农用地转用审批权主要集中在中央和省级。国务院批准的建设项目，省、自治区、直辖市人民政府批准的道路、管线工程和大型基础设施建设项目占用土地，涉及农用地转为建设用地的，由国务院批准。在土地利用总体规划确定的城市和村庄、集镇建设用地规模范围内，为实施该规划而将农用地转为建设用地的，按土地利用年度计划分批次由原批准土地利用总体规划的机关批准。在已批准的农用地转用范围内，具体建设项目用地可以由市、县人民政府批准。上述规定以外的建设项目占用土地，涉及农用地转为建设用地的，由省、自治区、直辖市人民政府批准。

由于土地利用总体规划实行分级审批，除国务院、省、自治区、直辖市享有审批权外，乡(镇)土地利用总体规划可以由省级人民政府授权的设区的市、自治州人民政府批准。因此，设区的市、自治州人民政府可以在经省级人民政府授权后，审批乡(镇)土地利用总体规划中所确定的农用地转为建设用地。

在土地利用总体规划确定的城市建设用地范围内,为实施城市规划占用土地而需要办理农用地转用手续,按下列规定办理:

(1)市、县人民政府按照土地利用年度计划拟订农用地转用方案、补充耕地方案、征用土地方案,分批次逐级上报有批准权的人民政府。

(2)有批准权的人民政府土地行政主管部门对农用地转用方案、补充耕地方案、征用土地方案进行审查,提出审查意见,报有批准权的人民政府批准;其中补充耕地方案由批准农用地转用方案的人民政府在批准农用地转用方案时一并批准。

(3)农用地转用方案、补充耕地方案、征用土地方案经批准后,由市、县人民政府组织实施,按具体建设项目分别供地。

在土地利用总体规划确定的村庄、集镇建设用地范围内,为实施村庄、集镇规划占用土地的,由市、县人民政府拟订农用地转用方案、补充耕地方案,依照上述规定的程序办理。

3. 以划拨方式取得建设用地的审批程序

以划拨方式取得建设用地,一般按以下程序办理:

(1)在城市规划区内申请建设用地的,建设单位或个人应向城市规划行政管理部门提出选址申请,由城市规划行政主管部门对建设项目进行初步审查,核发建设项目选址意见书。

(2)建设单位或个人向计划管理部门申报可行性研究报告或设计任务书。《土地管理法》第 57 条规定:"建设项目可行性研究论证时,土地行政主管部门应当根据土地利用总体规划、土地利用年度计划和建设用地标准,对建设用地有关事项进行审查,并提出意见。"《土地管理法实施条例》进一步规定:"可行性研究报告报批时,必须附具土地行政主管部门出具的建设项目用地预审报告。"

(3)建设单位持建设项目批准文件,包括可行性研究报告或设计任务书、年度基本建设计划等,向建设用地所在地的市、县人民政府土地管理部门申请建设用地。由市、县人民政府土地管理部门审查,拟订供地方案,报市、县人民政府批准;需要上级人民政府批准的,应当报上级人民政府批准。

在城市规划区内申请建设用地,建设单位或个人应在先取得建设用地规划许可证后,才可以向土地管理部门提出申请。

(4)供地方案经批准后,由市、县人民政府向建设单位颁发建设用地批准书。有偿使用国有土地的,由市、县级人民政府土地管理部门与土地使用者签订国有土地有偿使用合同;划拨使用国有土地的,由市、县人民政府土地管理部门向土地使用者核发国有土地划拨决定书。

(5)土地使用者应当依法申请土地登记。

2.2.3 国家建设征收土地

1. 国家建设征收土地的法律特征

国家建设征收土地是国家运用其行政权力把农民集体土地转为国家所有的行为。在法制完善的社会里，土地强制征收要有法定事由才能进行。这些法定事由是为“公共目的”而进行的。《物权法》四十二条第一款规定：“为了公共利益的需要，依照法律规定的权限和程序可以征收集体所有的土地和单位、个人的房屋及其他不动产。”我国立法没有明确国家征收集体土地的“公共利益”到底是什么，这是土地立法中还需完善的地方。

国家建设征收土地，具有以下法律特征：

(1)征地主体的唯一性。征地主体只能是国家，集体土地所有权向国家土地所有权的转化是在国家与集体所有者之间发生的法律关系。

(2)征地行为的行政性。国家建设征收土地，是通过具体行政行为实现土地所有权的转换，双方地位不是平等的，被征收土地的集体经济组织应当服从国家需要，不得阻挠。

(3)征地条件的补偿性。国家建设征收集体土地，要对集体经济组织给予经济补偿。征收耕地的，补偿费用应当包括土地补偿费、安置补助费以及地上附着物和青苗补偿费。征收其他土地的，应当给予土地补偿费和安置补偿费。

2. 征收土地的审批权

征收土地的审批权，在不同的历史时期有过不同的规定。

1998 年《土地管理法》上收了征地审批权，把征地审批权集中在中央和省两级，其他各级地方人民政府无征地审批权。该法第四十五条规定，征收下列土地的，由国务院批准：基本农田；基本农田以外的耕地超过 35 公顷的(折合 525 亩)；其他土地超过 70 公顷的(折合 1050 亩)。征收前款规定以外的土地的，由省、自治区、直辖市人民政府批准，并报国务院备案。

征收农用地的，应当先行办理农用地转用审批。其中，经国务院批准农用地转用的，同时办理征地审批手续，不再另行办理征地审批；经省、自治区、直辖市人民政府在征地批准权限内批准农用地转用的，同时办理征地审批手续，不再另行办理征地审批，超过征地审批权限的，应当另行办理征地审批手续。

3. 征收土地的补偿安置

确定给被征用土地的农民的补偿标准，应当兼顾国家、集体和个人的利益，既保证国家征用土地，又照顾到群众利益，特别要保障妥善解决农民的生活问题，还要考虑到农村的发展需要。因此新《土地管理法》贯彻“使被征用土地单位的农民生活水平不降低的原则”，进一步提高土地补偿费和安置补助费。在费用计算标准上，照顾到各地存在差异的实际，采取区别对待、公平合理的原则，规定一个标准幅度，留给各地灵活掌握。

征地费用一般由以下几部分构成：

(1)土地补偿费。土地补偿费是对土地所有人或使用人对土地的投入和收益的补偿。《土地管理法》第四十七条规定：“征收耕地的土地补偿费，为该耕地被征用前三年的平均年产值的 6 至 10 倍。”征收其他土地的土地补偿费，由省、自治区、直辖市参照征用耕地的标准规定。

(2)安置补助费。安置补助费是为安置以土地为主要生产资料并取得生活来源的农业人口的生活所给予的补助费用。征收耕地的安置补助费，按需要安置的农业人口数计算。需要安置的农业人口数，按照被征用的耕地数量除以征地前征用单位平均每人占有耕地的数量计算。每一个需要安置的农业人口的安置补助费标准，为该耕地被征收前三年平均年产值的 4 至 6 倍。但是，每公顷被征用耕地的安置补助费，最高不得超过被征用前三年的平均年产值的 15 倍。征收其他土地的安置补助费，由省、自治区、直辖市参照耕地的标准规定。

(3)青苗补偿费。青苗是指正处于生长阶段尚不能收获的农作物，青苗补偿费是对被征地当年或当季农作物的补偿，其补偿标准，由省、自治区、直辖市规定。

(4)地上附着物补偿费。地上附着物是指依附在地上的工程物体，如水井、晒谷场、水渠管线、房屋等。附着物的补偿标准，也由省、自治区、直辖市规定。

(5)新菜地开发建设基金。征用城市郊区的菜地，用地单位应当按照国家有关规定缴纳新菜地开发建设基金，用于新菜地的开发建设。

(6)土地复垦费或耕地开垦费。《土地管理法》第三十一条、第四十二条已作规定。

《土地管理法》授权国务院根据社会、经济发展水平，在特殊情况下，可以提高征用耕地的土地补偿费和安置补助费的标准。

《物权法》四十二条第二款和第四款分别规定：“征收集体所有的土地，应当依法足额支付土地补偿费、安置补助费、地上附着物和青苗的补偿费等费用，安排被征地农民的社会保障费用，保障被征地农民的生活，维护被征地农民的合法权益。”“任何单位和个人不得贪污、挪用、私分、截留、拖欠征收补偿费等费用。”《物权法》明确了土地征收的法定补偿范围，包括：土地补偿费、安置补助费、地上附着物补偿费和社会保障费用。由此可见，《物权法》在征收集体所有的土地补偿时与《土地管理法》有两点明显不同：一是，体现足额补偿，无上下线控制；二是，补偿项目上多出社会保障费用。因此，《土地管理法》应适时做出修订与《物权法》相配套。2012 年

11月28日，国务院常务会议讨论通过《土地管理法修正案（草案）》，对农民集体所有土地征收补偿制度作了修改。修正案草案删除了现行土地管理法第47条中按照被征收土地的原用途给予补偿，以及土地补偿费和安置补助费的总和不得超过土地被征收前三年平均年产值的30倍的内容。草案加入"公平补偿"内容，即土地被征收时，按照市场价格或同类土地的价格进行补偿。草案在土地补偿、安置补助、青苗和地上附着物补偿三项补偿的基础上，把住宅从地上附着物中单独列出；增加了社会保障补偿，规定征地补偿包括土地补偿，被征地农民的安置补助与社会保障费用，农村村民住宅补偿，以及其他地上附着物补偿和青苗补偿。

2.2.4 临时用地的管理

1. 申请临时用地的理由

《土地管理法》第五十七条规定："建设项目施工和地质勘查需要临时使用国有土地或者农民集体所有的土地的，由县级以上人民政府土地行政主管部门批准。"这项规定，明确了可以申请临时用地的两种情况：一是建设施工需要，即临时施工用地，如建设项目施工需要的材料堆场、运输通道等，也包括因铺设地上地下管线而需要临时使用土地的；二是地质勘查需要。

2. 临时用地的补偿

临时用地的使用者，应当根据土地权属，与有关土地行政主管部门或者农村集体经济组织、村民委员会签订临时使用土地合同，并按照合同的约定支付临时使用土地补偿费。补偿费的标准，因国家尚无统一规定，一般由土地使用者与所有权人根据实际情况商定。

3. 临时用地的使用

临时使用土地的使用者应当按照临时使用土地合同约定的用途使用土地，不得在临时用地上修建永久性建筑物。临时使用土地的期限一般不超过2年，使用期满，应当将土地还给土地所有人。

2.2.5 乡（镇）建设用地

乡（镇）建设用地是指农村集体投资或农民投资兴办的乡镇企事业、村办企业、农村村民住宅、乡（镇）村公共设施、公益事业建设所使用的土地。乡（镇）建设用地应当按照村庄和集镇规划，合理布局、综合开发、配套建设。

1. 乡镇企业建设用地的管理

乡镇企业包括农村集体经济组织投资兴办企业，或与其他单位、个人以土地使用权入股、联营等形式共同举办企业。

乡镇企业用地的审批权，在县级以上地方人民政府。《土地管理法》第六十条规定："农村集体经济组织举办乡镇企业，应当持有批准文件，向县级以上地方人民政府土地行政主管部门提出申请，按照省、自治区、直辖市规定的批准权限，由县级以上地方人民政府批准；其中涉及占用农用地的，应当依照规定办理农用地转用审批手续。同时，省、自治区、直辖市可以按照乡镇企业的不同行业和经营规模，分别规定用地标准。"

2. 乡(镇)村公共设施和公益事业建设用地

乡(镇)村公共设施用地是指乡(镇)村集体投资或集资建设道路、桥梁、供电、供水设施等建设项目所使用的土地；乡(镇)村公益事业建设用地是指乡(镇)村行政办公、文化科研、医疗卫生、教育设施等用地。

乡(镇)村公共设施、公益事业建设需要使用土地的，经乡(镇)人民政府审核，向县级以上地方人民政府土地行政主管部门提出申请，按照省、自治区、直辖市规定的批准权限，由县级以上地方人民政府批准。其中涉及占用农用地的，则应依照规定先办理农用地转用审批。

为乡(镇)村公共设施和公益事业建设需要使用土地的，可以收回其他单位或个人使用的集体土地使用权，但应对土地使用者给予适当的补偿。乡(镇)公共设施和公益事业建设使用的集体土地，应当按有关规定给予被用地单位适当的补偿，并妥善安置农民的生活和生产，被占用的土地所有权转归乡(镇)集体所有。村办公共设施和公益事业建设占用本村集体所有的土地的，土地所有权不变，但对使用土地上属于个人的青苗及附着物应给予适当的补偿。

值得注意的是：《土地管理法》第六十三条规定："农民集体土地的使用权不得出让、转让或者出租用于非农业建设；但是，符合土地利用总体规划并依法取得建设用地的企业，因破产、兼并等情形致使土地使用权依法发生转移的除外。"2013年11月12日中国共产党十八届三中全会通过的《中共中央关于全面深化改革若干重大问题的决定》(以下简称《决议》)规定："建立城乡统一的建设用地市场。在符合规划和用途管制前提下，允许农村集体经营性建设用地出让、租赁、入股，实行与国有土地同等入市、同权同价。"该规定将有利于推动集体建设用地入市流转和相关法律法规修改。

2.3 土地承包经营权

2.3.1 土地承包经营权概念和特点

土地承包经营权是指承包人(公民或单位)因从事耕作、种植或其他生产经营项目而承包使用、收益集体所有或集体使用的国家所有的土地或森林、山岭、草原、荒地、滩涂、水面的权利。承包经营权是反映我国经济体制改革中农村中的承包经营关系的新型物权。我国《物权法》明文规定:“农村集体经济组织实行家庭承包经营为基础、统分结合的双层经营体制。农民集体所有和国家所有由农民集体使用的耕地、林地、草地以及其他用于农业的土地,依法实行土地承包经营制度。”“土地承包经营权人依法对其承包经营的耕地、林地、草地等享有占有、使用和收益的权利,有权从事种植业、林业、畜牧业等农业生产。”

土地承包经营权具有如下特征:

(1)土地承包经营权的主体是农业生产者。土地承包经营权的主体是从事农业生产的公民或集体,非从事农业生产的公民或集体不能成为农地承包经营权的主体。一般情况下,农地承包经营权的主体为农地所属农业组织内的成员。但随着农村经济的发展,农地承包经营权的主体已不再限于农地所属组织内的成员了,而是扩大到了一切从事农业生产的公民或集体。农村土地承包法第三条第二款规定:“农村土地承包采取农村集体经济组织内部的家庭承包方式,不宜采取家庭承包方式的荒山、荒沟、荒丘、荒滩等农村土地,可以采取招标、拍卖、公开协商等方式承包。”

(2)农地承包经营权的标的物是集体所有的土地或国家所有由集体使用的土地。土地承包经营权与国有土地使用权一样,标的物都为土地,建筑物上不成立此项权利,但土地承包经营权与国有土地使用权的标的物性质不同:前者的土地为集体土地或国家所有由集体使用的土地,且限于农用目的的土地;而后者的土地则为国有土地,以营造建筑物或其他工作物为目的。

(3)土地承包经营权的目的在于在他人土地上从事农业活动。土地承包经营权的目的系在他人土地上进行农业活动,包括耕作、养殖、畜牧等。非以从事农业活动为目的而使用他人土地的,不成立农地承包经营权。例如,以营造建筑物或其他工作物为目的使用国有土地的,为国有土地使用权;以生活居住为目的而使用国有或集体土地的,为宅基地使用权;以营造建筑物或其他工作物为目的而使用集体土地的,也不成立农地承包经营权。

(4)土地承包经营权是有一定期限的权利。承包耕地的期限可以长达 30 年，草地的承包期限为 30 至 70 年，林地的承包期限为 30 至 70 年，特殊林木的承包期限经国务院林业行政主管部门批准可以延长。因承包转让取得的承包经营权不得超过原承包期限。承包合同约定或者土地承包经营权证等证书记载的承包期限短于上述规定期限的，承包方有权请求延长。

2.3.2　家庭承包

家庭承包是以集体经济组织、村民委员会或者村民小组为发包方，本集体经济组织的农户为承包方的农村土地承包方式。

1. 发包方和承包方的权利和义务

(1)发包方享有下列权利：

①发包本集体所有的或者国家所有依法由本集体使用的农村土地；

②监督承包方依照承包合同约定的用途合理利用和保护土地；

③制止承包方损害承包地和农业资源的行为；

④法律、行政法规规定的其他权利。

(2)发包方承担下列义务：

①维护承包方的土地承包经营权，不得非法变更、解除承包合同；

②尊重承包方的生产经营自主权，不得干涉承包方依法进行正常的生产经营活动；

③依照承包合同约定为承包方提供生产、技术、信息等服务；

④执行县、乡(镇)土地利用总体规划，组织本集体经济组织内的农业基础设施建设；

⑤法律、行政法规规定的其他义务。

(3)承包方享有下列权利：

①依法享有承包地使用、收益和土地承包经营权流转的权利，有权自主组织生产经营和处置产品；

②承包地被依法征用、占用的，有权依法获得相应的补偿；

③法律、行政法规规定的其他权利。

(4)承包方承担下列义务：

①维持土地的农业用途，不得用于非农建设；

②依法保护和合理利用土地，不得给土地造成永久性损害；

③法律、行政法规规定的其他义务。

2. 土地承包遵循的原则和程序

农民集体所有的土地依法属于村农民集体所有的，由村集体经济组织或者村民委员会发包；已经分别属于村内两个以上农村集体经济组织的农民集体所有的，由村内各该农村集体经济组织或者村民小组发包。村集体经济组织或者村民委员会发包的，不得改变村内各集体经济组织农民集体所有的土地的所有权。

国家所有依法由农民集体使用的农村土地，由使用该土地的农村集体经济组织、村民委员会或者村民小组发包。

(1)土地承包应当遵循的原则

①按照规定统一组织承包时，本集体经济组织成员依法平等地行使承包土地的权利，也可以自愿放弃承包土地的权利；

②民主协商，公平合理；

③承包方案应当依法经本集体经济组织成员的村民会议三分之二以上成员或者三分之二以上村民代表的同意；

④承包程序合法。

(2)土地承包应当遵循的程序

①本集体经济组织成员的村民会议选举产生承包工作小组；

②承包工作小组依照法律、法规的规定拟订并公布承包方案；

③依法召开本集体经济组织成员的村民会议，讨论通过承包方案；

④公开组织实施承包方案；

⑤签订承包合同。

3. 承包合同

承包合同是指发包方与承包方签订明确双方当事人权利、义务的书面协议。

承包合同一般包括以下条款：

(1)发包方、承包方的名称，发包方负责人和承包方代表的姓名、住所；

(2)承包土地的名称、坐落、面积、质量等级；

(3)承包期限和起止日期；

(4)承包土地的用途；

(5)发包方和承包方的权利和义务；

(6)违约责任。

承包合同自成立之日起生效。承包方自承包合同生效时取得土地承包经营权。县级以上地方人民政府应当向承包方颁发土地承包经营权证或者林权证等证书，并登记造册，确认土地承包经营权。颁发土地承包经营权证或者林权证等证书，除按规定收取证书工本费外，不得收取其他费用。承包合同生效后，发包方不得因承办人或者负责人的变动而变更或者解除，也不得因集体经济组织的分立或者合并而变更或者解除。

4. 土地承包经营权的保护

(1)承包期内，发包方不得收回承包地。承包期内，发包方不得调整承包地。因自然灾害严重毁损承包地等特殊情形对个别农户之间承包的耕地和草地需要适当调整的，必须经本集体经济组织成员的村民会议三分之二以上成员或者三分之二以上村民代表的同意，并报乡(镇)人民政府和县级人民政府农业等行政主管部门批准。承包合同中约定不得调整的，按照其约定。集体经济组织依法预留的机动地，通过依法开垦等方式增加的，承包方依法、自愿交回的土地应当用于调整承包土地或者承包给新增人口。机动地面积不得超过本集体经济组织耕地总面积的5%。不足5%的，不得再增加机动地。

(2)承包期内，承包方全家迁入小城镇落户的，应当按照承包方的意愿，保留其土地承包经营权或者允许其依法进行土地承包经营权流转。承包方全家迁入设区的市，转为非农业户口的，应当将承包的耕地和草地交回发包方。承包方不交回的，发包方可以收回承包的耕地和草地。承包期内，承包方交回承包地或者发包方依法收回承包地时，承包方对其在承包地上投入而提高土地生产能力的，有权获得相应的补偿。承包期内，承包方可以自愿将承包地交回发包方。承包方自愿交回承包地的，应当提前半年以书面形式通知发包方。承包方在承包期内交回承包地的，在承包期内不得再要求承包土地。

(3)承包期内，妇女结婚，在新居住地未取得承包地的，发包方不得收回其原承包地；妇女离婚或者丧偶，仍在原居住地生活或者不在原居住地生活但在新居住地未取得承包地的，发包方不得收回其原承包地。

(4)承包人应得的承包收益，依照继承法的规定继承。林地承包的承包人死亡，其继承人可以在承包期内继续承包。

5. 土地承包经营权的流转

(1)流转形式

土地承包经营权流转的主体是承包方。承包方有权依法自主决定土地承包经营权是否流转和流转的方式。通过家庭承包取得的土地承包经营权可以依法采取转包、出租、互换、转让或者其他方式流转。其他方式主要有入股和出租。采取转让方式流转的，承包方应有稳定的非农职业或者有稳定的收入来源并经发包方同意；转包、互换必须在同一经济组织成员间进行，采取转包、出租、互换或者其他方式流转的，应当报发包方备案。当事人未备案的，发包方不得以该土地承包经营权流转合同未报其备案为由，请求确认合同无效。

(2)土地承包经营权流转遵循原则

平等协商、自愿、有偿,任何组织和个人不得强迫或者阻碍承包方进行土地承包经营权流转;不得改变土地所有权的性质和土地的农业用途;流转的期限不得超过承包期的剩余期限;受让方须有农业经营能力;在同等条件下,本集体经济组织成员享有优先权。

(3)流转费用

土地承包经营权流转的转包费、租金、转让费等,应当由当事人双方协商确定。流转的收益归承包方所有,任何组织和个人不得擅自截留、扣缴。

(4)土地承包经营权流转合同

土地承包经营权采取转包、出租、互换、转让或者其他方式流转,当事人双方应当签订书面合同。一般包括以下条款:双方当事人的姓名、住所;流转土地的名称、坐落、面积、质量等级;流转的期限和起止日期;流转土地的用途;双方当事人的权利和义务;流转价款及支付方式;违约责任。承包方将土地交由他人代耕不超过一年的,可以不签订书面合同。

(5)土地承包经营权登记

土地承包经营权采取互换、转让方式流转,当事人要求登记的,应当向县级以上地方人民政府申请登记。未经登记,不得对抗善意第三人。

(6)土地承包经营权流转后果

承包方可以在一定期限内将部分或者全部土地承包经营权转包或者出租给第三方,承包方与发包方的承包关系不变。接包方按转包时约定的条件对转包方负责。承包方之间为方便耕种或者各自需要,可以对属于同一集体经济组织的土地的土地承包经营权进行互换。双方对互换原享有的承包权利和承担的义务也相应互换,当事人可以要求办理农村土地承包经营权证变更手续。承包方有稳定的非农职业或者有稳定的收入来源的,经发包方同意,可以将全部或者部分土地承包经营权转让给其他从事农业生产经营的农户,由该农户同发包方确立新的承包关系,原承包方与发包方在该土地上的承包关系即行终止。发包方不同意转让的,应当在7日内向承包方书面说明理由。

2.3.3 其他方式的承包

1.其他方式承包概念

其他方式的承包是指不宜采取家庭承包方式的荒山、荒沟、荒丘、荒滩等农村土地,通过招标、拍卖、公开协商等方式的承包。

2. 其他方式承包合同

以其他方式承包农村土地的，应当签订承包合同。由本集体经济组织以外的单位或者个人承包的，应当对承包方的资信情况和经营能力进行审查后，再签订承包合同。当事人的权利和义务、承包期限等，由双方协商确定。以招标、拍卖方式承包的，承包费通过公开竞标、竞价确定；以公开协商等方式承包的，承包费由双方议定。

3. 土地承包经营权折股

荒山、荒沟、荒丘、荒滩等可以直接通过招标、拍卖、公开协商等方式实行承包经营，也可以将土地承包经营权折股分给本集体经济组织成员后，再实行承包经营或者股份合作经营。

4. 优先权

以其他方式承包农村土地，在同等条件下，本集体经济组织成员享有优先承包权。但在发包方将农村土地发包给集体经济组织以外的单位或个人已经法律规定的民主议定程序通过，并由乡（镇）人民政府批准后，本集体经济组织成员不再享有优先承包权。发包方将农村土地发包给本集体经济组织以外的单位或者个人承包，应当事先经本集体经济组织成员的村民会议三分之二以上成员或者三分之二以上村民代表的同意，并报乡（镇）人民政府批准。

土地承包经营权流转中，本集体经济组织成员在流转价款、流转期限等主要内容相同的条件下享有优先权。但下列情形除外：在书面公示的合理期限内未提出优先权主张的；未经书面公示，在本集体经济组织以外的人开始使用承包地两个月内未提出优先权主张的。

5. 其他承包方式土地承包经营权的流转和继承

通过招标、拍卖、公开协商等方式承包农村土地，经依法登记取得土地承包经营权证或者林权证等证书的，可以依法采取转让、出租、入股、抵押或者其他方式流转。土地承包经营权通过招标、拍卖、公开协商等方式取得的，该承包人死亡，其应得的承包收益，依照继承法的规定继承；在承包期内，其继承人可以继续承包。

2.3.4　土地承包经营权争议的解决

1. 协商、调解

因土地承包经营发生纠纷的，双方当事人可以通过协商解决，也可以请求村民委员会、乡（镇）人民政府等调解解决。

2. 仲裁

当事人不愿协商、调解或者协商、调解不成的，可以依据双方达成的仲裁协议向农村土地承包仲裁机构申请仲裁。当事人未达成书面仲裁协议,一方当事人向农村土地承包仲裁机构申请仲裁,另一方当事人提起诉讼的,人民法院应予受理,并书面通知仲裁机构。但另一方当事人接受仲裁管辖后又起诉的,人民法院不予受理。

3. 诉讼

双方未达成仲裁协议的,可以直接向人民法院起诉。当事人对农村土地承包仲裁机构的仲裁裁决不服的,可以在收到裁决书之日起三十日内向人民法院起诉。逾期不起诉的,裁决书即发生法律效力。

集体经济组织成员因未实际取得土地承包经营权提起民事诉讼的,人民法院应当告知其向有关行政主管部门申请解决。集体经济组织成员就用于分配的土地补偿费数额提起民事诉讼的,人民法院不予受理。

2.3.5 农地承包经营权的消灭

农地承包经营权可因下列原因而消灭:

1. 期限届满

农地承包经营权是一种有期物权,因此,在期限届满时,农地承包经营权消灭。

2. 国家征收

国家基于社会公共利益的需要而征收集体土地的,则设立在该集体土地上的农地承包经营权应当消灭。当然,对于农地承包人,国家应当给予一定的补偿。

3. 土地的收回

如果农地承包人没有按照约定的用途、方法使用承包土地的,如擅自改变用途等,发包人有权收回土地。发包人收回土地的,农地承包经营权消灭。

4. 土地灭失

农地承包经营权以土地为标的物,故土地灭失的,农地承包经营权自应消灭。

2.4 宅基地使用权

2.4.1 农村宅基地概念

农村宅基地是农村村民建设住宅所使用的集体土地,包括居住用房和附属建筑所使用的土地。《物权法》第一百五十二条规定:“宅基地使用权人依法对集体所有的土地享有占有和使用的权利，有权依法利用该土地建造住宅及其附属设施。”宅基地具有如下特点：

(1)宅基地的使用人只能是农村集体组织的成员；(2)宅基地的使用目的具有特定性即只能用于建设居住用房和附属建筑；(3)宅基地使用人对宅基地只有占有、使用权；(4)宅基地所有权归集体所有。

2.4.2　宅基地的相关法律规定

(1)农村村民一户只能拥有一处宅基地，其宅基地的面积不得超过省、自治区、直辖市规定的标准。宅基地的使用，应当符合乡(镇)土地利用总体规划，并尽量使用原有的宅基地和村内空闲地。农村村民出卖、出租和赠与他人住房后，再申请宅基地的，不予批准。对不合理分户超前建房、不符合法定结婚年龄和非农业户口的，不批准宅基用地；不符合申请条件的不得批准宅基地。

(2)农村村民建住宅只能使用本集体经济组织农民集体所有的土地。村民住宅用地，由村民提出申请、经集体组织即合作社或村民委员会讨论，经乡(镇)人民政府审核，由县级人民政府批准。其中，涉及占用农用地的，应依照规定先办理农用地转用审批手续。

(3)严禁城镇居民在农村购置宅基地，严禁为城镇居民在农村购买和违法建造的住宅发放土地使用证。

(4)健全宅基地管理制度，在宅基地审批过程中，乡(镇)国土资源管理所要做到“三到场”。即：受理宅基地申请后，要到实地审查申请人是否符合条件、拟用地是否符合规划等；宅基地经依法批准后，要到实地丈量批放宅基地；村民住宅建成后，要到实地检查是否按照批准的面积和要求使用土地。各地一律不得在宅基地审批中向农民收取新增建设用地土地有偿使用费。

(5)农村村民新建、改建、扩建住宅，要充分利用村内空闲地、老宅基地以及荒坡地、废弃地。凡村内有空闲地、老宅基地未利用的，不得批准占用耕地。利用村内空闲地、老宅基地建住宅的，也必须符合规划。对“一户多宅”和空置住宅，各地要制定激励措施，鼓励农民腾退多余宅基地。

(6)加强农村宅基地登记发证工作，市、县国土资源管理部门要加快农村宅基地土地登记发证工作，切实维护农民的合法权益。要加强农村宅基地的变更登记工作，变更一宗，登记一宗。

2014 年中央一号文件规定：改革农村宅基地制度，完善农村宅基地分配政策，在保障农户宅基地利益物权前提下，选择若干试点，慎重稳妥推进农民住房财产权抵押、担保、转让。

2.5 地役权

2.5.1 地役权的概念和特征

地役权是指为自己土地的便利而使用他人土地的权利。在地役权关系中，为自己土地的便利而使用他人土地的一方称为地役权人，又称需役地人。将自己的土地供他人使用的一方称为供役地人，需要提供便利的土地称为需役地，供地役权人使用的土地称为供役地。

地役权具有如下法律特征：

1. 地役权是存在于他人土地上的物权

由地役权的含义可知，地役权的标的物以土地为限，即地役权存在于土地之上。按各国立法例，该土地应为他人土地。所以，地役权实际上是在他人土地上或他人使用的土地上所存在的一种负担。

2. 地役权是为需役地的便利而设定的物权

设定地役权的目的并不在于使用他人的土地，而在于为自己土地的使用提供便利，以增加自己土地的效用，提高利用价值。所谓的“便利”指方便利益，其内容只要不违反法律或公序良俗，可以由当事人自行约定。便利的内容，既可以是有财产价值的利益，如通行地役权的通行利益，也可以是非财产的利益，如眺望地役权的美观舒适利益；既可以是为需役地提供现实利用土地的利益，也可以是为需役地提供将来利用土地的利益；既可以是为需役地的直接便利，也可以是为需役地的间接利益。地役权的便利内容主要有：①以供役地供使用，如通行、汲水地役权等；②以供役地供收益，如引水地役权等；③排除相邻关系任意性规定的适用；④禁止或限制供役地为某种使用，如禁止在供役地建筑高楼等。

3. 地役权是具有从属性的物权

地役权本质上是一种独立的物权，不是需役地使用权内容的扩张。但是，地役权系为需役地的便利而存在于供役地上的，所以，地役权不得与需役地使用权或供役地使用权分离而单独存在。这就是地役权的从属性。地役权的从属性包括以下两个方面的内容：

一方面，地役权不得由需役地分离而让与，需役地使用人不得自己保留需役地使用权而仅将地役权让与他人，不得自己保留地役权而将需役地使用权让与他人，也不得将需役地使用权和地役权分别让与不同的人。简言之，地役权只能随需役地使用权的转移而转移。

另一方面，地役权不得由需役地分离而为其他权利的标的。地役权是一种财产权利，但与其他财产权不同的是，地役权不能单独作为其他权利的标的，如不能单独以地役权抵押、出租等。地役权只能随同需役地而成为其他权利的标的，即需役地使用人在需役地上为他人设定某种权利时，地役权亦应为该权利的标的。

4. 地役权是具有不可分性的物权

如前所述，地役权是为需役地的便利而存在于供役地上的。为实现这种便利的目的，地役权只能为需役地的全部而存在，也只能存在于供役地的全部之上。所以，无论是地役权的发生或消灭，还是地役权的享有，均及于需役地与供役地的全部，不得分割为数部分或仅为一部分而存在。否则，即无法实现地役权的目的。地役权的不可分性的内容主要包括以下三项：

(1)地役权发生上的不可分性

在地役权设定时，需役地或供役地为共有时，地役权具有不可分性。需役地为共有时，各共有人不得仅就自己的应有部分取得地役权。同理，供役地为共有时，各共有人也不能仅就自己的应有部分为他人设定地役权。

(2)地役权消灭上的不可分性

在地役权设定后，需役地为共有时，各共有人不能按其应有部分，使已经存在的地役权一部分消灭。在供役地为共有时，各共有人也不能仅就其应有部分消灭地役权。

(3)地役权享有或负担上的不可分性

地役权设定后，需役地为共有的，地役权由需役地共有人共同享有，非由需役地各共有人分别享有；供役地为共有时，地役权由供役地共有人共同负担，非由供役地各共有人分别负担。因此，需役地经分割的，其地役权就各部分的利益仍为存续；供役地经分割的，地役权就各部分仍为存续。但是，如果地役权的行使，依其性质只涉及需役地或供役地的一部分的，则地役权仅就该部分存续。

2.5.2　地役权的取得

地役权的取得，即地役权的发生。地役权的取得原因，可以是法律行为，也可以是法律行为以外的事实。

1. 基于法律行为取得地役权

基于法律行为而取得地役权，包括地役权的设定和让与两种行为。

地役权的设定主要是通过合同为之。设定地役权当事人应当签订书面形式的地役权合同。地役权自地役权合同生效时设立，当事人要求登记的，可以向登记机关申请地役权登记；未经登记不得对抗善意第三人。

如前所述，地役权具有从属性，不得与需役权使用权分离而单独让与和单独抵押。所以，地役权的让与不得单独为之，只能与需役权使用权一同让与。在此情况下，受让人即可取得地役权。

2. 基于法律行为以外的事实取得地役权

地役权除基于法律行为而取得外，还可以基于法律行为以外的其他法律事实而取得。根据国外立法例，地役权的这种取得原因包括时效取得和继承取得。

2.5.3 地役权的内容

1. 地役权人的权利和义务

(1)地役权人的权利

①供役地的使用权。地役权存在的目的，在于以供役地供需役地的便利之用。所以，地役权人当然享有使用供役地的权利。这是地役权人的最基本权利。地役权人对供役地使用的方法、范围及程度等，应依当事人的约定而定，不得超过或变更当事人约定的范围。如果当事人没有约定使用方法及范围的，则地役权人得于供役地损害最少的范围内为一切必要的使用。

②地役权的让与权。地役权不得单独转让。地役权人可以将地役权随需役地同时让与他人，或随同需役地为其他权利的标的。土地承包经营权、建设用地使用权等转让的，地役权一并转让，但合同另有约定的除外。

③为必要的附随行为与设置的权利。地役权人为达到地役权的目的或实现权利内容，在权利行使的必需范围内，可以为一定的必要行为或为必要的设置，以便更好地实现地役权。但地役权人行使这一权利时，应选择对供役地损害最少的处所及方法为之。

(2)地役权人的义务

①维护设置的义务。地役权人对于其在权利行使的必要范围内所为的设置，负有维持的义务，以防止供役地因此而受到损害。

②支付费用的义务。如果当事人约定地役权为有偿的，则地役权人负有向供役地人支付约定费用的义务。

③恢复原状的义务。在地役权消灭后，如果地役权人占有供役地，则应返还土地并恢复原状。地役权人在供役地上有设置时，如该设置仅供需役地便利之用，则地

役权人应取回该设置，并应负恢复原状的义务；如果该设置为双方共同使用并继续有利于供役地人的，则可以由供役地人取得工作物的所有权，而向地役权人支付价金。

④不得单独抵押的义务。地役权不得单独抵押，土地承包经营权、建设用地使用权等抵押的，在实现抵押权时，地役权一并转让。

2. 供役地人的权利和义务

(1)供役地人的权利

①设置使用权。对于地役权人于供役地上所为的设置，供役地人在不影响地役权行使的范围内，有权使用之。此项义务的规定主要系出于经济上的考虑，以节省供役地人再行设置的费用。

②费用请求权。在有偿的地役权中，供役地人享有请求支付费用的权利。

③供役地使用场所及方法的变更请求权。当事人在设定地役权时，定有权利行使场所及方法的，如变更该场所及方法对地役权人并无不利，而对于供役地人有利益，则供役地人对于地役权人有请求变更地役权的行使场所及方法的权利。

(2)供役地人的义务

①容忍及不作为义务。地役权是存在于供役地使用权之上的一种负担。对于该种负担，供役地人有容忍及不作为的义务。

②维持设置费用的分担义务。供役地人有权使用地役权人所为的设置。但为公平起见，供役地人应按其受益程度，分担维持设置的费用。

③土地上已设立土地承包经营权、建设用地使用权、宅基地使用权等权利的，未经用益物权人同意，土地所有权人不得设立地役权。

2.5.4　地役权的消灭

地役权作为一种具体的物权，物权消灭的一般原因自适用于地役权，如标的物灭失、抛弃、混同、期间届满等。但由于地役权具有从属性和不可分性，所以，物权的一般消灭原因适用于地役权时也会体现出不同的特点。

1. 土地灭失

地役权的标的物为供役地，所以，当供役地灭失时，地役权自归消灭。但地役权是为需役地而存在的。所以，需役地灭失的，地役权也归于消灭。

2. 目的事实不能

设定地役权的目的事实上不能实现，即供役地事实上不能再供需役地便利时，地役权消灭。例如汲水地役权因供役地水源枯竭而消灭。

3. 抛弃

地役权人如将地役权抛弃,供役地则因之恢复其无负担的原状,地役权归于消灭。但如果是有偿的地役权,地役权人抛弃地役权后,仍应支付地役权全部期间的租金。

4. 存续期间的届满或其他预定消灭事由的发生

地役权如有存续期间,因期间的届满而消灭。其设定行为附有解除条件时,因条件的成就地役权消灭。

5. 违反法律规定或者合同约定,滥用地役权

地役权是依法定或约定而产生,是对他人权利的一种限制,当事人滥用地役权,势必损害供役地人的权利。

6. 有偿利用供役地,约定的付款期间届满后在合理期限内经两次催告未支付费用

约定的付款期间届满后在合理期限内经两次催告未支付费用,应属根本违约行为,当事人有权解除合同。

2.6 相邻关系

2.6.1 相邻关系的概念和特点

1. 相邻关系的概念

财产相互毗邻的所有人或使用人在各自行使自己的合法权利时,都要尊重他方所有人或使用人的权利,相互间应当给予一定的方便或接受一定的限制,法律将这种相邻人间的关系用权利义务的形式确定下来,就是相邻关系。因此,相邻关系是指两个或两个以上相互毗邻财产的所有人或使用人,在行使占有、使用、收益、处分权利时发生的权利义务关系。这里的财产,是指不动产而言的,即按其性质不能移动其位置或者不经毁损不能移动的财产,如土地、建筑物。

财产相邻关系,从本质上讲,是一方财产所有人或使用人的财产权利的延伸,同时又是对他方财产所有人或使用人的财产权利的限制,反之亦然。例如,甲、乙都是集体所有的土地的承包经营人,甲承包的土地处于乙承包的土地与公用通道之间,乙如果不通过甲承包的土地就不能到达公用通道或者虽有其他通道但非常不便,乙就有权通过甲承包的土地到达公用通道或到达自己的土地。这样,在甲、乙两个承包经营人之间就发生了相邻关系,这种相邻关系对于乙来说,是其土地使用权的合理延伸,而对甲来说,是对其土地使用权的必要限制。这种财产权利的合理延伸和必要限制,既无损于所有人或使用人的正当权益,同时也满足了对方的合理需要,对于充分发挥财产的效用,促进社会经济的发展,稳定社会秩序,具有十分重要的意义。

2. 相邻关系的特征

相邻关系具有以下特征:

(1)相邻关系发生在两个或两个以上的财产相互毗邻的所有人或使用人之间。相邻人可以是公民,也可以是法人;可以是财产所有人,如集体组织、房屋所有人,也可以是非所有人,如承包经营人、承租人。

(2)相邻关系的客体并不是财产本身,而是由于行使所有权或使用权时所引起的和邻人有关的经济利益或其他利益(如噪音影响邻人休息),对于财产本身并不发生争议。

(3)相邻关系的发生常与不动产的自然条件有关,即两个或两个以上所有人或使用人的财产应当是相互毗邻的,如上例乙承包经营人不通过甲承包经营人的土地不能到达自己承包的土地。

(4)相邻权的行使以从相邻一方取得必要的便利为限度,不可滥用。

2.6.2　处理相邻关系的原则

在实际生活中,相邻人因相邻财产的权利的行使必然的会发生这样的或那样的关系。如果处理不好,就会发生矛盾、产生纠纷,影响正常的社会秩序。因此应当按照法律关于相邻关系的原则和各项具体规定妥善、正确地处理相邻关系。

相邻关系和其他民事法律关系一样,受我国民法基本原则的指导,因此,处理相邻关系必须遵守我国民法的基本原则。例如,公民的民事权益受法律保护,民事活动应当尊重社会公德、不得损害社会公共利益,等等。同时,我国法律对处理相邻关系还规定了一些特殊原则。《民法通则》第八十三条规定:“不动产的相邻各方,应当按照有利生产、方便生活、团结互助、公平合理的精神,正确处理截水、排水、通行、通风、采光等方面的相邻关系。”《物权法》第八十四条、第八十五条分别规定:“不动产的相邻权利人应当按照有利生产、方便生活、团结互助、公平合理的原则,正确处理相邻关系。”“法律、法规对处理相邻关系有规定的,依照其规定;法律、法规没有规定的,可以按照当地习惯。”可见,处理相邻关系应有下列原则:

1. 有利生产、方便生活

相邻关系正是人们在生产、生活中，对于相互毗邻的财产的占有、使用、收益、处分而发生的权利义务关系，直接关系到人们的生产和生活的正常进行，因此处理相邻关系应当以有利生产、方便生活为原则。例如，甲、乙、丙三个承包经营人承包的土地相互毗连，其土地都是长期依靠同一条小溪灌溉，甲承包的土地处于小溪的上游，乙处中游，丙处下游。在灌溉过程中甲或乙都无权截断溪流只供自己灌溉。须正确处理用水相邻关系保证用水在三人间的合理分配。

2. 团结互助

在社会主义国家，国家、集体和个人的根本利益是一致的。在社会生活的各个方面，人与人的关系在本质上都是一种互助协作的关系。因此，有必要而且也能够依团结互助的原则处理相邻关系。例如，在乙必须通过甲的土地才能从公用通道到达乙的土地时，甲应当允许。再如低地的所有人或使用人对于高地的自然流水应当允许流经自己的土地，不得堵截，使高地遭受损失。

团结互助原则还要求相邻人应当协商解决相邻纠纷，应当互谅互让，尊重对方的权益，不能只顾自己的利益而无视邻人的合法权益。

3. 公平合理

我国法律严格保护民事权利，任何组织或个人都不得非法侵犯，而相邻关系从本质上既是对一方权利的限制，又是另一方权利的延伸，这是法律从相邻人行使权利的需要、从社会整体利益考虑作出的规定，不仅不与保护民事权利的原则相矛盾，而且是对公民、法人的民事权利的更进一步的保护。因此，应当公平合理地处理相邻关系，一方权利的延伸和另一方权利的限制都必须在合理、必要的限度内为之；并且要求各方在享受权利的同时，亦应承担一定的义务。例如，相邻一方因架设电线、埋设电缆、管道必须使用他方的土地，他方应当允许，但使用的一方应当选择危害最小的地点和方法安设，对所占有的土地和施工造成的损失给予补偿，并且应于事后清理现场。

4. 尊重当地习惯

人们在长期的生活中会形成各种习惯性的做法，在处理相邻关系中，遇到法律、法规无规定的情形应充分考虑和尊重当地习惯，合理运用习惯，巧妙处理相邻关系。

2.6.3 几种相邻关系

相邻关系的范围非常广泛，情况也很复杂，这里只列举几类常见的相邻关系：

1. 相邻土地使用关系

相邻一方的建筑物或土地，处于邻人土地包围之中，非经过邻人的土地不能到达公用通道，或虽有其他通道但需要较高的费用或十分不便的，可以通过邻人的土地以达公用通道，但通行人在选择道路时，应当选择最必要、损失最少的路线。如只需小道即可，就不得开辟大道；可以在荒地上开辟道路，就不得在耕地上开辟。通行人还应对因通行给邻地造成的损害予以赔偿。

历史上形成的通道，土地的所有人或使用人无权任意堵塞或改道，以免妨碍邻人通行，如果确实需要改道，应取得邻人的同意。

2. 相邻防险、排污关系

相邻一方在开挖土地（如打水井、挖地窖、筑水渠、修粪池等）、建筑施工（如盖高楼、修围墙）时，不得使邻地的地基发生动摇，使邻地的建筑物受到危害；相邻一方的建筑物有倾倒的危险，威胁邻人的生命、财产安全，相邻一方应当采取预防措施，如加固、拆除：相邻一方堆放易燃、易爆、剧毒、放射、恶臭等物品时，应当与邻地建筑物保持一定距离，或者采取预防措施、安全装置。相邻他方在对方未尽此义务的情况下，有权要求排除妨害、赔偿损失。

相邻人，尤其是化工企业、事业单位，在生产、研究过程中，排放废气、废水、废渣，不得超过国家规定的排放标准。相邻他方对超标排放，有权要求相邻人排除妨害，即按国家规定的排放标准排放、治理，而且对造成的损害还有权要求赔偿。

3. 相邻用水、流水、截水、排水关系

相邻人应当保持水的自然流向，在需要改变流向并影响相邻他方用水时应征得他方同意，并对由此造成的损失给予适当补偿。水流经过地的所有人或使用人都有权使用水流，应共同协商、合理使用。

4. 相邻管线安设关系

相邻人因埋设管道，如油管、水管、煤气管；架设线路，如输电线路、通讯线路，需要经过他方的土地时，他方应当允许，但相邻方应当选择损害最小的地点及方法安设。相邻人还应对所占土地及施工造成的损失给予补偿，并于事后清理现场。

5. 相邻光照、通风、音响、震动关系

相邻人在建造建筑物时，应当与邻人的建筑物留有一定的距离，以免影响邻人建筑物的光照、通风。

相邻各方应当注意环境清洁、舒适，讲究精神文明，不得以高音、噪音、喧嚣、震动等妨碍邻人的工作、生活、休息，否则，邻人有权请求停止侵害。

6. 相邻竹木归属关系

相邻地界上的竹木、分界墙、分界沟等，如果所有权无法确定时，推定为相邻双方共有的财产，其权利义务适用按份共有的原则。

2.6.4 相邻关系与地役权区别

从民法理论和制度的角度来说，相邻关系和地役权有着不同的法律特质，存在较大差异：

(1)两者法律性质不同。相邻关系的规定旨在界定所有权的范围，虽对原土地所有权进行了扩张或限制，但仍然是所有权制度的一部分，并不构成新的、独立的物权；而地役权则是一种用益物权，是一种典型的物权类型。

(2)两者产生的原因不同。相邻关系是所有权内容的延伸或限制，这种延伸或限制是由法律直接规定的；地役权则可由不动产所有人、使用人之间基于契约产生，地役权作为财产权，亦可因继承取得。

(3)相邻关系与地役权在法律制度中的作用不同。相邻关系是法定的对土地间利用关系的一种最小限度的调节，它并没有超越所有权的范围，至多是所有权的扩张；而地役权则是在这种最小限度的调节之外的一种更广泛的调节，主要依当事人间的意思表示而成立，对于相邻关系具有弥补其不足的作用。

(4)相邻关系与地役权在有偿或无偿、存续期间上不同。相邻关系中，相邻权由法律直接规定，除非权利人行使权利给邻人造成损失，相邻权人行使权利是无偿的；地役权的有偿或无偿则属于意思自治范畴，双方可在契约中自由约定。另外，地役权的存续期间，也可任由当事人约定，但不得超过土地承包经营权、建设用地使用权等用益物权的剩余期限。可见，不得设定永久地役权；而相邻关系的存续期间是法定的。

(5)因相邻关系系由法定，所以其成立与对抗第三人，无需登记便可当然发生；而地役权作为物权之一种，未经登记不得对抗善意第三人。

(6)相邻关系与地役权的不同还在于权属不同的两块土地是否应当“相互毗邻”。一般认为在相互毗邻的两块权属不同的土地上才会发生相邻关系，这一点在对相邻关系所作的定义中有所体现。而地役权的发生则不仅在相互毗邻的两块权属不同的土地上可能发生，特殊情况下，可设立地役权的两块土地甚至可能相隔了一段距离。

由此可知，法律规定的相邻关系之内容极为有限，相邻关系稳定性有余，灵活性不足，一旦世事变迁，社会发展，新的相邻关系产生而法律又不及规定，大量的土地利用方面的问题无法经由相邻关系制度解决，地役权制度的作用就相应凸现。我国《物权法》第十四章对地役权作出了规定。

2.7　不动产登记制度

2.7.1　不动产登记概述

不动产登记是不动产行政主管部门运用法律和行政手段对各项不动产权利进行审查，确认产权，核发权属证书和将应当记载的事项在不动产登记簿上予以记载的职能活动。

《城市房地产管理法》第六十条规定：“国家实行土地使用权和房屋所有权登记发证制度。”实行房地产权属登记是法律规定的一种强制性制度。房地产权属登记具有权利确认、权利公示和管理功能。《物权法》规定：“不动产物权的设立、变更、转让和消灭，经依法登记，发生效力；未经登记，不发生效力，但法律另有规定的除外。”“不动产物权的设立、变更、转让和消灭，依照法律规定应当登记的，自记载于不动产登记簿时发生效力。”“不动产登记簿是物权归属和内容的根据。不动产登记簿由登记机构管理。”

为了规范房地产登记行为，维护房地产交易安全，保护权利人的合法权益，国土资源部和建设部根据《物权法》《城市房地产管理法》《土地管理》及相关条例的规定分别于 2007 年 11 月、2008 年 2 月颁布了《土地登记办法》和《房屋登记办法》，分别自 2008 年 2 月 1 日起和 2008 年 7 月 1 日起施行。

根据《国务院机构改革和职能转变方案》关于将房屋登记、林地登记、草原登记和土地登记的职责整合由一个部门承担的要求，国土资源部指导监督全国土地登记、房屋登记、林地登记、草原登记、海域登记等不动产登记工作；会同有关部门起草不动产统一登记的法律法规草案，建立不动产统一登记制度，制定不动产权属争议的调处政策。不动产登记涉及房屋、土地、林地、草场、海域等多个领域的产权登记整合，按照不动产统一登记制度的设计，个人住房信息系统将与不动产登记统一平台对接。为此，国土部目前正着手起草制定不动产统一登记的法律法规草案和相关规章草稿，除此之外，国土部还部署有关司局准备起草《不动产登记管理办法》并编制相应技术标准。

现有各类不动产权证书继续有效，随着不动产统一登记制度的建立和完善，适时组织地方发放新的统一证书，并逐步替换旧证书，不增加企业和群众负担。

不动产统一登记制度的建立将结束我国长期以来房屋、土地、草原和林地等不动产多头登记、多头管理的现状，不久将来出台的《不动产登记条例》有利于规范不动产登记，加强不动产管理。

2.7.2 房屋登记管理

1. 房屋登记的概念

房屋登记是指房屋登记机构依法将房屋权利和其他应当记载的事项在房屋登记簿上予以记载的行为。房屋登记由房屋所在地的房屋登记机构办理。直辖市、市、县人民政府建设(房地产)主管部门或者其设置的负责房屋登记工作的机构是房屋登记机构。

办理房屋登记,应当遵循房屋所有权和房屋占用范围内的土地使用权权利主体一致的原则。

2. 房屋登记的种类

房屋登记的类型是指房地产权属登记中的各种存在形式,我国房屋权属登记通常分为所有权登记、抵押权登记、地役权登记、预告登记和其他登记五种。

(1)所有权登记

①房屋所有权初始登记

房屋所有权初始登记是房地产所有权的初次设定登记。根据《城市房地产管理法》第六十一条第二款规定:"在依法取得的房地产开发用地上建成的房屋,应当凭土地使用权证书向县级以上地方人民政府房产管理部门申请登记,由县级以上地方人民政府房产管理部门核实并颁发房屋所有权证。"

国有土地范围内房屋申请房屋所有权初始登记的,应当提交登记申请书、申请人身份证明、建设用地使用权证明、建设工程符合规划的证明、房屋已竣工的证明、房屋测绘报告和其他必要材料。房地产开发企业申请房屋所有权初始登记时,应当对建筑区划内依法属于全体业主共有的公共场所、公用设施和物业服务用房等房屋一并申请登记,由房屋登记机构在房屋登记簿上予以记载,但不颁发房屋权属证书。

依法利用宅基地建造的村民住房和依法利用其他集体所有建设用地建造的房屋,申请房屋所有权初始登记的,应当提交登记申请书、申请人的身份证明、宅基地使用权证明或者集体所有建设用地使用权证明、申请登记房屋符合城乡规划的证明、房屋测绘报告或者村民住房平面图和其他必要材料。申请村民住房所有权初始登记的,还应当提交申请人属于房屋所在地农村集体经济组织成员的证明。农村集体经济组织申请房屋所有权初始登记的,还应当提交经村民会议同意或者由村民会议授权经村民代表会议同意的证明材料。

房屋登记机构对集体土地范围内的房屋予以登记的,应当在房屋登记簿和房屋权属证书上注明"集体土地"字样。

②房屋所有权转移登记

房屋所有权转移登记是指房地产权属登记机关对房屋所有权因各种合法原因发生转移时所作的登记。根据《城市房地产管理法》第六十一条第三款规定:"房地产转让或者变更时,应当向县级以上地方人民政府房产管理部门申请房产变更登记,并凭变更后的房屋所有权证书向同级人民政府土地管理部门申请土地使用权变更登记,经同级人民政府土地管理部门核实,由同级人民政府更换或者更改土地使用权证书。"

国有土地范围内房屋发生买卖,互换,赠与,继承、受遗赠;房屋分割、合并,导致所有权发生转移;以房屋出资入股;法人或者其他组织分立、合并,导致房屋所有权发生转移或者法律、法规规定的其他情形的,当事人应当在有关法律文件生效或者事实发生后申请房屋所有权转移登记。国有土地范围内房屋申请房屋所有权转移登记,应当提交登记申请书、申请人身份证明、房屋所有权证书或者房地产权证书、证明房屋所有权发生转移的材料和其他必要材料。抵押期间,抵押人转让抵押房屋的所有权,申请房屋所有权转移登记的,除提供上述材料外,还应当提交抵押权人的身份证明、抵押权人同意抵押房屋转让的书面文件、他项权利证书。

集体土地范围内房屋所有权依法发生转移,申请房屋所有权转移登记的,应当提交下列材料:登记申请书、申请人的身份证明、房屋所有权证书、宅基地使用权证明或者集体所有建设用地使用权证明、证明房屋所有权发生转移的材料和其他必要材料。申请村民住房所有权转移登记的,还应当提交农村集体经济组织同意转移的证明材料。农村集体经济组织申请房屋所有权转移登记的,还应当提交经村民会议同意或者由村民会议授权经村民代表会议同意的证明材料。

申请农村村民住房所有权转移登记,受让人不属于房屋所在地农村集体经济组织成员的,除法律、法规另有规定外,房屋登记机构应当不予办理。

③房屋所有权变更登记

房屋所有权变更登记是指房地产权属登记机关对房屋所有权人名称和房屋现状发生变更时所作的登记。发生了房屋所有权人的姓名或者名称变更;房屋坐落的街道、门牌号或者房屋名称变更;房屋面积增加或者减少;同一所有权人分割、合并房屋和法律、法规规定的其他情形时,权利人应当在有关法律文件生效或者事实发生后申请房屋所有权变更登记。

申请房屋所有权变更登记,应当提交登记申请书、申请人身份证明、房屋所有权证书或者房地产权证书、证明发生变更事实的材料和其他必要材料。

④房屋所有权注销登记

所有权人发生了房屋灭失、放弃所有权等事实后应当申请房屋所有权注销登记。申请房屋所有权注销登记的，应提交登记申请书、申请人身份证明、房屋所有权证书或者房地产权证书、证明房屋所有权消灭的材料和其他必要材料。经依法登记的房屋存在他项权利时，所有权人放弃房屋所有权申请注销登记的，应当提供他项权利人的书面同意文件。

经登记的房屋所有权消灭后，原权利人未申请注销登记的，房屋登记机构可以依据人民法院、仲裁委员会的生效法律文书或者人民政府的生效征收决定办理注销登记，将注销事项记载于房屋登记簿，原房屋所有权证收回或者公告作废。

(2)抵押权登记

以国有土地范围内房屋设定抵押的，当事人应当申请抵押权登记。申请抵押权登记，应当提交登记申请书、申请人的身份证明、房屋所有权证书或者房地产权证书、抵押合同、主债权合同等文件。对符合规定条件的抵押权设立登记，房屋登记机构应当将抵押当事人、债务人的姓名或者名称、被担保债权的数额、登记时间等事项记载于房屋登记簿。

以乡镇、村企业的厂房等建筑物设立抵押，申请抵押权登记的，应当提交登记申请书、申请人的身份证明、房屋所有权证书、集体所有建设用地使用权证明、主债权合同和抵押合同等材料。

以房屋设定最高额抵押的，当事人应当申请最高额抵押权设立登记。对符合规定条件的最高额抵押权设立登记，除记载一般抵押记载的事项，登记机构还应当将最高债权额、债权确定的期间记载于房屋登记簿，并明确记载其为最高额抵押权。变更最高额抵押权登记事项的，当事人应当申请最高额抵押权变更登记。最高额抵押权担保的债权确定前，债权人转让部分债权的，除当事人另有约定外，房屋登记机构不得办理最高额抵押权转移登记。

以在建工程设定抵押的，当事人应当申请在建工程抵押权设立登记。已经登记的在建工程抵押权变更、转让或者消灭的，当事人应当申请变更登记、转移登记、注销登记。在建工程竣工并经房屋所有权初始登记后，当事人应当申请将在建工程抵押权登记转为房屋抵押权登记。

房屋登记簿记载事项发生变化的，依法登记的房屋抵押权因主债权转让而转让的，主债权消灭、抵押权已经实现或抵押权人放弃抵押权的，当事人应当分别申请抵押权变更登记、转移登记和注销登记。

(3)地役权登记

在房屋上设立地役权的，当事人可以申请地役权设立登记。申请地役权设立登记，应当提交登记申请书、申请人的身份证明、地役权合同、房屋所有权证书或者房地产权证书等材料。对符合规定条件的地役权设立登记，房屋登记机构应当将有关事项记载于需役地和供役地房屋登记簿，并可将地役权合同附于供役地和需役地房屋登记簿。已经登记的地役权发生变更、转让或者消灭情形的,当事人应当申请变更登记、转移登记、注销登记。

(4)预告登记

当事人预购商品房,以预购商品房设定抵押和房屋所有权转让、抵押的可以申请预告登记。预告登记后,未经预告登记的权利人书面同意,处分该房屋申请登记的,房屋登记机构不予办理。预告登记后,债权消灭或者自能够进行相应的房屋登记之日起三个月内,当事人申请房屋登记的,房屋登记机构应当按照预告登记事项办理相应的登记。

(5)其他登记

①更正登记

权利人、利害关系人认为房屋登记簿记载的事项有错误的,可以申请更正登记。经审查房屋登记簿记载确有错误的,应当予以更正,需要更正房屋权属证书内容的,应当书面通知权利人换领房屋权属证书;房屋登记簿记载无误的,应当不予更正,并书面通知申请人。

房屋登记机构发现房屋登记簿的记载错误,不涉及房屋权利归属和内容的,应当书面通知有关权利人在规定期限内办理更正登记;当事人无正当理由逾期不办理更正登记的,房屋登记机构可以依据申请登记材料或者有效的法律文件对房屋登记簿的记载予以更正,并书面通知当事人。对于涉及房屋权利归属和内容的房屋登记簿的记载错误,房屋登记机构应当书面通知有关权利人在规定期限内办理更正登记;办理更正登记期间,权利人因处分其房屋权利申请登记的,房屋登记机构应当暂缓办理。

②异议登记

利害关系人认为房屋登记簿记载的事项错误,而权利人不同意更正的,利害关系人可以持登记申请书、申请人的身份证明、房屋登记簿记载错误的证明文件等材料申请异议登记。异议登记期间,房屋登记簿记载的权利人处分房屋申请登记的,房屋登记机构应当暂缓办理。异议登记期间,异议登记申请人起诉,人民法院不予受理或者驳回其诉讼请求的,异议登记申请人或者房屋登记簿记载的权利人可以持登记申请书、申请人的身份证明、相应的证明文件等材料申请注销异议登记。

人民法院、仲裁委员会的生效法律文书确定的房屋权利归属或者权利内容与房屋登记簿记载的权利状况不一致的,房屋登记机构应当按照当事人的申请或者有关法律文书,办理相应的登记。

3. 房屋登记的程序

按照《城市房地产管理法》和《房屋登记办法》的规定,办理房屋所有权登记的程序是:

(1)申请登记

申请登记是指房屋所有权人持有关证件、资料向房屋登记主管机关提出登记申请。申请房屋登记,申请人应当向房屋所在地的房屋登记机构提出申请,并提交申请登记材料。申请登记材料应当提供原件;不能提供原件的,应当提交经有关机关确认与原件一致的复印件。申请人应当对申请登记材料的真实性、合法性、有效性负责,不得隐瞒真实情况或者提供虚假材料。

申请房屋登记,应当由有关当事人双方共同申请。但因合法建造房屋取得房屋权利,因人民法院、仲裁委员会的生效法律文书取得房屋权利,因继承、受遗赠取得房屋权利,房屋灭失,权利人放弃房屋权利以及变更登记的可以由当事人单方申请。共有房屋,应当由共有人共同申请登记。共有房屋所有权变更登记,可以由相关的共有人申请,但因共有性质或者共有人份额变更申请房屋登记的,应当由共有人共同申请。未成年人的房屋,应当由其监护人代为申请登记。监护人代为申请未成年人房屋登记的,应当提交证明监护人身份的材料;因处分未成年人房屋申请登记的,还应当提供维护未成年人利益的书面保证。

(2)受理

申请人提交的申请登记材料齐全且符合法定形式的,房屋登记机构应当予以受理,并出具书面凭证。申请人提交的申请登记材料不齐全或者不符合法定形式的,应当不予受理,并告知申请人需要补正的内容。

(3)审核

房屋登记机构应当查验申请登记材料,并根据不同登记申请就申请登记事项是否是申请人的真实意思表示、申请登记房屋是否为共有房屋、房屋登记簿记载的权利人是否同意更正,以及申请登记材料中需进一步明确的其他有关事项询问申请人。询问结果应当经申请人签字确认,并归档保留。

办理房屋所有权初始登记,在建工程抵押权登记,因房屋灭失导致的房屋所有权注销登记或者法律、法规规定的应当实地查看的其他房屋登记,房屋登记机构应当实地查看。

(4)公告

此项只适用于登记机关认为有必要进行公告或者法律、法规规定必须公告的登记。

(5)记载于登记簿

登记申请符合下列条件的,房屋登记机构应当予以登记,将申请登记事项记载于房屋登记簿:申请人与依法提交的材料记载的主体一致;申请初始登记的房屋与申请人提交的规划证明材料记载一致,申请其他登记的房屋与房屋登记簿记载一致;申请登记的内容与有关材料证明的事实一致;申请登记的事项与房屋登记簿记载的房屋权利不冲突;不存在《房屋登记办法》规定的不予登记的情形。

登记申请不符合上述所列条件的，房屋登记机构应当不予登记，并书面告知申请人不予登记的原因。

有下列情形之一的，房屋登记机构应当不予登记：未依法取得规划许可、施工许可或者未按照规划许可的面积等内容建造的建筑申请登记的；申请人不能提供合法、有效的权利来源证明文件或者申请登记的房屋权利与权利来源证明文件不一致的；申请登记事项与房屋登记簿记载冲突的；申请登记房屋不能特定或者不具有独立利用价值的；房屋已被依法征收、没收，原权利人申请登记的；房屋被依法查封期间，权利人申请登记的；法律、法规规定的其他不予登记的情形。

房屋登记机构应当自受理登记申请之日起，国有土地范围内房屋所有权登记，30 个工作日内；集体土地范围内房屋所有权登记，60 个工作日内；抵押权、地役权登记，10 个工作日内；预告登记、更正登记，10 个工作日内；异议登记，1 个工作日内，将申请登记事项记载于房屋登记簿或者作出不予登记的决定。法律另有规定的除外。

(6)发证

房屋登记簿可以采用纸介质，也可以采用电子介质。采用电子介质的，应当有唯一、确定的纸介质转化形式，并应当定期异地备份。房屋登记机构应当根据房屋登记簿的记载，缮写并向权利人发放房屋权属证书。

房屋权属证书是权利人享有房屋权利的证明，包括《房屋所有权证》《房屋他项权证》等。申请登记房屋为共有房屋的，房屋登记机构应当在房屋所有权证上注明“共有”字样。

预告登记、在建工程抵押权登记以及法律、法规规定的其他事项在房屋登记簿上予以记载后，由房屋登记机构发放登记证明。

房屋权属证书、登记证明与房屋登记簿记载不一致的，除有证据证明房屋登记簿确有错误外，以房屋登记簿为准。房屋登记机构应当将房屋登记资料及时归档并妥善管理。

2.7.3　土地登记管理

1. 土地登记的概念

土地登记是指将国有土地使用权、集体土地所有权、集体土地使用权和土地抵押权、地役权以及依照法律法规规定需要登记的其他土地权利记载于土地登记簿公示的行为。

国有土地使用权，包括国有建设用地使用权和国有农用地使用权；集体土地使用权，包括集体建设用地使用权、宅基地使用权和集体农用地使用权（不含土地承包经营权）。

土地登记实行属地登记原则。申请人应当依法向土地所在地的县级以上人民政府国土资源行政主管部门提出土地登记申请，依法报县级以上人民政府登记造册，核发土地权利证书。但土地抵押权、地役权由县级以上人民政府国土资源行政主管部门登记，核发土地他项权利证明书。跨县级行政区域使用的土地，应当报土地所跨区域各县级以上人民政府分别办理土地登记。

国家实行土地登记人员持证上岗制度。

2. 土地登记的种类

(1)土地总登记

土地总登记是指在一定时间内对辖区内全部土地或者特定区域内土地进行的全面登记。土地总登记应当发布通告。通告的主要内容包括：土地登记区的划分；土地登记的期限；土地登记收件地点；土地登记申请人应当提交的相关文件材料；需要通告的其他事项。对符合总登记要求的宗地，由国土资源行政主管部门予以公告。公告的主要内容包括：土地权利人的姓名或者名称、地址；准予登记的土地坐落、面积、用途、权属性质、使用权类型和使用期限；土地权利人及其他利害关系人提出异议的期限、方式和受理机构；需要公告的其他事项。公告期满，当事人对土地总登记审核结果无异议或者异议不成立的，由国土资源行政主管部门报经人民政府批准后办理登记。

(2)初始登记

初始登记是指土地总登记之外对设立的土地权利进行的登记。

①国有建设用地使用权初始登记

依法以划拨方式取得国有建设用地使用权的，当事人应当持县级以上人民政府的批准用地文件和国有土地划拨决定书等相关证明材料，申请划拨国有建设用地使用权初始登记。

②出让国有建设用地使用权初始登记

依法以出让方式取得国有建设用地使用权和划拨国有建设用地使用权已依法转为出让国有建设用地使用权的，当事人应当持相关证明材料，申请出让国有建设用地使用权初始登记。

③租赁国有建设用地使用权初始登记

依法以国有土地租赁方式取得国有建设用地使用权的，当事人应当持租赁合同和土地租金缴纳凭证等相关证明材料，申请租赁国有建设用地使用权初始登记。

④作价出资或者入股国有建设用地使用权初始登记

依法以国有土地使用权作价出资或者入股方式取得国有建设用地使用权的，当事人应当持原国有土地使用证、土地使用权出资或者入股批准文件和其他相关证明材料，申请作价出资或者入股国有建设用地使用权初始登记。

⑤授权经营国有建设用地使用权初始登记

以国家授权经营方式取得国有建设用地使用权的，当事人应当持原国有土地使用证、土地资产处置批准文件和其他相关证明材料，申请授权经营国有建设用地使用权初始登记。

⑥集体土地所有权初始登记

农民集体土地所有权人应当持集体土地所有权证明材料，申请集体土地所有权初始登记。

⑦集体建设用地使用权初始登记

依法使用本集体土地进行建设的和集体土地所有权人依法以集体建设用地使用权入股、联营等形式兴办企业的，当事人应当持有批准权的人民政府的批准用地文件，申请集体建设用地使用权初始登记。

⑧集体农用地使用权初始登记

依法使用本集体土地进行农业生产的，当事人应当持农用地使用合同，申请集体农用地使用权初始登记。

⑨土地使用权抵押登记

依法抵押土地使用权的，抵押权人和抵押人应当持土地权利证书、主债权债务合同、抵押合同以及相关证明材料，申请土地使用权抵押登记。同一宗地多次抵押的，以抵押登记申请先后为序办理抵押登记。符合抵押登记条件的，国土资源行政主管部门应当将抵押合同约定的有关事项在土地登记簿和土地权利证书上加以记载，并向抵押权人颁发土地他项权利证明书。申请登记的抵押为最高额抵押的，应当记载所担保的最高债权额、最高额抵押的期间等内容。

⑩地役权登记

在土地上设定地役权后，当事人申请地役权登记的，供役地权利人和需役地权利人应当向国土资源行政主管部门提交土地权利证书和地役权合同等相关证明材料。符合地役权登记条件的，国土资源行政主管部门应当将地役权合同约定的有关事项分别记载于供役地和需役地的土地登记簿和土地权利证书，并将地役权合同保存于供役地和需役地的宗地档案中。

供役地、需役地分属不同国土资源行政主管部门管辖的，当事人可以向负责供役地登记的国土资源行政主管部门申请地役权登记。负责供役地登记的国土资源行政主管部门完成登记后，应当通知负责需役地登记的国土资源行政主管部门，由其记载于需役地的土地登记簿。

(3)变更登记

变更登记是指因土地权利人发生改变，或者因土地权利人姓名或者名称、地址和土地用途等内容发生变更而进行的登记。

①国有建设用地使用权变更登记

依法以出让、国有土地租赁、作价出资或者入股方式取得的国有建设用地使用权转让的，当事人应当持原国有土地使用证和土地权利发生转移的相关证明材料，申请国有建设用地使用权变更登记。

②建设用地使用权变更登记

因依法买卖、交换、赠与地上建筑物、构筑物及其附属设施涉及建设用地使用权转移的，当事人应当持原土地权利证书、变更后的房屋所有权证书及土地使用权发生转移的相关证明材料，申请建设用地使用权变更登记。涉及划拨土地使用权转移的，当事人还应当提供有批准权人民政府的批准文件。

③土地使用权变更登记

因法人或者其他组织合并、分立、兼并、破产等原因致使土地使用权发生转移的，因处分抵押财产而取得土地使用权的和因人民法院、仲裁机构生效的法律文书或者因继承、受遗赠取得土地使用权，当事人申请登记的，应当持相关材料，申请土地使用权变更登记。

④土地抵押权变更登记

已经抵押的土地使用权转让后，当事人应当持土地权利证书和他项权利证明书，办理土地抵押权变更登记。

⑤地役权变更登记

已经设定地役权的土地使用权转移后，当事人申请登记的，供役地权利人和需役地权利人应当持变更后的地役权合同及土地权利证书等相关证明材料，申请办理地役权变更登记。

⑥姓名或者名称、地址变更登记

土地权利人姓名或名称、地址发生变化的，当事人应当持原土地权利证书等相关证明材料，申请姓名或者名称、地址变更登记。

⑦土地用途变更登记

土地的用途发生变更的，当事人应当持有关批准文件和原土地权利证书，申请土地用途变更登记。土地用途变更依法需要补交土地出让价款的，当事人还应当提交已补交土地出让价款的缴纳凭证。

(4)注销登记

注销登记是指因土地权利的消灭等而进行的登记。

①直接办理注销登记

依法收回的国有土地；依法征收的农民集体土地；因人民法院、仲裁机构的生效法律文书致使原土地权利消灭，当事人未办理注销登记的；当事人未按规定申请注销登记，国土资源行政主管部门责令当事人限期办理，逾期不办理经公告期满的，可直接办理注销登记。

②申请注销登记

因自然灾害等原因造成土地权利消灭的，原土地权利人应当持原土地权利证书及相关证明材料，申请注销登记。

非住宅国有建设用地使用权期限届满，国有建设用地使用权人未申请续期或者申请续期未获批准的，当事人应当在期限届满前十五日内，持原土地权利证书，申请注销登记。

③土地抵押权、地役权注销登记

已经登记的土地抵押权、地役权终止的，当事人应当在该土地抵押权、地役权终止之日起十五日内，持相关证明文件，申请土地抵押权、地役权注销登记。

土地抵押期限届满，当事人未申请土地使用权抵押注销登记的，除设定抵押权的土地使用权期限届满外，国土资源行政主管部门不得直接注销土地使用权抵押登记。

土地登记注销后，土地权利证书应当收回；确实无法收回的，应当在土地登记簿上注明，并经公告后废止。

(5)其他登记

其他登记，包括更正登记、异议登记、预告登记和查封登记。

①更正登记

国土资源行政主管部门发现土地登记簿记载的事项确有错误的，应当报经人民政府批准后进行更正登记，并书面通知当事人在规定期限内办理更换或者注销原土地权利证书的手续。当事人逾期不办理的，国土资源行政主管部门报经人民政府批准并公告后，原土地权利证书废止。

土地权利人或利害关系人认为土地登记簿记载的事项错误的，可以持相关材料，申请更正登记。更正登记涉及土地权利归属的，应当对更正登记结果进行公告。

②异议登记

利害关系人申请更正登记，土地登记簿记载的权利人不同意更正的，利害关系人可以申请异议登记。对符合异议登记条件的，国土资源行政主管部门应当将相关事项记载于土地登记簿，并向申请人颁发异议登记证明，同时书面通知土地登记簿记载的土地权利人。异议登记申请人在异议登记之日起十五日内没有起诉，人民法院对异议登记申请人的起诉不予受理或人民法院对异议登记申请人的诉讼请求不予支持的，异议登记申请人或者土地登记簿记载的土地权利人可以持相关材料申请注销异议登记。

异议登记期间，未经异议登记权利人同意，不得办理土地权利的变更登记或者设定土地抵押权。异议登记失效后，原申请人就同一事项再次申请异议登记的，国土资源行政主管部门不予受理。

③预告登记

当事人签订土地权利转让的协议后，可以按照约定持转让协议申请预告登记。对符合预告登记条件的，国土资源行政主管部门应当将相关事项记载于土地登记簿，并向申请人颁发预告登记证明。预告登记后，债权消灭或者自能够进行土地登记之日起三个月内当事人未申请土地登记的，预告登记失效。

预告登记期间，未经预告登记权利人同意，不得办理土地权利的变更登记或者土地抵押权、地役权登记。

④查封登记

国土资源行政主管部门应当根据人民法院提供的查封裁定书和协助执行通知书，报经人民政府批准后将查封或者预查封的情况在土地登记簿上加以记载。

国土资源行政主管部门在协助人民法院执行土地使用权时，不对生效法律文书和协助执行通知书进行实体审查。国土资源行政主管部门认为人民法院的查封、预查封裁定书或者其他生效法律文书错误的，可以向人民法院提出审查建议，但不得停止办理协助执行事项。土地使用权在预查封期间登记在被执行人名下的，预查封登记自动转为查封登记。

两个以上人民法院对同一宗土地进行查封的，国土资源行政主管部门应当为先送达协助执行通知书的人民法院办理查封登记手续，对后送达协助执行通知书的人民法院办理轮候查封登记，并书面告知其该土地使用权已被其他人民法院查封的事实及查封的有关情况。轮候查封登记的顺序按照人民法院送达协助执行通知书的时间先后进行排列。查封法院依法解除查封的，排列在先的轮候查封自动转为查封；查封法院对查封的土地使用权全部处理的，排列在后的轮候查封自动失效；查封法院对查封的土地使用权部分处理的，对剩余部分，排列在后的轮候查封自动转为查封。

查封、预查封期限届满或者人民法院解除查封的，查封、预查封登记失效，国土资源行政主管部门应当注销查封、预查封登记。

对被人民法院依法查封、预查封的土地使用权，在查封、预查封期间，不得办理土地权利的变更登记或者土地抵押权、地役权登记。

3. 土地登记的程序

(1)申请

土地以宗地为单位进行登记。宗地是指土地权属界线封闭的地块或者空间。

土地登记应当依照申请进行，但法律另有规定的除外。土地登记应当由当事人共同申请，法律规定可以单方申请的除外。两个以上土地使用权人共同使用一宗土地的，可以分别申请土地登记。未成年人的土地权利，应当由其监护人代为申请登记。委托代理人申请土地登记的，应当提交授权委托书和代理人身份证明。代理境外申请人申请土地登记的，授权委托书和被代理人身份证明应当经依法公证或者认证。

对当事人提出的土地登记申请，国土资源行政主管部门应当根据下列情况分别作出处理：

①申请登记的土地不在本登记辖区的，应当当场作出不予受理的决定，并告知申请人应向有管辖权的国土资源行政主管部门申请；

②申请材料存在可以当场更正的错误的，应当允许申请人当场更正；

③申请材料不齐全或者不符合法定形式的，应当当场或者在五日内一次告知申请人需要补正的全部内容；

④申请材料齐全、符合法定形式，或者申请人按照要求提交全部补正申请材料的，应当受理土地登记申请。

(2)实地查看

国土资源行政主管部门受理土地登记申请后，认为必要的，可以就有关登记事项向申请人询问，也可以对申请登记的土地进行实地查看。

(3)审查并办理登记

国土资源行政主管部门应当对受理的土地登记申请进行审查，并按照下列规定办理登记手续：

①根据对土地登记申请的审核结果，以宗地为单位填写土地登记簿；

②根据土地登记簿的相关内容，以权利人为单位填写土地归户卡；

③根据土地登记簿的相关内容，以宗地为单位填写土地权利证书，对共有一宗土地的，应当为两个以上土地权利人分别填写土地权利证书。

土地登记簿是土地权利归属和内容的根据，土地权利证书是土地权利人享有土地权利的证明。土地权利证书有国有土地使用证、集体土地所有证、集体土地使用证、土地他项权利证明书。土地权利证书记载的事项，应当与土地登记簿一致；记载不一致的，除有证据证明土地登记簿确有错误外，以土地登记簿为准。

有下列情形之一的，不予登记：土地权属有争议的；土地违法违规行为尚未处理或者正在处理的；未依法足额缴纳土地有偿使用费和其他税费的；申请登记的土地权利超过规定期限的；其他依法不予登记的。不予登记的，应当书面告知申请人不予登记的理由。

国土资源行政主管部门应当自受理土地登记申请之日起二十日内，办结土地登记审查手续。特殊情况需要延期的，经国土资源行政主管部门负责人批准后，可以延长十日。

2.7.4 《物权法》对不动产登记的规定

1. 实行统一登记制度

国家对不动产实行统一登记制度，由不动产所在地的登记机构办理。统一登记的范围、登记机构和登记办法，由法律、行政法规规定。

2. 创设异议登记制度

权利人、利害关系人认为不动产登记簿记载的事项错误的，可以申请更正登记。不动产登记簿记载的权利人书面同意更正或者有证据证明登记确有错误的，登记机构应当予以更正。不动产登记簿记载的权利人不同意更正的，利害关系人可以申请异议登记。登记机构予以异议登记的，申请人在异议登记之日起十五日内不起诉，异议登记失效。异议登记不当，造成权利人损害的，权利人可以向申请人请求损害赔偿。

3. 创设预告登记制度

当事人签订买卖房屋或者其他不动产物权的协议，为保障将来实现物权，按照约定可以向登记机构申请预告登记。预告登记后，未经预告登记的权利人同意，处分该不动产的，不发生物权效力。预告登记后，债权消灭或者自能够进行不动产登记之日起三个月内未申请登记的，预告登记失效。

4. 建立赔偿制度

当事人提供虚假材料申请登记，给他人造成损害的，应当承担赔偿责任。因登记错误，给他人造成损害的，登记机构应当承担赔偿责任。登记机构赔偿后，可以向造成登记错误的人追偿。《物权法》对不动产登记的规定给我国不动产登记制度带来重大变革。

《物权法》第二十一条规定："当事人提供虚假材料申请登记，给他人造成损害的，应当承担赔偿责任。因登记错误，给他人造成损害的，登记机构应当承担赔偿责任。登记机构赔偿后，可以向造成登记错误的人追偿。"根据最高人民法院相关司法解释：房屋登记机构工作人员与第三人恶意串通违法登记，侵犯原告合法权益的，房屋登记机构与第三人承担连带赔偿责任。可见，房屋登记机构在其职能范围内必须尽到审慎合理的审查义务。

案例分析

(1)[案情介绍]——建筑物区分所有权

冯强打算盖一座三层小楼,经申请,于2000年2月获得城建部门批准并领取了建筑许可证。同年3月,冯强开始建楼。不幸的是,冯强的儿子在施工中摔成重伤,花去医疗费8万多元。这样,冯强由于资金不足,盖了两层就封顶了,准备以后有钱再加盖第三层。此后冯强因经营的小饭店亏本,欠债1万多元。为了还债,冯强只好将楼房的第二层出卖。孙秋买下了此楼的第二层,双方订立书面协议并办理了房屋过户手续。但是,冯强在出卖他的第二层楼房时并没有说明将来要加盖第三层楼房。双方居住期间,都利用二层楼顶堆放了些杂物,双方对此均无意见。经过2年的苦心经营,冯强积攒下一笔钱,并打算将楼房的第三层盖起来,于是通知孙秋将其堆放在二层楼顶的杂物尽快清理。孙秋当即表示反对,认为自己买了第二层,楼顶当然属于自己所有,自己有权堆放杂物,而冯强无权加盖第三层。冯强则认为自己盖三层楼已经城建部门批准,当然有权加盖。双方相持不下,冯强诉到法院,要求维护自己的合法权益。

在本案的审理过程中,法院有两种不同的意见。

第一种意见认为,尽管冯强领取了建造三层楼房的许可证,但在其出卖第二层楼房时,应当在合同中明确规定加盖第三层的权利属于自己。但在本案中,冯强并未作出这种声明,而房屋买卖合同成立后,楼顶已经归孙秋所有,加盖第三层的权利当然应转归孙秋,他对楼顶上的空间有利用的权利,其他人无权干涉。

第二种意见认为,本案属于建筑物区分所有权的纠纷,冯强享有该楼房第一层的所有权,孙秋享有第二层的所有权,同时他们对共同的墙壁、楼梯等享有共有权,楼顶的空间利用也应属共有权。冯强享有该空间的利用权是因为他享有宅基地的使用权和一层楼房的所有权,没有宅基地使用权,没有第一层楼房,就不会产生第二层楼房,更不会产生楼顶的空间利用权。虽然冯强已出卖了第二层楼房,但并没有丧失对楼顶的空间利用权。孙秋也享有楼顶空间的利用权,这是因为楼顶与二层紧密联系在一起,形成了一种不可分离的状态,取得了二层楼房的所有权,相应的也就部分地享有了楼顶空间的使用权。所以,该楼顶的空间利用权应由冯强和孙秋共同所有。这样,冯强在加盖第三层时必须征得孙秋的同意,不得擅自加盖,否则就侵犯了孙秋的权利。

[法理评析] 本案是一起建筑物区分所有权纠纷案件。本案中,一层房主基于在先的许可权有权加盖三层,但二层房主对三层楼顶仍有共有权。2000年2月,冯强向城建部门申请盖一座三层小楼,3月,冯强的申请获得批准并领取了建

筑许可证。后因建筑过程中缺乏资金，冯强只盖了二层就封了顶，准备以后有钱再加盖第三层。冯强把盖好的第二层楼房出卖给孙秋，双方订有书面协议并办理了房屋过户手续，因此该买卖合法、有效，应受到保护。这样一来，孙秋买下的第二层楼房便与冯强的第一层楼房之间形成了区分所有权关系，即对于同一个二层楼房，冯强对一层楼房（专有部分）享有单独的区分所有权，孙秋对二层楼房（专有部分）享有单独的区分所有权。冯强的一层楼房下的地基，与孙秋的二层楼房上的楼顶等属于共用部分，应由双方共同占有、使用，如利用它堆放杂物等，均无不可。现加盖三层是对楼顶的空间利用，该权利应由冯强和孙秋共同所有。故同意上述第二种意见。

(2)［案情介绍］——业主主张“眺望权”

张先生于2000年5月签约买下某市南城一处高级外销公寓，年底一家人喜迁新居。2001年4月，他们忽然发现，开发商原本设计要建绿茵足球场的一块地方竟建起了一座楼房，成了小区变电站，张先生在多次要求停工未果的情况下，把房产商告到了法院，认为开发商擅自改变设计，与原宣传不符，且昼夜施工扰民，侵犯了他们的知情权、眺望权、通风和防噪音污染权，要求开发商立即拆除新楼并赔礼道歉。

［法理评析］ 张先生主张眺望权对我国法律提出一个思考，所谓“眺望权”是指对一定景观的眺望不受他人非法侵害的权利。房屋的产权包含通风权、采光权和眺望权等权利，但我国无论《民法通则》还是《物权法》均将“通风权”、“采光权”纳入相邻关系中，对“眺望权”却未予规定。本案中，张先生主张侵权之诉，可以将此权理解为地役权，根据我国《物权法》对地役权的规定，在张先生事先未就此内容与开发商签订合同，以合同来确定其眺望权的情况下，若想胜诉难度较大。然而，在人们“买房屋也在买环境”的理念下，“眺望权”的确是一个值得关注的权利，如何利用现行法律保护好该权利是一个值得注意的问题。

(3)［案情介绍］——因使用烟道引起的相邻关系纠纷

张某与王某是同村相邻邻居关系，张某居西，王某居东。1986年8月之前，该村几户村民协商在村内一街道上建造房屋，赵某首先从街道最东头开始建造4间瓦房，然后由张某的父亲在其西边为张某建造房屋，其他村民按顺序向西建造。按本村建房的习惯，最东头一家拥有东山墙和西山墙，其他住户均是有西山墙无东山墙。在建房过程中，张某的父亲与赵某商量在赵某的西山墙内建造一烟道由张某使用，赵某表示同意，并使用自己的原料为张某建造一烟道，烟囱系由张某父亲自行购买安装的。1999年8月28日，赵某将该房屋以3000元的价格卖给了王某，双方签订了买卖房屋的契约。2003 年，王某在西间房屋建造了一铺火炕，开始使用该烟道、烟囱。2004 年，张某在其东间房屋建造一铺火炕，亦要使用该烟道、烟囱，故要求王某停止使用该烟道、烟囱，王某予以拒绝，双方因此酿成纠纷。随后，张某以该烟道、烟囱归其所有为由诉到法院，要求王某停止使用该烟道、烟囱。审理中，王某辩称该烟道、烟囱应归其所有，其应该拥有使用的权利，并向法庭提供了赵某的《房产所有证》，上面注明该房屋西接张某有山有墙。

本案在审理中，存在三种不同意见。第一种意见认为：该烟道、烟囱应该由王某使用，理由是王某购买了该房屋，成为该房屋的合法所有人，理应对其财产上的附属结构即烟道、烟囱拥有使用权，本案应该驳回张某的诉讼请求；第二种意见认为：赵某与张某的父亲协商已经将该烟道、烟囱转让给张某，张某对该烟道、烟囱享有所有权，理应拥有使用权利，应该支持张某的诉讼请求，判令王某停止使用张某的烟道、烟囱；第三种意见认为：张某依法取得了该烟道、烟囱的使用权利，该烟道、烟囱应该由张某使用，王某不具有使用权利，应判令王某停止使用张某所购买赵某该房屋的西山墙上的烟道、烟囱。

［法理评析］　对于本案的处理，笔者同意第三种意见。理由如下：一、张某和王某对该烟道、烟囱均不享有所有权。审理中，王某提供的证据是赵某的《房产所有证》，上面注明该房屋西接张某有山有墙，而烟道、烟囱属于该山墙的内部附属结构，故赵某应是该烟道、烟囱的合法所有权人。而房屋属于不动产，依照有关法律规定不动产所用权从登记起转移，即便双方买卖行为有效，但因为王某购买赵某房屋时未办理登记手续，应认定该房屋的所有权未发生转移；二、张某依法取得了该烟道、烟囱的使用权利。赵某于 1986 年建房时同意张某父亲的请求，在自己的西山墙内建一烟道由张某使用，并允许张某父亲购买烟囱安装，应视为赵某对其财产的使用权行使了处分，且该处分不违反法律或者社会公共利益，应受到法律保护，所以张某依法取得了对该烟道、烟囱的使用权利。在赵某与张某没有就该民事关系进行变更、终止的前提下，购买房屋者理应承受原房主就该房屋享有权利和承担义务，王某未经张某的同意，擅自终止张某享有的使用权，违背有关法律规定，法院不予支持；三、本案是相邻权纠纷，应适当考虑历史遗留的问题和本村建房对烟道两家协商的习惯，该烟道、烟囱也应由张某继续使用。综上所述，张某的父亲与赵某对烟道的协商行为，意思表示真实，且不违反法律或者社会公共利益，其民事法律行为具有法律约束力，故张某依法取得了该烟道、烟囱的使用权利，该烟道、烟囱应该由张某使用，王某购买该房屋时未取得使用该烟道、烟囱的权利，法院应判令王某停止使用张某所购买赵某该房屋的西山墙上的烟道、烟囱。

思考题

1. 什么是建筑物区分所有权？包括的具体权利是什么？
2. 农村土地征收批准权限和程序是如何规定的？
3.《物权法》的实施对土地征收补偿制度产生什么影响？
4. 地役权和相邻关系有什么区别？
5. 相邻关系的内容有哪些？如何处理相邻关系？
6. 农村土地承包经营权流转方式有哪些？
7. 农村土地承包经营合同的内容是什么？
8. 设立不动产预告制度和异议登记制度有什么重要意义？

第3章

土地管理法律制度

本章提要:

土地是房屋等建筑物和附着物得以形成和存在的基础,离开土地,任何房地产开发、经营都无从谈起,土地管理法是房地产法的基本内容之一。本章主要包括土地管理法的概念、土地法律关系、土地的所有权和使用权、土地用途管制、耕地保护等内容。通过本章的学习,了解土地管理法的概念、土地管理法立法概况;理解土地管理法的立法宗旨、土地法律关系以及我国土地基本制度;掌握土地所有权、土地使用权、土地总体规划、土地用途管制、耕地保护等有关内容。

3.1 土地管理法概述

3.1.1 土地管理法的概念

土地是财富之母，也是整个社会经济发展的基础和前提，土地的一个基本特征是它的稀缺性，如何有效配置土地资源就成为土地制度的一个核心问题。新中国废除了土地私有制，实行土地国家所有和集体所有的公有制，这就必然要求建立发达的土地使用制度，以实现土地的有效配置。土地法的基本使命就是在维护土地公有制的前提下，设计和保护各种土地使用权，建立和维护一个健全的土地市场。

学术界对土地有广义、狭义理解。一种是广义的土地概念，指地球表面能够为人们所控制和利用的陆地，上至一定高度的空间，下至地壳一定深度的立体空间中的自然物。这一概念，把土地资源与其他资源如水资源、森林资源、矿产资源视为一体。另一种是狭义的土地概念，指一国领土范围内的陆地、内陆水域、滩涂、岛屿等一切土地。

从法学的角度看，广义的土地概念是不大适当的，因为不同的资源各有其特点，对资源进行法律保护的手段和方法也不尽相同，从而形成各种资源保护和管理的法律规范，如矿产资源法、森林法、草原法、水法等。

土地管理是国家用以维护土地所有权、合理组织利用土地的一项行政管理活动。土地是人类赖以生存的基本条件，也是最为珍贵的生产资料，因而，对土地实行有效的管理，是各社会制度下的一项重要法律制度。我国人多地少，耕地逐年减少与人口增长的矛盾日趋严重，为实现耕地总量动态平衡，确保农业的基础地位和社会经济可持续发展，必须建立完整的法律制度，全面规划，严格管理，保护、开发土地资源，制止非法占用土地的行为。十分珍惜、合理利用土地和切实保护耕地已被定为我国的基本国策之一。

土地管理法是调整以土地为客体形式的各种社会关系的法律规范的总称。具体来讲，土地管理法是国家制定或认可的，由国家强制力保证实施的，调整因确认土地所有权、取得和转让土地使用权、开发利用土地，以及规划、管理、保护土地而产生的各种社会关系的法律规范。它既有鲜明的阶级性，又有严格的科学性。正确认识和理解土地管理法这种特性，不仅关系到我国土地法学的发展方向，同时对于在土地管理和土地司法实践中，正确运用土地法规具有十分重大的意义。

土地管理法具有鲜明的特征，体现在以下三方面：

(1)土地管理法既包括财产法规范,又包括行政法规范

土地管理法首先对土地财产关系加以规范,形成了土地所有权制度、土地使用权制度等。其次,为了实现国家对土地的管理,土地管理法还规定了一系列行政性法律规范,如上地征用制度、土地划拨制度、土地利用规划制度、土地登记制度、土地税收制度等。

(2)土地管理法既包括实体法规范,又包括程序法规范

土地管理法的内容主要是由针对土地而形成的各种实体法规范构成的,用以调整土地所有者与非所有者的权利义务关系、土地所有者与土地使用者的权利义务关系、国家各种土地管理机关与被管理者的权利义务关系。同时还有若干程序法规范,用来调整土地权属登记、建设用地规划、土地评估、土地纠纷处理等活动中的权利、义务关系。

(3)土地管理法既包括强行性规范,又包括任意性规范

土地作为一项关系国计民生的生产资料和生活资料,其重要性和稀缺性决定了对其进行法律调整的土地法规范大部分具有强行性的特点。

另一方面,由于土地管理法还调整平等主体之间针对土地发生的财产关系,须贯彻平等自愿、等价有偿原则,因此,土地管理法中的某些规范是带有任意性的。

土地管理法的原则作为贯穿土地法的指导准则,集中体现了我国社会主义的经济制度、政治制度和土地政策的基本精神。我国《土地管理法》的原则主要有土地社会主义公有的原则;国家对土地统一管理的原则;合理利用和保护土地原则;土地用途管制原则;耕地特殊保护原则;土地有偿使用原则;奖励原则。

3.1.2　土地管理立法概况

新中国成立之后的土地管理法沿革,大体经历了以下几个阶段:

第一阶段,50 年代立法。这一时期立法主要解决两个问题:①土地所有制问题。1950 年颁布了《土地改革法》和《城市郊区土地改革条例》,据此进行土地改革,废除了地主土地私有制,建立了国家土地所有制和农民土地所有制。②国家建设征用土地问题。1953 年颁布了《国家建设征用土地办法》(1958 年修正后又重新公布施行)。50 年代立法的主要任务是建立国家土地所有权、集体土地所有权法律制度和国家建设征用土地法律制度。

第二阶段,60 年代至 80 年代初期立法。这一时期立法主要是巩固、完善国家土地所有制、农村集体土地所有制以及建设用地法律制度。1958 年以来,我国农村实现人民公社化以后,于 1962 年颁布了《农村人民公社工作条例修正草案》,该

草案进一步明确规定:“生产队范围内的土地,都归生产队所有。”1980 年颁布了《中外合营企业建设用地暂行规定》,随后,于 1982 年又颁布了《国家建设征用土地条例》《村镇建房用地管理条例》,对各种建设用地关系进行法律调整,充实和完善了建设用地法律制度。这一时期立法的重大贡献还在于实现了城市土地国有化。1982 年宪法第 1 条规定“城市的土地属于国家所有。”这是我国首次在法律上规定城市土地为国家所有。

第三阶段,80 年代后期的立法。这一时期立法的主要特点是,1986 年颁布了《中华人民共和国土地管理法》。这部法律是新中国成立后,我国颁布的第一部比较全面调整土地关系的法律,在我国的土地管理中发挥着巨大的作用。1988 年 12 月第一次修正,1998 年 8 月修订,2004 年 8 月第二次修正。现该法共 8 章 86 条,设有总则、土地所有权和使用权、土地利用总体规划、耕地保护、建设用地、监督检查、法律责任和附则。围绕该法,这一时期,国家还制定了《土地管理法实施条例》《土地复垦规定》《城镇土地使用税暂行条例》《耕地占用税暂行条例》《基本农田保护条例》等配套的行政法规。

第四阶段,90 年代的立法。如果说 80 年代,特别是 80 年代后期的土地立法是侧重于土地资源管理立法的话,那么,90 年代的立法则突出土地使用制度改革,即建立和培育土地市场,加强土地资产管理的立法。到目前为止,国家已制定和颁布了《城镇国有土地使用权出让和转让暂行条例》《提高投资成片开发经营土地暂行管理办法》《土地增值税条例》《城市房地产管理法》等法律、行政法规。

我国现行土地立法具有两权分离,即土地所有权与使用权相分离;双轨并存,即土地使用权的有偿取得、有偿使用与无偿取得、无偿使用双轨并存;国家干预;生、熟地开发并举,土地开发与旧城改造相结合;政府规章先行,地方立法先行的特点和趋向。

3.1.3 土地管理法的立法宗旨

土地管理立法是为了实现土地管理的科学化、规范化。由于土地资源十分重要,既是生产资料,又是生活资料,人们在土地上生存、发展,从而围绕土地产生了占有、使用、收益、处分、管理、保护等项关系。既然涉及广泛的权利义务,那么人们有关土地的行为必须是有规则的,秩序井然的,也就是说要规范化地进行。如果不是这样,而是无规则的、秩序混乱的、盲目行动的,那就将破坏土地资源,直接损害人类自身的利益,影响人们正常生活,甚至会危及人类的生存与持续发展。所以,人们有关土地的行为应当合乎科学、合乎规范,包括统筹人与自然的和谐发展,协调土地利用与土地管理的关系。土地行为规范化,就是要将土地的利用和管理活动纳入法制化的轨道，实现依法治理土地。可以说，土地管理立法是保证科学、规范利用和管理土地的前提与基础。

根据土地管理法的规定，其立法目的有以下几个方面：

(1)维护土地的社会主义公有制。土地公有制是我国土地制度的基础，体现出社会主义制度的基本特征。在实行市场经济的条件下，土地公有制和土地使用市场化是并容的，以土地所有权和使用权分离的方式实现土地作为生产要素的价值和效益。依法维护土地的社会主义公有制具有十分重要的意义。

(2)保护、开发土地资源，合理利用土地。土地作为一种宝贵的自然资源，是人类生存和生活的基本物质资料。随着我国人口的增长和经济的发展，土地数量的有限性和对土地需求的无限增长性之间的矛盾日益突出。因此，有效地保护土地资源，合理利用土地，是土地管理法的重要任务。

(3)切实保护耕地。耕地是农业最基本的生产资料，我国作为一个人口众多的农业大国，人均耕地数量少，耕地的后备资源不足，因此，必须切实保护耕地，才能巩固农业基础。

(4)促进社会经济的可持续发展。当前，坚持可持续发展已经成为世界各国的共同选择。土地作为一种自然资源，它的存在是非人力所能创造的，土地本身的不可移动性、地域性、整体性、有限性是固有的，人类对它的依赖和永续利用程度的增加也是不可逆转的。因此，通过强化土地管理，保证对土地的永续利用，以促进社会经济的可持续发展，也是土地管理法的一项重要任务。

总之，我们必须根据依法治国、建设社会主义法治国家的基本方略，加强土地管理，使之规范化、制度化。土地管理法的逐步完善，特别是土地用途管制制度的建立，必将对实现土地管理法宗旨起到重要的作用。

3.1.4　土地管理法律关系

土地法律关系是由土地法律规范调整而形成的具有权利义务内容的关系。它包括两类：一是土地财产法律关系，如土地所有权法律关系，土地使用权法律关系和土地使用权转让、出租、抵押、承包经营法律关系。主体之间处于平等地位，按照平等互利、等价有偿的原则开展活动。二是土地管理法律关系，其中的一方是国家土地管理机关，以管理者的身份，行使国家赋予的行政权力；另一方则是行政管理相对人，包括公民、法人和其他组织。这是一种具有强制性的社会关系，如土地征用法律关系，土地监察法律关系等。

土地法律关系所指向的客体是土地。土地或被农业生产用做生产资料，即农用地；或被用做工业等生产、建设或生活的场所，即建设用地。土地的不动产属性，使得土地法律关系具有相对的稳定性，其产生、变更和消灭都必须依照法律规定，履行一定的法律形式。如土地使用权转移要求采用书面形式，并必须经过批准、登记。

土地法律关系的内容，是土地法律关系的主体所享有的权利和所承担的义务。国家和集体经济组织作为土地所有权人，依法对所拥有的土地享有所有权，即占有、使用、收益和处分的权利。但是，集体经济组织所享有的使用权和处分权是有限度的，受到法律的严格限制。例如，农村集体经济组织不得改变土地的用途，其处分权也仅限于对国家征收时所给予的补偿费用的处分权。

由于土地法律关系分为民事法律关系和管理法律关系，土地管理法的调整方法也分为两种：一是民事性的调整方法，即土地法律规范以平等、自愿、有偿的方法为调整手段。国有土地使用权的有偿出让，土地行政管理部门制定土地使用的各种条件，如开发强度、使用性质、配套要求、使用年限等，作为要约，接受此条件的企业事业组织、社会团体、公民以及外商等都可以作出承诺，双方达成一致意见后，土地使用权出让合同即可成立。土地使用权的转让及出租、抵押，也都按这种法律方法进行。二是管理性的调整方法，即以指导性与强制性的管理、监督的法律手段进行调整。土地行政管理部门有权对被管理者进行监督、约束，有权指令被管理者做出某些行为或不做某些行为，被管理者不得拒绝。国家土地管理部门制定土地利用规划，划定基本农田保护区，因国家需要对集体所有的土地进行征收，土地所有权与使用权的登记，土地税收等等，都属于政府管理、监督行为。

3.2　土地的所有权和使用权

3.2.1　土地所有权

1. 土地所有权的概念和特征

土地所有权是指土地所有者对其所有的土地依法享有的占有、使用、收益和处分的权利。土地所有权由土地所有制所决定，是土地所有制在法律上的表现。我国实行土地的社会主义公有制，即全民所有制和劳动群众集体所有制，从而在土地所有权方面，确立了国有土地和农民集体所有土地这两种所有权形式。我国土地所有权具有如下特征：

(1)主体的特定性

我国实行土地公有制，土地所有权的主体只限于国家和农民集体，私人以及其他主体不得成为土地所有人。我国的国家土地所有者也与其他一些国家和地区的法律规定不同，表现为国家主体的唯一性和统一性，县级以上各级政府不是土地所有权的独立主体。而在美国等联邦制国家的“多元制国有土地所有权”下，各州均为独立的土地所有权主体。

(2)内容的限制性

我国两种土地所有权的权利义务均受到法律较严格的限制，这主要表现在土地所有权不能以任何形式交易，无论是两种所有制的不同主体之间，还是集体所有制不同主体之间，均不能以买卖、赠与、互易等任何形式进行土地所有权的交易，其主体的变更只限于国家对集体土地的征用，或经政府有关部门审批在不同集体经济组织间进行极有限的土地边界调整。这是我国为维护土地所有权稳定采取的法律保护措施。

我国国有土地所有权的限制表现在，我国的国有土地所有权比较虚化，其财产权的内容主要通过国有土地使用权体现而不是通过所有权直接体现。这使我国国有土地所有权的内容与传统民法的所有权的内容有很大的差别。

我国集体土地所有权内容的限制表现在，一方面，集体土地所有权受到国有土地所有权的限制，国家可以依法将集体所有的土地征收为国有；另一方面，集体土地所有权还受到集体经济组织内部成员对集体土地的各种使用权的限制，我国法律规定农民个人对集体土地的承包权以及自留地、宅基地等的使用权，都使集体土地所有权进一步虚化。

(3)客体的差异性

我国土地所有权的客体的差异性主要表现在地域的差异性上，其划分是按照城市和农村的地域为标准的。同时，客体的差异性还表现在，主体不能同时拥有两种土地的所有权，即拥有国有土地者不能拥有集体土地，反之亦然。这与土地私有制下主体可以同时拥有城市和农村土地的情形不同。国有土地与集体土地的确权形式也不同，集体土地所有权的范围经履行法定程序后个别确定，以土地所有权证书为形式；而国有土地所有权的范围是法律规定的，即非经确权给集体的土地都归国家所有，也不必以土地所有权证书为形式。

2. 土地所有权的范围

土地所有权具有排他性，也就是说同一块土地上只能有一个所有权存在，而不能同时存在两个以上的所有权。

(1)国有土地所有权的范围

国家土地所有权是指国家作为民事主体所享有的土地所有权。国家土地所有权不同于国家主权，后者是国际法上的权利，它所对抗的是其他国家对主权的侵犯。国家土地所有权也不同于国家土地征收权，后者是行政法规定的国家权力。

我国宪法第九条第一款规定:“矿藏、水流、森林、山岭、草原、荒地、滩涂等自然资源,都属于国家所有,即全民所有;由法律规定属于集体所有的森林和山岭、草原、荒地、滩涂除外。”第十条第一款规定:“城市的土地属于国家所有。”第十条第二款规定:“部分农村和城市郊区的土地也属于国家所有。”

国有土地分为城市土地和城市以外的国有土地。城市土地,一般应理解为已进行城市配套建设、具备城市功能、基本连片的区域。所谓城市土地,在我国房地产法规中有时称为城镇土地,包括县级以上城市和建制镇的土地。城市土地是国有土地中最重要的部分,是法定的房地产建设用地资源。城市以外的国有土地,包括农村、城市郊区和未被开发利用的地区,这类土地只有依法纳入城市建设规划,才可成为房地产业开发建设用地。

根据1998年发布,2011年1月修订的《土地管理法实施条例》第二条规定,下列土地属于全民所有,即国家所有:

①城市市区的土地;

②农村和城市郊区中已经依法没收、征收、征购为国有的土地;

③国家依法征收的土地;

④依法不属于集体所有的林地、草地、荒地、滩涂及其他土地;

⑤农村集体经济组织全部成员转为城镇居民的,原属于其成员集体所有的土地;

⑥因国家组织移民、自然灾害等原因,农民成建制地集体迁移后不再使用的原属于迁移农民集体所有的土地。”

(2)集体土地所有权的范围

我国的集体土地所有权指由农村集体经济组织所享有的土地所有权。其范围是:农村和城市郊区的土地,除由法律规定属于国家所有的以外,属于农民集体所有,宅基地、自留地和自留山,属于农民集体所有。

新中国成立初期,随着土地改革运动的基本完成,农村土地除依法属于国家所有的以外,均属于农民所有。经过初级农业合作社、高级农业合作社和人民公社的农业合作化运动,农村的土地私有制逐步转变为集体所有制,建立了“三级所有,队为基础”的土地权属关系。改革初期,农村土地由原来的集体所有、集体共同使用转变为集体所有、农户承包经营的体制,集体土地使用权逐渐与所有权相分离,这种新型的土地权利已由初期的合同权利性质为主逐步发展成为一种与所有权相并列的物权,并在民法中得到确认。

集体土地所有权是一种在法律上受到严格限制的所有权,它不能作为交易的标的物,其变更只有两种情况:一是征收;二是边界调整。

农业是我国重要的基础产业,在社会主义市场经济的条件下,农业生产只有依靠市场机制方能得以提高。土地是农业的命脉，虽然法律规定了农村集体土地所有权的概念，但就现行法而言，我们无法回避农村集体土地所有权在法律上有名无实的客观现实。

其一，集体土地所有权的主体无法明确。根据《民法通则》第七十四条的规定，集体所有的土地依照法律属于村农民集体所有，已经属于乡(镇)农民集体经济组织所有的，可以属于乡(镇)农民集体经济组织所有。1999 年 1 月 1 日起实行的新土地管理法第十条增加了一个村内部的农民集体经济组织也可以成为农村土地所有者。这样一来，能够成为集体土地所有权主体的，有村内部的农民集体经济组织、村农民集体经济组织和乡(镇)农民集体经济组织。而农民集体经济组织究竟是合伙组织，还是法人，法律上难以界定。

其二，集体土地所有权缺乏核心权能，即处分权。我国现行法律规定，集体所有的土地不能出让，只有在被征收变为国有土地以后方可出让。即使集体组织的成员使用本集体所有的土地建造房屋，也应由乡级人民政府批准。

2014 年中央一号文件强调："深化农村土地制度改革"，引导和规范农村集体经营性建设用地入市，在符合规划和用途管制的前提下，允许农村集体经营性建设用地出让、租赁、入股，实行与国有土地同等入市、同权同价。根据一号文件要求的政策精神，需要尽快修改我国现行《土地管理法》关于"农民集体所有的土地的使用权不得出让、转让或者出租用于非农业建设"的规定。

3.2.2　土地使用权

1. 土地使用权的概念

土地使用权是土地使用者依法取得的、在法律规定的范围内对土地享有的占有、使用、收益和有限制的处分权利。它是我国土地使用制度在法律上的表现，是我国地权制度的重要组成部分。土地使用权具体包括：

(1)使用权。使用权是对土地的开发、利用、经营的权利。使用必须依照法律和合同的规定进行，不得改变土地的用途，不得危害他人的合法权益。《城镇国有土地使用权出让和转让暂行条例》第十七条规定："土地使用者应当按照土地使用权出让合同的规定和城市规划的要求，开发、利用、经营土地。"

(2)收益权。收益权是使用人享有使用土地上利益的权利，即它是基于使用土地而取得经济收入和孳息的权利。使用人取得土地使用权，其目的就是通过使用和经营土地，以获取一定的利益。

(3)处分权。在非所有人使用土地的情况下，使用人无权决定土地的最终命运，而只能依照法律的规定和合同的约定转让土地使用权。而且这种权利还因土地使用权取得方式的不同而有所区别，通过出让方式获得的土地使用权的处分权与通过划拨方式获得的土地使用权的处分权相比，其范围要大。以上土地使用权的内容在经济生活中可具体表现为对土地的利用权、出租权、转让权、抵押权和物上请求权等。

2. 土地使用权的性质和特征

在我国现行制度下，土地实行公有制度，属于国家和农民集体所有。但土地的使用却有很强的社会性，各种生产、生活及一切社会活动均需要一定的土地作为生产条件、活动场所和生活空间，使用土地是一种大量而普遍的行为。这种土地占有的垄断性、排他性与土地使用的普遍性、社会性之间的矛盾，使得土地使用权与土地所有权的分离成为必然的、普遍的社会现象。

当然，在我国土地使用权作为一种独立的权利类型，还是在改革开放以后。1986 年颁布的《民法通则》第八十条规定，"国家所有的土地，可以依法由全民所有制单位使用，也可以依法确定由集体所有制单位使用，国家保护它的使用、收益的权利；使用单位有管理、保护和合理利用的义务。"《土地管理法》第九条规定，"国有土地和农民集体所有的土地，可以依法确定给单位和个人使用。"依照我国《民法通则》的规定，土地使用权属于"与财产权有关的财产权"。按照我国《土地管理法》的规定，土地使用权是一种与土地所有权并列的权利。总之，在我国，土地使用权是作为一种独立的权利类型存在和发展的，并已得到法律的确认。土地使用权作为一种独立的权利类型，主要具有以下特征：

①土地使用权具有派生性。土地使用权的派生性首先表现在它是从土地所有权中分离出来的一种权利。所谓"分离"是指土地所有权人在不丧失土地所有权的情况下，将部分权能暂时地或长久地让渡与他人享有的约定。从土地所有权人那里取得的土地使用权，或多或少地受到所有权人意志的制约。土地使用权的行使必须符合法律的规定和合同的约定。

②土地使用权具有物权性。土地使用权是基于土地所有权而产生的，但并不完全从属于土地所有权，它具有很大的独立性。土地使用权人对土地享有独立的支配权和排他性的占有、使用、收益权。除法律规定或合同约定的限制外，土地使用权的行使不受他人干预，包括所有权人在内。依法取得并经过登记的土地使用权可以对抗第三人，当土地使用权受到侵害时，权利人可以独立行使诉权，并请求以物权的保护方法得到法律保护。

③土地使用权具有期限性。土地使用权从所有权中分离出来之后具有很大的独立性，但最终要回归到所有权中，使土地所有权恢复完满状态。因此，土地使用权具有明确的期限。如以出让方式取得的土地使用权，通过承包方式取得的土地承包经营权，以及外商投资企业通过合资、合作方式和独资方式取得的土地使用

权，均有明确的期限。在我国，土地使用权的长短通常也是依法在合同中明确约定的。当合同约定的土地使用权期限届满时，土地使用权即行终止。

④取得的法定性。土地使用权的取得必须经过法定程序。通过有偿出让、转让取得土地使用权除依法签订土地使用权出让或转让合同外，还必须依法向县级以上地方人民政府房地产管理部门登记，领取土地使用证。划拨土地使用权亦必须依法进行，并办理登记手续。

3. 土地使用权的类型

土地使用权是一个高度概括的概念，它包括了多种权利类型。按不同的标准来划分，可将其分为以下几种。

(1)根据土地使用权的来源不同，可将土地使用权分为国有土地使用权和集体土地使用权。国有土地使用权是土地使用者依照法律规定或合同约定使用国有土地时，对土地的占有、使用和收益的权利。集体土地使用权是土地使用者经人民政府批准使用集体土地时，依照法律规定或合同约定对土地所享有的权利。

(2)根据土地使用权取得方式的不同，可将国有土地使用权分为出让土地使用权和划拨土地使用权。通过不同的方式取得的国有土地使用权，具有不同的内容和性质。

(3)根据土地用途的不同，可将土地使用权分为建设用地使用权和农业用地使用权。建设用地使用权又可分为国有建设用地使用权和集体建设用地使用权。集体建设用地使用权，一般是指农民和个人进行非农业建设，依法取得的使用集体土地的权利。其客体主要包括乡(镇)村办企事业单位用地、公共设施用地、公益事业用地和农村村民宅基地。根据现行《土地管理法》规定，集体土地使用权的主体在法律上受到严格限制，一般来讲，只有集体经济组织成员及其所属成员进行非农业建设，才可以申请使用集体的土地。农业用地实质上是指土地承包经营权。土地承包经营权的客体，可以是集体的土地，也可以是国有的土地，如国有农场的土地和农民集体使用的国有土地。土地承包经营权的主体一般限定在农业集体经济组织的内部成员。在现阶段，国家鼓励人们承包荒山、荒滩和荒地，发展农业建设，农业集体经济组织以外的单位和个人在一定条件下也可以依法取得土地承包经营权。

4. 土地使用权的取得、变更和终止

(1)土地使用权的取得

土地使用权的取得方式主要有两种类型，即原始取得和传来取得。

①原始取得。土地使用权原始取得的方式，主要为有偿出让和行政划拨。有偿出让是改革开放以来逐步形成的一种新的国有土地使用权取得方式。土地使用

权成为生产要素，其意义十分重大。行政划拨是一直沿用的国有土地使用权取得方式。自改革开放以来，特别是在实行国有土地有偿使用制度后，对行政划拨方式控制使用，只能适用于一定范围的用地项目。

②传来取得。土地使用权传来取得的方式，包括通过转让、抵押权的实现或民事执行，变更国有土地使用权的主体等。转让方式是指根据当事人双方自愿达成的协议，一方将其拥有的土地使用权转移给另一方的行为。转让的法律形式包括买卖、交换和赠与。抵押权的实现是指依据抵押合同，按照担保法规定的条件和方式，将抵押人拥有的国有土地使用权转移给抵押权人或依法拍卖给第三人。

民事执行是指依照民事诉讼法或破产法的有关规定，将被执行人或者破产人拥有的国有土地使用权以拍卖、变卖或者其他方式用于清偿债务。

(2)土地使用权的变更

土地使用权变更，包括土地使用权主体变更、内容变更和其他事项变更。

①主体变更。土地使用权主体变更的事由通常有以下几种情况：买卖、互易、赠与、继承、共有权分割、法人合并、法人分立、投资等。

土地使用权主体的变更实际上是土地使用权市场交易或民事流转的一种形式。国家对土地使用权主体变更实行必要的限制。这种限制主要表现在以下三个方面：一是限制国有企业与机关、事业单位之间流转。这种限制在于控制公益性用地转变为经营性用地，以及防止机关、事业单位取得经营性用地之后涉足房地产市场。二是限制公民与法人、非法人组织之间流转。这种限制主要是为防止法人及非法人组织涉足私人房地产市场，尤其是住房市场，造成供应紧缺和市价高涨。三是限制中国人与外国人之间，以及外国人相互之间流转。这种限制主要是为减少国际市场波动对我国地产市场的冲击，以维护我国地价的相对稳定。根据实际情况的变化，某些限制也可能会适当放宽。

实践中，某些当事人为了规避法律关于划拨土地用途范围和转让程序等限制，往往采取联营、联建、企业租赁、承包经营等形式，在主体名义不变的情况下，将土地使用权部分甚至全部转移给第三人。为了对这类行为实行有效控制，立法上有必要进一步完善对土地使用权主体变更的规定，同时要加大执法的力度。

②内容变更。土地使用权内容变更是指土地使用权各项权能的变更。实践中，主要体现在土地用途范围的变更。

变更土地用途必须严格履行批准、登记手续，这是我国土地管理法的一项重要制度。《城镇国有土地使用权出让和转让暂行条例》第十八条规定，“土地使用者需要改变土地使用权出让合同规定的土地用途的，应当征得出让方同意并经土地管理部门和城市规划部门批准，依照本章的有关规定重新签订土地使用权出让合同，调整土地出让金，并办理登记。”第二十七条规定，“土地使用权转让后，需要改变土地使用权出让合同规定的土地用途的，依照本条例第十八条的规定办理。”划拨土地使用权人改变土地用途的，应当按照土地登记规则的有关规定，持有关证明文件到土地管理部门申请变更土地登记。任何土地使用权人，未经批准自行改变土地用途的，构成《土地管理法》中“不按批准的用途使用的”行为，由土地管理部门责令交还土地，处以罚款。

③其他事项变更。其他事项变更是指列入土地使用权登记项目的其他事项的变更，如土地面积的变更、地上附着物的变更、土地使用年限的变更等。在发生这类变更情况时，土地使用权人应当向土地管理部门办理变更登记。

(3)土地使用权的终止

土地使用权人由于某种法定事由的出现而丧失土地使用权。土地使用权终止的原因及其后果，可以分为下列四种：

①因土地使用权出让合同规定的使用期限届满而终。土地使用权出让合同期限届满，非住宅土地使用者未申请续期或者虽申请续期但未获批准的，土地使用权由国家无偿收回。

②土地使用权期限届满前，国家根据社会公共利益的需要，可以依照法律程序提前收回土地使用权，并根据土地使用者使用土地的实际年限和开发土地的实际情况给予相应的补偿。

③因土地使用者严重违反城市规划或违反土地使用权出让合同而被国家强制收回土地。以出让方式取得土地使用权进行房地产开发的，必须按照土地使用权出让合同约定的土地用途、动工开发期限开发土地。超过出让合同约定的动工开发日期满 2 年未动工的，国家可以无偿收回土地使用权。但是因不可抗力或者政府、政府相关部门的行为或者动工前必需的前期工作而造成动工开发迟延的除外。

④因土地的灭失而导致土地使用权的终止。土地灭失是指因地震、海平面升高、火山爆发、泥石流等自然灾害而造成的土地性质改变或地貌的改变，如海平面升高而导致某些地区被海水淹没。土地使用权终止后，国有土地所有权的全部权能回归所有人——国家。

3.3 土地用途管制制度

3.3.1 土地用途管制制度的概念

土地用途管制制度，是指国家为保证土地资源的合理利用，促进经济、社会和环境的协调发展，通过编制土地利用总体规划划定土地用途区域，确定土地使用限制条件，土地的所有者、使用者严格按照国家确定的用途利用土地这样一种制度。与过去的用地审批制度的主要区别在于，按照土地用途管制制度，应当主动依据土地利用规划划定土地用途，并依法规范土地利用行为，划分土地管理权限，控制土地用途变更。此外，土地用途管制制度采用规划公示的办法，向社会公众告示土地用途分区和用途限制，因而有利于社会公众对土地的利用和管理实施监督。

土地用途管制，为世界上一些土地管理较为完善的国家所广泛采用。日本、美国、加拿大等称之为“土地使用分区管制”；瑞典称“土地使用管制”；英国称“土地规划许可制”；法国、韩国则称“建设开发许可制”。从这些国家实施该种制度措施的情况来看，土地用途管制在合理利用土地资源，特别是在保护耕地方面取得了良好的效果。

3.3.2 土地用途管制制度的内容

1. 土地用途管制的依据——土地利用总体规划

作为实行土地用途管制依据的，是土地利用总体规划。该总体规划指，在一定区域内，根据国家社会经济可持续发展的要求和当地自然、经济、社会条件，对土地的开发、利用、治理和保护，在空间上、时间上所作的总体安排和布局。

(1)土地利用总体规划的编制原则

各级人民政府依据国民经济和社会发展计划、国土整治和资源环境保护的要求、土地供给能力以及各项建设对土地的需求，组织编制土地利用总体规划。全国土地利用总体规划的规划期限由国务院规定。下级土地利用总体规划依据上一级土地利用总体规划编制。地方各级人民政府编制的土地利用总体规划中的建设用地总量不得超过上一级土地利用总体规划确定的控制指标，耕地保有量不得低于上一级土地利用总体规划确定的控制指标。省、自治区、直辖市人民政府编制的土地利用总体规划，应当确保本行政区域内耕地总量不减少。

土地利用总体规划的具体编制原则为：一是严格保护基本农田，控制非农业建设占用农用地；二是提高土地利用率；三是统筹安排各类、各区域用地；四是保护和改善生态环境，保障土地的可持续利用；五是占用耕地与开发复垦耕地相平衡。

(2)土地利用总体规划对土地用途的分类

土地管理法将土地分为农用地、建设用地和未利用地三类。农用地是指直接用于农业生产的土地，包括耕地、林地、草地、农田水利用地、养殖水面等；建设用地是指建造建筑物、构筑物的土地，包括城乡住宅和公共设施用地、工矿用地、交通水利设施用地、旅游用地、军事设施用地等；未利用地是指农用地和建设用地以外的土地,例如荒地、沙漠、冰川等。将土地作这样的分类是国家实行土地用途管制制度的需要,主要目的在于限制农用地转为建设用地,特别是要切实保护耕地。根据需要,各类土地还可以作进一步的分类,并确定具体的划分标准。

(3)土地利用总体规划的审批程序

全国土地利用总体规划,由国务院土地行政主管部门会同国务院有关部门编制,报国务院批准。省、自治区、直辖市的土地利用总体规划,报国务院批准。省、自治区人民政府所在地的市、人口在 100 万以上的城市以及国务院指定城市的土地利用总体规划,经省、自治区人民政府审查同意后,报国务院批准。前述以外的土地利用总体规划,逐级上报省、自治区、直辖市人民政府批准,其中,乡(镇)土地利用总体规划可以由省级人民政府授权设区的市、自治州人民政府批准。土地利用总体规划一经批准,即具有法律上的效力,必须严格执行。

(4)土地利用总体规划的任务

全国和省级土地利用总体规划为宏观控制性规划,主要任务是,在确保耕地总量动态平衡的前提下,统筹安排各类用地,控制城镇建设用地规模。通过规划分区和规划指标对下级土地利用总体规划进行控制。县、乡级土地利用总体规划为实施性规划,主要任务是,根据上级土地利用总体规划的指标和布局要求,具体划分各土地利用区,明确用途和使用条件,为农用地转用审批、基本农田保护区划定、土地整理、土地开发复垦提供依据。特别是乡(镇)土地利用总体规划,要具体确定每一块土地的用途,并向社会公告。

(5)土地利用总体规划的修改

土地利用总体规划的修改,必须经原批准机关批准;未经批准,不得改变土地利用总体规划确定的用途。经国务院批准的大型能源、交通、水利等基础设施建设用地,需要改变土地利用总体规划的,根据国务院的批准文件修改。经省、自治区、直辖市人民政府批准的能源、交通、水利等基础设施建设用地,需要改变土地利用总体规划的,属于省级人民政府土地利用总体规划批准权限内的,根据省级人民政府的批准文件修改。

2. 农用地转为建设用地的批准权限

根据土地用途管制的要求,建设用地必须符合土地利用总体规划所确定的用途,并且严格限制农用地转为建设用地,控制建设用地总量。因此,建设占用土地,涉及农用地转为建设用地的,应当办理农用地转用审批手续。省、自治区、直辖市人民政府批准的道路、管线工程和大型基础设施建设项目、国务院批准的建设项目占用土地,涉及农用地转为建设用地的,由国务院批准。在土地利用总体规划确定的城市和村庄、集镇建设用地规模范围内,为实施该规划而将农用地转为建设用地的，按土地利用年度计划分批次由原批准土地利用总体规划的机关批准。前述以外的建设项目占用土地，涉及农用地转为建设用地的，由省、自治区、直辖市人民政府批准。

3. 集中征地审批权

根据宪法和有关法律的规定，征地权属于国家。《土地管理法》针对以往征地权过于分散带来的弊病，适应土地用途管制的要求，适当集中了征地审批权，这是一项重大的制度变革。其基本内容为：征收基本农田，或者征收基本农田以外的耕地超过 35 公顷的，其他土地超过 70 公顷的，必须由国务院批准；征收前述以外的土地的，由省、自治区、直辖市人民政府批准，并报国务院备案，取消省级以下人民政府的征地审批权。征收农用地还必须先行办理农用地转用审批。其中，经国务院批准农用地转用的，同时办理征地审批手续，不再另行办理征地审批；经省、自治区、直辖市人民政府在征地批准权限内批准农用地转用的，同时办理征地审批手续，不再另行办理征地审批，但超过省级征地批准权限的，还要依法另行办理征地审批。

4. 完善土地登记制度

土地登记是指国家依照规定程序将土地的权属、用途、面积、政府对该宗地的利用设置的管制条件等情况登记在专门的簿册上，同时向土地所有者和土地使用者颁发土地证书的制度。适应土地用途管制的要求，《土地管理法》对土地登记制度作了如下规定：一是，农民集体所有的土地依法用于非农业建设的，由县级人民政府登记造册，核发证书，确认建设用地使用权，以加强对农村建设用地的管理；二是，依法改变土地用途的，应当办理土地变更登记，即对已经登记的土地用途发生变化的，经土地权利人申请，对原登记的土地用途进行变更登记。土地用途变更登记对于实行土地用途管制是一项重要措施。首先，土地用途是土地权利的重要内容，土地权利未经登记不受法律保护。其次，土地用途是依照土地利用总体规划确定的，改变用途要审查其是否符合土地利用总体规划。再次，改变土地用途应有合法批准手续，通过土地用途变更登记可以有效地进行监督。最后，土地用途决定土地价值和利益，通过土地用途变更登记有助于保障国家土地收益。

5. 健全土地监督检查制度，强化土地法律责任

实行土地用途管制制度，要求使用土地的单位和个人必须严格按照土地利用总体规划确定的用途使用土地。为加强监督检查，《土地管理法》作了专章规定，授权县级以上人民政府土地行政主管部门，对包括违反土地用途管制在内的土地违法行为进行监督检查，要求对各种土地违法行为追究相应的法律责任。

3.4　耕地保护制度

3.4.1　耕地保护制度的概述

根据“十一五”规划纲要，到 2010 年末全国耕地面积必须守住不低于 18 亿亩这根红线。这意味着，“十一五”期间我国年均净减少耕地面积不能超过 650 万亩。截至 2006 年 10 月 31 日，全国 31 个省(区、市)土地调查面积中，农用地 98.58 亿亩，占 69.1%；建设用地 4.85 亿亩，占 3.4%；未利用地 39.17 亿亩，占 27.5%。2006 年全国共减少耕地 1011.0 万亩。同期，土地整理复垦开发补充耕地 550.8 万亩。补充耕地与减少耕地相抵，全国耕地面积比上年度末净减少 460.2 万亩，全国人均耕地面积 1.39 亩，耕地保护形势严峻。为加强土地管理，切实保护耕地，我国建立了以《土地管理法》为核心，《土地管理法实施条例》和《基本农田保护条例》等法规，以及一系列部门规章组成的土地管理法律体系，形成了土地管理的各项制度，为实行最严格的耕地保护制度奠定了法律基础。《土地管理法》第三条指出，“十分珍惜、合理利用土地和切实保护耕地是我国的基本国策。”把切实保护耕地作为一项基本国策定格于法律规范中，可见保护耕地的重要性。这是由我国人多地少、人均耕地严重短缺的现状所决定的。切实保护耕地关系到农业的长期稳定发展，关系到整个国民经济持续、快速、健康发展，关系到全民根本利益，必须列为基本国策。

实现耕地总量动态平衡，是耕地保护的目标。这就要求，在今后一个时期内，做到耕地面积不再减少，并略有增加，同时保证当前建设对土地的需求。它既包括了耕地数量的增长，也包括了耕地质量的提高，以及资源配置的更加优化。为实现这一目标，《土地管理法》设立了一系列的具体制度。

1. 从规划上保证总量平衡

土地利用规划必须确定土地的用途，根据耕地总量平衡与可供土地的可能，确定本地区的耕地总量和可供土地总量。该法第十八条规定：“各省、自治区、直辖市人民政府编制的土地利用总体规划，应确保本行政区域内耕地总量不减少”。同时通过土地利用年度计划，严格控制建设用地总量。

2. 实行土地用途管制制度

严格控制耕地转为建设用地，这是保护耕地的一项基本措施。非农业建设必须节约使用土地，可以利用荒地的，不得占用耕地；可以利用劣地的，不得占用好地。凡涉及农用地转为建设用地的，必须按规定办理农用地转用审批手续。要严格依法执行非农业建设占用耕地的审批制度，杜绝乱批滥占耕地现象，坚决制止违规设立各类园区，非法圈占土地，盲目扩大建设用地规模行为。

3. 实行占用耕地补偿制度

《土地管理法》规定，"省、自治区、直辖市人民政府应当严格执行土地利用总体规划和土地利用年度计划，采取措施确保本行政区域内耕地总量不减少；耕地总量减少的，由国务院责令在规定期限内组织开垦与所减少耕地的数量和质量相当的耕地，并由国务院土地行政主管部门、农业行政主管部门验收。个别省、直辖市确因土地后备资源匮乏，新增建设用地后新开垦耕地数量不足以补偿所占用耕地数量的，必须报经国务院批准减免本行政区域内开垦耕地的数量，进行易地开垦。"《土地管理法》还规定，"非农业建设经批准占用耕地的，按照'占多少，垦多少'的原则，由占用耕地的单位负责开垦与所占用耕地的数量和质量相当的耕地；没有条件开垦或者开垦的耕地不符合要求的，应当按照省、自治区、直辖市的规定缴纳耕地开垦费，专款用于开垦新的耕地。"

尽快出台《耕地占补平衡监督管理办法》，研究建立耕地占补平衡考核体系，强化补充耕地质量考核。要进一步规范耕地开垦费的使用管理，合理制定费用标准，规范收缴程序和使用程序，加强监督检查，确保建设单位履行补充耕地的职责，切实做到建设占用耕地的"占一补一"。

4. 实行基本农田保护区制度

对粮、棉、油、蔬菜等优良耕地，按规定划为基本农田保护区，实行严格管理、特殊保护。

5. 禁止闲置和荒芜耕地

任何单位和个人不得闲置、荒芜耕地。已经办理审批手续的非农业建设占用耕地，1 年内不用而又可以耕种收获的，应当由原耕种该幅耕地的集体或个人恢复耕种，也可以由用地单位组织耕种；1 年以上未动工建设的，原则上按出让或划拨土地价款的 20％征收土地闲置费；超过 2 年未使用的，经原批准机关批准，由上级人民政府收回用地单位的土地使用权，该幅土地原为农民集体所有的，应当交回原农村集体经济组织恢复耕种。承包经营耕地的单位或者个人超过 2 年弃耕抛荒的，原发包单位应当终止承包合同，收回发包的耕地。

3. 4. 2　基本农田保护区制度

1. 基本农田保护区的范围

基本农田是指按照一定时期人口和社会经济发展对农产品的需求，依据土地利用总体规划确定的不得占用的耕地。基本农田保护区是依据土地利用总体规划和依照法定程序确定的特定保护区域。

下列耕地应当划入基本农田保护区：①经国务院有关主管部门或者县级以上地方人民政府批准确定的粮、棉、油生产基地内的耕地；②有良好的水利与水土保持设施的耕地，正在实施改造计划以及可以改造的中、低产田；③蔬菜生产基地；④农业科研、教学试验田；⑤国务院规定应当划入基本农田保护区的其他耕地。

各省、自治区、直辖市划定的基本农田应当占本行政区域内耕地的80%。

根据土地利用总体规划，铁路、公路等交通沿线，城市和村庄、集镇建设用地区周边的耕地，应当优先划入基本农田保护区；需要退耕还牧、还林、还湖的耕地，不应当划入基本农田保护区。

基本农田保护区以乡（镇）为单位进行划区定界，由县级人民政府土地行政主管部门会同同级农业行政主管部门组织实施。划定的基本农田保护区，由县级人民政府设立保护标志，予以公告。任何单位或个人不得破坏或者擅自改变基本农田保护区的保护标志。基本农田划定后，应经省级人民政府或其授权的市、自治州人民政府组织土地、农业行政主管部门验收。

2. 基本农田的保护

基本农田保护区一经依法划定，任何单位和个人不得改变或者占用。基本农田保护区受法律的严格保护。需要占用基本农田应报国务院批准。国家能源、交通、水利、军事设施等重点建设项目选址确实无法避开基本农田保护区，需要占用基本农田，涉及农用地转用或者征用土地的，必须经国务院批准。

实行基本农田补充制度。经国务院批准占用基本农田的，当地人民政府应当按照国务院的批准文件修改土地利用总体规划，并补充划入数量和质量相等的基本农田。按“占多少、垦多少”的原则由占用单位负责开垦与所占基本农田数量与质量相当的耕地，无条件开垦或开垦的耕地不符合要求的，应按省、自治区、直辖市的规定交纳耕地开垦费，专款用于开垦新的耕地。禁止任何单位、个人破坏基本农田，闲置、荒芜基本农田；实行基本农田地力等级评定制度；建立档案，实施基本农田地力和施肥监测、环境污染监测和评价；实行基本农田保护责任制。

3.4.3　土地开发与复垦

1. 土地开发

（1）土地开发的概念

土地开发是为扩大土地的可利用面积和提高土地利用深度，通过劳力、技术和资金的投入将土地由自然资源改造为经济资源。土地开发包括对未利用土地的开发,也包括对被破坏土地或利用不合理、不充分的土地进行的开发。其中,土地开垦是以垦植为目的的开发,即开垦荒地为耕地用于农作物的种植,因此,开垦土地成为土地开发的一种具体形式。

(2)土地开发的原则

土地开发应当遵循以下原则:

①符合土地利用总体规划。土地开发应以土地利用总体规划为依据,在该规划指导下进行。

②保护和改善生态环境、防止水土流失和土地荒漠化。开发未利用的土地必须经过科学论证和评估。禁止毁坏森林、草原开垦耕地,禁止围湖造田和侵占江河滩地。对破坏生态环境开垦、围垦的土地,要有计划有步骤地退耕还林、还牧、还湖。

③农业用地优先开发。适宜开发为农用地的,应当优先开发;不能开发为农用地的,可以开发为建设用地。

④保护开发者利益。国家依法保护开发者的合法权益,鼓励单位和个人进行土地开发。开垦未确定使用权的国有荒山、荒地、荒滩从事种植业、林业、畜牧业、渔业生产的,经县级以上人民政府依法批准,可以确定给开发单位或者个人长期使用。

(3)土地开垦的范围和程序

开垦未利用的土地,必须在土地利用总体规划划定的可开垦的区域内进行。依照《土地管理法》规定,土地利用总体规划中应当划定土地利用区,对可开垦的土地划定范围,经过科学论证和评估后依法进行开垦。

开垦未利用的土地,必须按下列程序进行:

①经过开垦的科学论证和评估。论证和评估的目的,是要保证开垦土地在保护和改善生态环境、防止水土流失和土地荒漠化的前提下进行。论证和评估内容一般包括:选定的可开垦地区,对生态的影响是什么;是否采取了利于保护或改善当地的环境的措施;是否有防治水土流失的措施等。

②开垦土地要报经批准。开发未确定土地使用权的国有荒山、荒地、荒滩从事种植业、林业、畜牧业、渔业生产的,应当在当地的县级以上人民政府土地行政主管部门提出申请,报有批准权的人民政府批准。一次性开发未确定土地使用权的国有荒山、荒地、荒滩 600 公顷以下的,按照省、自治区、直辖市规定的权限,由县级以上地方人民政府批准;开发 600 公顷以上的,报国务院批准。

2. 土地复垦

(1)土地复垦的概念

土地复垦是指对在生产建设过程中,因挖损、塌陷、压占等造成破坏的土地,采取整治措施,使其恢复到可供利用状态的活动。对此,《土地管理法》《土地复垦规定》都作出了专门的规定。因挖损、塌陷、压占等造成土地破坏,用地单位和个人应当按照国家有关规定负责复垦;没有条件复垦或者复垦不符合要求的,应当缴纳土地复垦费,专项用于土地复垦。复垦的土地应当优先用于农业。

(2)土地复垦的实施

土地复垦实行"谁破坏、谁复垦"的原则。在开采矿产资源、烧制砖瓦、粗燃烧发电等生产建设活动中,造成土地破坏的企业和个人负有复垦的义务。复垦可以由企业和个人自行复垦,也可以由其他有条件的单位、个人承包复垦。承包复垦土地,应当以合同形式确立承包、发包双方的权利和义务。土地复垦费用,应根据土地被破坏的程度、复垦标准和复垦工程量合理确定。

各级人民政府土地管理部门负责管理、监督检查本行政区域内的土地复垦工作;各级计划部门负责土地垦复的综合协调工作;各有关行业主管部门负责本行业土地复垦规划的制定与实施。

(3)复垦后的土地使用权和收益分配

①复垦后的集体土地,不能恢复原用途或复垦后需要用于国家建设的,由国家征收;不能恢复原用途,但集体经济组织愿意保留的,可以不实行征收;经复垦可以恢复原用途,但国家建设不需要的,不实行国家征收。

②复垦后的国有土地,如果是企业利用自有资金或者贷款进行复垦的,复垦后归该企业使用,依照国家规定办理过户登记手续:企业不需要使用的土地,或者未经当地土地管理部门同意复垦后连续 2 年以上不使用的土地,由县级以上人民政府统筹安排使用。

③企业采取承包或者集资方式复垦国有土地,复垦后的土地使用权和收益分配,依照承包合同或者集资协议约定的期限和条件确定;因国家生产建设需要提前收回的,企业应当对承包合同或集资协议的另一方当事人支付适当的补偿费。

3.5　违反土地管理法的法律责任

依照《土地管理法》第六章的规定,可以将土地违法分为行政违法、民事违法和刑事违法,以此法律责任可分为行政责任、民事责任和刑事责任。

3.5.1　违反土地管理法的行政责任

1. 行政责任的概念及特征

行政责任是指行政法律关系主体由于违反行政法律规范或不履行行政法律义务而依法应承担的行政法律后果。其特征如下:

(1)行政责任的主体是行政法律关系主体,包括行政主体和行政相对方;
(2)行政责任是由于行政主体违反行政法或不履行行政法定职责和义务而引起的;
(3)行政责任是一种法定责任,具有强制性。

2. 行政责任的构成要件

(1)有违反行政法律义务的行为;
(2)承担行政责任具有法定依据;
(3)主观上有过错。

3. 行政主体承担责任的方式

(1)通报批评;
(2)赔礼道歉、承认错误;
(3)恢复名誉、消除影响;
(4)返还权益或恢复原状;
(5)停止违法行为;
(6)依法履行职责;
(7)撤销违法的行政行为和纠正不正当的行政行为;
(8)行政赔偿。

3.5.2 违反土地管理法的民事责任

1. 民事责任的概念与特征

民事责任亦称民事法律责任,是指民事主体违反民事义务而依法应当承担的民事法律后果。民事责任既有法律责任的一般特征,又有自身的特征。具体地说,民事责任主要有如下的法律特征:

(1)民事责任以民事义务的存在为前提;
(2)民事责任主要是财产责任;
(3)民事责任以恢复被侵害的民事权益为目标;
(4)民事责任是一种独立的法律责任。

2. 民事责任的构成要件

民事责任构成要件是指民事行为人承担民事责任的条件,亦即在什么情况下当事人才承担民事责任。

(1)有损害事实的发生;
(2)行为人的行为具有违法性;
(3)损害事实和行为之间有因果关系;

(4)行为人主观上有过错。

3. 民事主体承担民事责任的方式

有关土地违法的民事责任，主要发生于土地侵权案件中或者是因为土地所有权或是使用权的使用而发生的纠纷中。根据《民法通则》第 134 条规定，土地违法的民事责任，一般有以下几种：

(1)赔偿损失；

(2)停止侵害、排除妨碍；

(3)罚款；

(4)消除危险；

(5)赔礼道歉。

3.5.3　违反土地管理法的刑事责任

1. 刑事责任的概念和特征

刑事责任，是指行为人违反刑事法律的有关规定，并依法应当由国家司法机关追究其刑事法律后果的一种否定性评价。它与其他法律责任在承担责任的前提、程序、后果等方面明显不同。它具有如下主要特征：

(1)强制性和对犯罪人的谴责性；

(2)法律性；

(3)必然性与平等性；

(4)严厉性与专属性。

2. 土地违法的刑事责任的规定

《土地管理法》第五十四条规定，“在变更土地的所有权、使用权和解决土地所有权、使用权争议的过程中，行贿、受贿，敲诈勒索，贪污、盗窃国家的和集体的财物，或者煽动群众闹事，阻挠国家建设，构成犯罪的，依照《刑法》有关规定追究刑事责任。”

以牟利为目的，违反土地管理法规，非法转让、倒卖土地使用权，情节严重的，处三年以下有期徒刑或者拘役，并处或者单处非法转让、倒卖土地使用权价额百分之五以上百分之二十以下罚金；情节特别严重的，处三年以上七年以下有期徒刑，并处非法转让、倒卖土地使用权价额百分之五以上百分之二十以下罚金。

违反土地管理法规，非法占用耕地改作他用，数量较大，造成耕地大量毁坏的，处五年以下有期徒刑或者拘役，并处或者单处罚金。

国家机关工作人员徇私舞弊，违反土地管理法规，滥用职权，非法批准征用、占用土地，或者非法低价出让国有土地使用权，情节严重的，处三年以下有期徒刑或者拘役；致使国家或者集体利益遭受特别重大损失的，处三年以上七年以下有期徒刑。

案例分析

[案情介绍]——擅自占用耕地行为违法

某乡政府于1998年12月引进福建省个体老板李某投资兴建砖厂,在没办理用地许可证的情况下,于1999年4月建成投产。因砖厂建在水田中,引起当地群众不满。伊春市土地局根据举报,于同年4月8日经实地勘测,核实砖厂占用基本农田保护区的水田,即下发责令停止土地违法行为通知书予以立案查处,并多次通知乡政府拆厂还耕。同年7月15日,伊春地区人大工委、伊春市人大根据群众反映砖厂占良田,对农作物损害较大的上访,现场检查了违法情况,发现窑洞周围污染农作物严重,受损范围达5个村民小组123户村民。此后,由于砖厂赔偿村民损失不及时,污染问题未得到根本解决,村民又多次上访,不稳定因素日渐突出,引起政府部门、上级土地局及有关新闻媒体的高度重视和关注。2000年1月6日,原伊春市政府召开常委会研究决定,由该乡政府负责做好砖厂退田还耕及新造耕地工作,并将非法占用耕地情况通报全市。期间,砖厂以搬迁损失过大,要求保护招商引资企业为由多次上访,由于砖厂与乡、村就搬迁赔偿损失难以达成协议,致使拆厂还耕落实不到位。

鉴于此,区土地局作出《土地违法案件行政处罚书》,对砖厂限期拆厂还耕。

砖厂未申请行政复议,区土地局于同年6月22日向法院申请执行。

[法理评析] 我国《土地管理法》规定,国家实行土地用途管制制度,编制土地利用总体规划,规定土地用途,将土地分为农用地、建设用地和未利用地。严格限制农用地转为建设用地,控制建设用地总量,对耕地实行特殊保护。建设占用土地,涉及农用地转为建设用地的,应当办理农用地转用审批手续并办理征地手续。征收基本农田;基本农田以外的耕地超过三十五公顷的;其他土地超过七十公顷的;由国务院批准。本案砖厂擅自占用基本农田保护区的水田进行建厂违反上述规定,土地管理部门作出《土地违法案件行政处罚书》对砖厂该行为予以处罚完全正确。

思考题

1. 国有土地和集体土地的范围有哪些?
2. 什么是土地管理法律关系及其构成要素?
3. 土地用途管制制度的主要内容是什么?
4. 如何理解"十分珍惜、合理利用土地和切实保护耕地"的基本国策?
5. 土地利用总体规划的编制原则有哪些?
6. 违反《土地管理法》应承担行政责任的要件和形式有哪些?

第4章

房地产开发法律制度

本章提要：

房地产开发是房地产交易的前提，是我国城市建设和商品房产生的主要途径，对房地产开发的法律规制已成为房地产法律制度中的重要内容。本章主要包括房地产开发的特点、开发原则，房地产开发用地制度，房地产开发企业管理、房地产中介管理及经济适用住房管理等内容。通过本章学习，了解房地产开发企业的概念、设立条件和程序，房地产中介服务的有关内容；理解城市房地产开发的概念、特征，房地产开发企业的管理机制；掌握房地产开发原则，房地产开发用地取得形式，经济适用住房等内容。

4.1 房地产开发

4.1.1 房地产开发的概念和特征

1. 房地产开发的概念

房地产开发是根据城市总体规划和社会经济发展计划的需要，在依法取得国有土地使用权的土地上有计划、有步骤进行基础设施、房屋建设的行为。在一个开发区域内，房地产开发是土地和房屋开发一体化的全过程，包括设计、地质勘察、征地拆迁、土地开发（实现七通一平）、房屋建设、工程验收直至交付使用，它是一项综合性生产活动。

根据《城市房地产管理法》第二条第三款之规定，房地产开发是指在依法取得国有土地使用权的土地上，进行基础设施、房屋建设的行为。所谓的基础设施建设是指给水、排水、供电、供热、供气、通讯和道路等设施建设和土地的平整。通过基础设施建设和土地平整将自然状态的土地变为可建设房屋及其他建筑物的土地，这一过程即土地开发。房屋建设包括住宅楼、工业厂房、商业楼宇、写字楼以及其他专门用房。因此，取得国有土地使用权是房地产开发的前提；房地产开发既可以是基础设施建设，也可以是房屋建设行为。

2. 房地产开发的特征

房地产开发是以土地为对象而进行的十分复杂的生产活动，也是一项高投入、高回报、高风险的经营活动。其特点主要体现在以下几方面：

(1)投资量大、回收期长

房地产开发通常需要大量的资金投入。一个开发项目需要的投资额，少则上千万，多则上亿元，甚至十几亿元，因此，与金融业的关系十分密切。无论是发达国家，还是发展中国家，房地产开发都离不开金融机构的支持，银行和非银行金融机构是房地产开发和房地产业发展的强大后盾。房地产开发项目投资回收期长，绝大多数房地产开发项目都要经过立项、可行性研究、取得土地使用权、开发建设和经营销售五大环节。从立项开始就要进行市场调查、规划设计、拟订开发方案、选址、申请贷款、寻求合作伙伴、实施开发计划，这些工作都需要付出时间和资金，只有当开发项目建成销售后才能收回投资。一个开发项目的投资回收期，短则两三年，长则三四年，甚至长达五六年之久。

(2)风险大、利润高

由房地产开发的性质所决定,其当前的投入是确定性的,没有足够的资金投入,房地产开发过程就不可能完成,开发产品就无法形成,经营活动就无法进行,投资回报就无从谈起。而未来的回报却是不确定的,在长达数年的生产过程中,社会需求、市场行情、周围环境都可能发生变化,从而对房地产开发活动,以及开发投资的回收产生较大的影响,甚至使以前的投资无法回收。但高风险常常伴随着高回报。房地产开发是以土地为投资对象的开发活动,通常是以少量的资金参与巨额资金的运营,再加之土地本身的自然增值性和房地产价格形成的特殊性,开发企业便会以少量的自有资金获得高额利润。可见,房地产开发是一种高盈利、高风险的投资活动。

(3)涉及面广、综合性强

房地产开发是以土地为对象而进行的,由土地资源的特殊性及其在国民经济中的重要性所决定,土地的开发利用,在任何国家都毫不例外地要受到多方面的制约,尤其是来自城市规划的制约。房地产开发商不但要同各相关管理部门发生管理与被管理、服务与被服务关系,还要同相关行业协作。否则,房地产开发活动就难以完成。就此而言,房地产开发是一项综合性的、复杂的生产活动。

(4)与银行等金融机构协作密切

房地产开发涉及环节多,动用资金量大,需充分利用银行等金融机构的筹资融资职能来获得支持。因此,房地产开发与金融业的关系十分密切,无论是发达国家,还是发展中国家,房地产开发都离不开金融机构,银行和非银行金融机构是房地产开发和房地产业发展的后盾。

4.1.2　房地产开发的基本原则

房地产开发的基本原则是从事房地产开发活动和国家对房地产开发活动进行管理所应遵循的基本准则,房地产开发有以下基本原则:

1. 严格执行城市规划的原则

城市规划是城市人民政府对城市建设进行宏观调控和微观管理的重要措施,也是对城市房地产开发进行合理控制,实现土地资源合理配置的有效手段。在房地产开发中严格执行城市规划,集中体现在执行"一书两证"制度上。《城乡规划法》规定:房地产开发项目的选址工作,应当有县级以上人民政府城市规划行政主管部门参加,并取得《建设项目选址意见书》;在城市规划区内进行房地产开发,房地产开发单位应当依法向县级以上人民政府城市规划行政主管部门领取《建设用地规划许可证》;在城市规划区内新建、扩建和改建建筑物、构筑物、道路、管线和其他工程设施的，房地产开发单位应当向县级以上人民政府城市规划行政主管部门领取《建设工程规划许可证》。

《城乡规划法》明确了城市建设项目与城市规划的关系，城市规划是房地产开发和城市各项建设的依据，科学制定、执行城市规划是合理利用土地，科学安排各项建设，指导城市有序协调发展的保证。规划区内的土地使用，建设工程的选址、布局必须符合并服从城市规划。

2. 坚持经济效益、社会效益和环境效益三者统一原则

经济效益是开发商赖以生存和发展的必要条件，但不能以牺牲环境为代价。政府应站在全局和社会整体利益的立场上对房地产开发实施管理。从广义上讲，房地产开发是城市建设的重要方式和过程。经济效益、社会效益和环境效益相统一，并同时实现，是城市建设的重要目标。只有坚持经济、社会、环境效益三统一的原则及房地产开发客观经济规律，才能达到未来城市建设的要求。我国《城市房屋开发经营管理条例》第三条明确规定，“房地产开发经营应当按照经济效益、社会效益、环境效益相统一的原则，实行全面规划、合理布局、综合开发、配设。”“三统一”的原则适应了房地产开发经济规律的要求，兼顾了局部利益和整体利益、当前利益和长远利益，为我国的房地产开发提出了更高的要求。

3. 综合开发、配套建设的原则

按城市规划的功能分区，将一地区各类物业的土地开发和房屋建设与基础设施和配套设施的建设统一规划、同步建设。房地产开发项目的开设应当统筹安排配套基础设施，并根据先地下、后地上的原则实施。综合开发的主要内容包括统筹资金，统一规划，统一开发。其主要特征是房地产开发企业统一承担开发区勘测、设计、征地、拆迁，进行道路、给水、排水、供电、供气、供热、通讯、绿化等工程建设；统一承担住宅、生活服务设施、商业网点、文教卫生建筑建设，其开发结果是形成功能完整的住宅小区，满足人们生活多方面的需要。

4. 保证开发产品质量合格的原则

房地产开发产品价值高、使用周期长，如存在质量安全隐患，会给业主带来巨大财产损失甚至人身损害。因此，开发项目的设计、施工必须符合国家规定的技术标准和规范，房地产开发项目竣工，经验收合格后，方可交付使用。

5. 房地产开发坚持鼓励开发住宅建设的原则

居民住宅建设是房地产开发的重要内容之一，它直接关系到城市居民居住条件和居住环境的改善。为了尽快改善居民的居住条件，提高人民的物质生活水平，国家对开发建设居民住宅的项目，实行鼓励的原则，根据社会、经济发展水平，扶持发展居民住宅建设。运用税收、金融和地价杠杆，合理安排经济适用房、一般商品房和高档别墅的住宅结构，以满足各阶层的住宅要求，逐步改善居民的居住条件。

4.1.3　房地产开发的分类

房地产开发是一种复杂的、综合性的生产活动。我们可以从不同的角度，用不同的标准对其进行分类。

(1)按开发的对象来划分，房地产开发分为新区开发和旧城改造。

新区开发就是根据土地利用总体规划和城市规划，将农业用地或未利用土地开发建设成居住、工商业及其他用途的建设用地。旧城改造，则是根据城市规划的需要将现已开发利用的旧城区改造翻新，重新建设，变成新的建成区。它是实施城市规划，加快城市建设的一条重要途径。随着社会经济的发展和人口的增长，未开发利用的土地数量有限，城市房地产开发中，旧城改造占有很大比重，是政府鼓励的开发行为。

(2)按开发的方式来划分，房地产开发分为单项开发、成片开发和小区开发。

单项开发通常是指在旧城改造或新区开发中所形成的一个相对独立的开发项目。其规模小、占地少、项目功能和配套设施比较单一。成片开发是指房地产开发企业在取得国有土地使用权以后，对较大面积的土地，进行综合性的开发建设，形成工业用地或其他建设用地条件，然后进行土地使用权转让，或者进而建成通用工业厂房以及配套的生产、服务设施。小区开发是指在城市一定区域内建筑的具有相对独立居住环境的大片居民住宅，配有成套的生活服务设施，如商业网点、学校等的开发项目。

(3)按开发机构来划分，房地产开发分为政府开发和房地产开发企业开发。

政府开发一般是由政府出面，组织人力和物力进行前期开发，将生地变为熟地，然后出让土地使用权。房地产开发企业开发是房地产开发企业通过法定程序取得开发项目后，对土地进行开发，对房屋等建筑物进行建设。其开发项目可以从熟地上开始，也可以从生地上开始。

(4)按开发目的来划分，房地产开发分为经营性房地产开发和自用性房地产开发。

经营性房地产开发是指由专业化的房地产开发企业进行，通过房地产的投资开发活动将开发产品(房屋、基础设施、土地使用权)作为商品进行交易，以追求利润回报的开发活动。自用性的房地产开发是指为自用而进行的房地产开发活动，开发者即使用者，开发的房地产产品不进行流通，只是满足开发者自己进行生产、经营或消费的需要，开发环节本身不追求盈利。

我国目前经营性的房地产开发和自用性的房地产开发都占有一定的比例，随着我国市场经济的不断发展和社会分工的细致深化，房地产商品化的程度将不断提高。单位、个人必将更多地通过房地产交易市场获取房地产，自建自用式的房地产开发将逐渐减少，而经营性的房地产开发将日益增多。

(5)按开发的内容来划分，房地产开发分为单纯的土地开发和再开发、单纯的房屋开发和再开发、土地房屋一体化开发等。

土地房屋一体化开发是指从事土地开发和房屋开发，或从事土地再开发和房屋再开发全过程的房地产开发活动。我国目前的房地产开发此类形式居多。

(6)按开发主体来划分，房地产开发分为单独开发和联合开发。

单独开发即一个开发主体进行房地产开发，包括独资开发和项目公司开发；联合开发是指两个或两个以上主体根据协议共同投资开发房地产，并且按照协议共享利润、共担风险。

(7)按开发用途来划分，房地产开发分为民用开发、商业开发、工业开发、交通开发等。

4.2 房地产开发用地

4.2.1 房地产开发用地的概念及我国现行土地使用的特点

1. 房地产开发用地的概念

房地产开发用地，即进行基础设施和房屋建设的用地。房地产开发用地仅指取得开发用地的使用权，而不是指取得开发用地的所有权。国家实行土地所有权与土地使用权分离制度，使土地使用权商品化，开发商取得的仅指使用权。房地产开发用地仅指城镇国有土地，而不包括集体所有的土地。我国对土地一级市场实行国家垄断经营的政策。能有偿出让使用权的土地只能是城镇国有土地，集体所有土地除国家征用外，不得出让，不得用于经营性房地产开发，不得转让、出租用于非农业建设。出让的土地使用权只是一种地上使用权，该土地的地下资源和埋藏物仍属于国家所有。

2. 我国现行土地使用制度的特点

(1)国家实行国有土地有偿出让及保持少量必要的行政划拨。供应房地产开发用地，只转移了土地使用权，国家仍然享有土地所有权。

(2)土地使用权已成为具有相对独立意义的一种物权，即依法占有、使用、收益和一定处分的权利，土地使用者成为权利主体。

(3)国家垄断土地一级市场，同时加强土地二级市场的管理。在房地产用地市场的第一个层次即出让层次中，是由政府统一出面的。集体所有的土地不得擅自出让，只能先征收，转为国有土地后方可出让。第二个层次即转让层次，也要受到原土地使用权出让合同规定的条件和期限的制约。

(4)建立系统的登记制度，明确登记是确认土地使用权的要件。改革后的这种土地使用制度与香港地区的做法有许多相同或相似之处。

4.2.2　土地使用权划拨

1. 土地使用权划拨的概念和特点

(1)土地使用权划拨的概念

土地使用权划拨是指县级以上人民政府依法批准，在土地使用者缴纳补偿、安置费用后，将该幅土地交付其使用，或者将土地使用权无偿交付给土地使用者使用的行为。以划拨方式取得土地使用权，是出让方式以外的另一种取得国有土地使用权的方式。

(2)土地使用权划拨的特点

土地使用权划拨具有以下特征：

①土地使用权划拨是一种无偿的行为，土地使用者取得使用权无需支付土地出让金，但这并不等于使用者不需支付任何费用。一般情况下，土地使用者须对原先土地使用者支付补偿费和安置费，同时，土地使用者依规定缴纳土地使用税。

②土地使用权没有明确的使用期限，法律、行政法规另有规定除外。

③土地使用权划拨是一种具体的行政行为，适用审批程序，划拨土地使用权不采用拍卖、招标、协议的方式，国家行使社会经济管理者的行政权力，将土地使用权进行分配或调整。

④划拨取得的土地使用权，不可以转让、出租、抵押。只有企业、公司、其他经济组织和个人对其使用的划拨土地，领有国有土地使用证，具有地上建筑物、其他附着物合法的产权证明，并补签土地使用权出让合同补缴土地出让金的条件下，经市、县人民政府土地管理部门和房产管理部门批准，方可以转让、出租、抵押。

2. 土地使用权划拨的范围

长期以来，行政划拨是我国分配国有土地使用权的主要方式。实践表明，土地使用权划拨制度存在许多弊端，表现为土地资源严重浪费，土地利用率低，国家收益损失严重。由于划拨土地使用权的使用者无须支付地价，刺激了多占地、占好地、占而不用等行为，并产生了土地隐形市场，国有土地资产流失严重。为此，我国对传统的土地划拨制度实行了重大改革。

1990年，《城镇国有土地使用权出让和转让暂行条例》确立了土地有偿出让和行政划拨并存的双轨制度，并将两种不同的取得国有土地使用权方式加以区别。用地单位或个人以有偿出让方式取得的土地使用权，是一项独立的财产权利，可以转让、出租、抵押，而以行政划拨方式取得的土地使用权，用地者每年需缴纳土地使用税，其土地使用权不得转让、出租、抵押。1995年1月1日起施行《城市房地产管理法》，从促进用地制度改革的角度出发，对以行政划拨取得土地使用权的范围进行限制。下列建设用地的土地使用权，确属必需的，可以由县级以上人民政府依法批准划拨：

(1)国家机关用地。包括：国家权力机关、国家行政机关、国家司法机关和国家军事机关。

(2)军事用地。主要指军事设施用地，包括：指挥机关、指挥工程、作战工程用地；军用机场、港口、码头、营区、训练场、试验场用地；军事洞库、仓库用地；军事通信、侦察、导航、观测台站和导航标志用地；军用公路、铁路专用线、军用通讯线路用地；其他军事设施用地。

(3)城市基础设施用地。包括城市给水、排水、污水处理、供电、通信、煤气、热力、道路、市内公共交通、园林绿化、环保、消防、路标、路灯等设施用地。

(4)公益事业用地。包括各类学校、医院、体育场馆、文化馆、图书馆、幼儿园、托儿所、敬老院、防疫站等文体、卫生、教育、福利事业用地。

(5)国家重点扶持的能源、交通、水利等项目用地。主要是指中央投资、中央地方共同投资，以及国家采取各种优惠政策重点扶持的煤炭、石油、天然气、电力等能源项目；铁路、公路、港口、机场等交通项目；水库、防洪、江河治理等水利项目用地。

(6)法律、法规明确规定可以采用划拨方式供地的其他用地。

在上述范围内，政府认为应当予以扶持，并给予政策上优惠的建设项目用地，经过批准，可以采用划拨方式取得土地使用权。

3. 划拨土地使用权的行使及终止

(1)划拨土地使用权的行使

土地使用者依法取得划拨土地使用权之后，便在法律规定的范围内对划拨的土地享有占有、使用和收益的权利。其权利的行使受国家法律的保护，但土地使用者在行使权利时，也必须遵守国家法律、法规的有关规定。

①土地使用权人不得擅自改变土地用途。划拨土地使用权取得方式的适用有明确的范围。人民政府在批准土地划拨时，都确定了明确的用途，这种确定的用途很可能就是得以批准划拨的条件。因此，土地使用权人在使用土地过程中不得随

意改变土地用途，因特殊情况确需改变土地用途的，应得到人民政府批准，并要依法办理土地用途变更登记手续。

②土地使用权人在行使权利时，如遇社会公共利益需要，有义务服从人民政府收回土地使用权的决定。由有关人民政府土地行政主管部门报经原批准用地的人民政府或者有批准权的人民政府批准，可以收回国有土地使用权。

③划拨土地使用权的转移必须遵守有关法律、法规的规定。就划拨土地使用权的性质来讲，权利人对其享有的土地使用权没有处分权。但在人多地少，土地供求矛盾日益尖锐的今天，客观上要求划拨土地使用权能够流转，房地产市场发展本身也要求划拨土地使用权流转，为了充分合理地利用宝贵的土地资源，国家法律允许划拨土地使用者以土地使用权作为出资与他人联营、联建房屋，允许土地使用权随房产交易转移，但同时也规定了严格的条件。

(2)划拨土地使用权的终止

收回行政划拨土地使用权的前提有下列两种：一是土地使用者因迁移、解散、撤销、破产或者其他原因而停止使用土地的，市、县人民政府应当无偿收回其划拨土地使用权；二是对划拨的土地使用权，市、县人民政府可以根据城市建设发展需要和城市规划要求无偿收回。

《土地管理法》规定可以收回划拨的国有土地使用权的情形更为具体：①为公共利益需要使用土地的；②为实现城市规划进行旧城区改建，需要调整使用土地的；③土地出让等有偿使用合同约定的使用期限届满，土地使用者未申请续期或者申请续期未获批准的；④因单位撤销、迁移等原因，停止使用原划拨的国有土地的；⑤公路、铁路、机场、矿场等经核准报废的。

无偿收回划拨土地使用权时，对其地上建筑物、其他附着物，市、县人民政府应当根据实际情况给予适当补偿。

4. 划拨土地使用权的转化及转化程序

(1)划拨土地使用权的转化

划拨土地使用权转让、出租和抵押要经市、县人民政府土地管理部门和房产管理部门批准，其条件是：土地使用者必须是公司、企业、其他经济组织和个人；领有国有土地使用证；具有地上建筑物、其他附着物合法的产权证明；依照有关法规的规定签订土地使用权出让合同，向当地市、县人民政府补交土地使用权出让金，或者以转让、出租、抵押所获收益抵交土地使用权出让金。

《城市房地产管理法》对划拨土地使用权转让的方式和条件又作了进一步的规定，即“以划拨方式取得土地使用权的，转让房地产时，应当按照国务院规定，报有批准权的人民政府审批。有批准权的人民政府准予转让的，应当由受让方办理土地使用权出让手续，并依照国家有关规定缴纳土地使用权出让金”。“转让房地产报批时，有批准权的人民政府按照国务院规定决定可以不办理土地使用权出让手续的，转让方应按照国务院规定将转让房地产所获收益中的土地收益上缴国家或者作其他处理。”

这种土地使用权性质的转换，是以协议方式实现的，因为转换后的土地使用者，仍是原划拨的土地使用人。如果以拍卖或招标方式实现，则等于国家已把划拨的土地使用权收回，只有在国家已收回国有土地使用权的前提下才能采取拍卖或招标方式出让土地使用权。

(2)划拨土地使用权的转化程序

实行先出让后进行市场化处分的原则，划拨土地转化的基本条件和程序是：

①提出申请。划拨土地使用权转让、出租、抵押意味着土地使用权性质的改变，因此必须经政府部门批准。所提交的文件是：土地使用者《申请审批表》，若是经济组织外的其他组织，须附其上级主管部门的批准文件；《国有土地使用权证》；地上建筑物、其他附着物的合法产权证明；对已经发生划拨土地使用权转让、出租、抵押行为而补办出让手续的，还须提交所在地市、县土地管理部门的处理意见和土地使用权转让、租赁、抵押合同；需要改变土地用途的，须附城市规划部门的审查意见。

对未经批准擅自转让、出租、抵押划拨土地使用权的单位和个人，市、县人民政府土地管理部门应当没收其非法收入，并根据情节处以罚款。

②政府审批。政府应审查划拨土地使用权是否具备转让、出租、抵押的条件；出让宗地实际使用状况与文件、资料所载是否一致，对四邻及自身工作秩序是否会造成不良影响；如果已发生市场化处分行为，还须审查转让、租赁、抵押合同书内容是否符合有关规定。

③签订土地出让合同，缴纳出让金。划拨土地除了得到政府主管部门的批准外，还必须要求签订土地使用权出让合同，补交土地使用权出让金。关于出让合同的内容大致相同于一般的出让合同，出让年限不得超过《城镇国有土地使用权出让和转让》规定的最高年限。

土地出让金按标定地价的一定比例收取，最低不得低于标定地价的40%。标定地价由土地所在地市、县土地管理部门根据基准地价，按土地用途、出让期限和宗地条件确定。

④办理土地使用权登记手续。登记的方法为在宗地原《土地登记卡》上进行登记。登记内容为：土地使用权取得方式由划拨变为出让的依据；标定地价；出让金额，出让期限及起止日期；土地用途。同时根据《土地登记卡》更改国有土地使用证的相应栏目，向原划拨土地使用权人颁发出让土地使用权证。

4.2.3 土地使用权出让

1. 土地使用权出让的概念和特征

国有土地使用权出让是指国家将国有土地使用权在一定年限内出让给土地使用者，由土地使用者向国家支付土地使用权出让金的行为。土地使用权出让是通过合同创设的法律行为，由县级以上土地管理部门代表国家行使出让权。土地使用权出让是我国土地制度的一项重大改革，1988 年 4 月，七届全国人大一次会议通过《宪法修正案》，在宪法中删去了禁止土地“出租”的条款，增加了土地使用权可以依法转让的内容，为土地使用权的出让和转让提供了宪法依据。1988 年 12 月，七届全国人大常委会第五次会议通过修改《土地管理法》的决定，删去禁止土地出租的规定，增加了“国有土地和集体土地的使用权可以依法转让。土地使用权转让的具体办法，由国务院另行规定”。1990 年 5 月 19 日，国务院发布《城镇国有土地使用权出让和转让暂行条例》，同时发布《外商投资开发经营成片土地暂行管理办法》，标志着我国土地使用权有偿使用制度正式确立。

土地使用权出让具有如下特征：

(1)土地使用权出让关系的主体，一方为出让方，另一方为受让方，土地使用权出让中的出让方只能是国家。

土地使用权出让合同由市、县人民政府土地管理部门与土地使用者签订，这意味着市、县人民政府土地管理部门有权作为国有土地所有者的代表出让土地使用权。土地使用权出让中的受让方是指土地使用者。受让方一般不受限制，除非法律另有规定。受让方可以是中国人，也可以是外国人，可以是公司、企业、其他组织，也可以是个人。

(2)土地使用权出让关系的内容通过出让合同确定。

土地使用权出让关系双方的基本权利义务：一是国家将国有土地使用权在一定年限内出让给土地使用者，并向土地使用者收取土地使用权出让金；二是土地使用者向国家支付土地使用权出让金并获得一定使用年限的国有土地使用权。土地使用权出让双方的具体权利和义务，由双方签订《国有土地使用权出让合同》予以明确。

作为出让对象的土地使用权，是一种内容较充分、相对独立的权利。从物权法角度看，它是一种重要的用益物权。它从土地所有权中分离出来，但其内涵又不等同于土地所有权中的使用权权能。

(3)土地使用权出让关系的客体是一定使用年限的国有土地土地使用权。

出让土地使用权关系客体的范围不包括该幅出让土地的地下资源、埋藏物和市政公用设施。《中华人民共和国宪法》第九条和第十条，对矿藏和土地分别作了规定，从根本法上肯定了矿藏和土地属于不同的所有权客体。土地使用权的出让不包括矿产资源及其他地下资源权利的转移。埋藏物也属于独立于土地的所有权客体（如所有人不明，则归国家所有）。此外，附着于土地的市政公用设施（如输水、输气管道等）也不随同土地使用权出让而发生权利转移。

(4)土地使用权出让关系的法律事实是要式法律行为。

土地使用权出让，应当签订书面出让合同，同时向县级以上地方人民政府土地管理部门申请登记。不签订书面出让合同并办理土地使用权登记，土地使用权出让行为无效。

2. 土地使用权出让的方式

土地使用权出让方式，按《城市房地产管理法》第十三条规定：可以采取拍卖、招标或者双方协议的方式。商业、旅游娱乐和豪华住宅用地，有条件的必须采取拍卖、招标方式；没有条件，不能采取拍卖、招标方式的，可以采取双方协议的方式。2002年5月，国土资源部颁发《招标拍卖挂牌出让国有土地使用权的规定》，规定土地使用权出让采用招标、拍卖、挂牌出售三种方式。

(1)协议出让

协议出让是指出让方与受让方经过协商，就土地使用条件及双方的权利义务达成一致意见的一种出让方式。协议出让一般按照以下程序进行：申请、协商、签约。协议出让首先要由有意受让方向土地管理部门提出使用土地的申请，经双方平等协商，达成一致意见后签订协议。协议出让是一对一的协商，受让人有较大的讨价还价的机会，在实践中容易产生土地条件相当而出让金差别较大的情况。

(2)招标

招标是在指定的期限内，由符合条件的单位或者个人以书面形式竞投某地段的土地使用权，由出让人即招标人根据一定的要求择优确定土地使用权受让人的出让方式。

招标出让的一般程序为：招标、投标、定标、签约、履约五个阶段。招标通常是以招标通告的形式公告出让的地块的位置、面积、用途及其他相关事项。投标则是经资格审查合格的人，以接受标书为条件向招标人发出的订立合同的意思表示。投标人在规定的时间内，向招标人交纳投标保证金后，方可在规定的期限内将密封的投标书投入指定的标箱。定标是招标人公布所有的投标书并公开进行评比，对评定的最优投标人允诺与其订立合同的意思表示，定标一般又经过开标、评标、决标三个阶段，决标后招标人向中标者发出中标通知书。

(3)拍卖

拍卖是指出让人在指定的时间、地点，组织符合条件的有意受让人到场，就拟出让使用权的地块公开竞投，按“价高者得”的原则确定土地使用权受让人的出让方式。

拍卖与招标的不同是：①拍卖是按“价高者得”确定受让人，招标是按“最优者得”确定受让人，招标中最高标价不一定赢得竞投，还要综合考察其他条件，如规划设计方案。②招标方式中，各投标人互不知道他方所提竞投条件，投标人也只有一次投标机会，投标书一旦投出，不能随意更改，而拍卖则是各应买者之间的公开竞投，报价可以随时提高。

拍卖的一般程序是：①出让人发出拍卖公告，将土地使用权拍卖事宜向社会公布。②竞买，即在拍卖场所，竞投人以报价方式向拍卖人作出应价。③签约，应价高者与出让人签订土地使用权出让合同。④履约，受让人交付土地使用权出让金，出让人交付土地，办理土地使用权登记手续，受让人领取土地使用证书。

(4)挂牌

挂牌是指出让人发布挂牌公告，按公告规定的期限将拟出让宗地的交易条件在指定的土地交易场所挂牌公布，接受竞买人的报价申请并更新挂牌价格，根据挂牌期限截止时的出价结果确定土地使用者的行为。

挂牌依照以下程序进行：①在挂牌公告规定的挂牌起始日，出让人将挂牌宗地的位置、面积、用途、使用年期、规划要求、起始价、增价规则及增价幅度等，在挂牌公告规定的土地交易场所挂牌公布；②符合条件的竞买人填写报价单报价；③出让人确认该报价后，更新显示挂牌价格；④出让人继续接受新的报价；⑤出让人在挂牌公告规定的挂牌截止时间确定竞得人。

挂牌时间不得少于 10 个工作日。挂牌期间可根据竞买人竞价情况调整增价幅度。挂牌期限届满，按照下列规定确定是否成交：在挂牌期限内只有一个竞买人报价，且报价高于底价，并符合其他条件的，挂牌成交；在挂牌期限内有两个或者两个以上的竞买人报价的，出价最高者为竞得人；报价相同的，先提交报价单者为竞得人，但报价低于底价者除外；在挂牌期限内无应价者或者竞买人的报价均低于底价或均不符合其他条件的，挂牌不成交。在挂牌期限截止时仍有两个或者两个以上的竞买人要求报价的，出让人应当对挂牌宗地进行现场竞价，出价最高者为竞得人。

挂牌与拍卖的区别：参与竞买人数：拍卖 3 人以上，挂牌有 1 人即可；竞买时间：拍卖 1 天以内，挂牌至少 10 个工作日。实践中，土地进行出让时，一般先挂牌，在一定期限内接受竞买企业的书面报价。如果报价企业超过两个以上，在土地挂牌截止时间需要举行拍卖，竞买企业现场竞标。

3. 土地使用权出让的期限

土地使用权出让年限，是指一次出让签约的最高年限。土地使用权年限届满时，土地使用者可以申请续期。每一地块的具体出让年限，应由出让方和受让方在签订合同时确定，可低于法律规定的最高年限，不可高于法律规定的最高年限。

《城市房地产管理法》第十四条对土地使用权出让最高年限仅作了授权条件的规定："土地使用权出让最高年限由国务院规定。"国务院发布的《城镇国有土地使用权出让和转让暂行条例》第十二条按照出让土地的不同用途规定了各类用地使用权出让的最高年限：居住用地 70 年；工业用地 50 年；教育、科技、文化、卫生、体育用地 50 年；商业、旅游、娱乐用地 40 年；综合或者其他用地 50 年。

建设用地使用权期间届满前，因公共利益需要提前收回该土地的，应依法对该土地上的房屋及其他不动产给予补偿并退还相应出让金。住宅建设用地使用权期间届满的，自动续期。非住宅建设用地使用权期间届满后续期的，依现行法律，土地使用者需要继续使用土地的，应当至迟于届满前一年申请续期，除根据社会公共利益需要收回该幅土地的，应当予以批准。经批准准予续期的，应当重新签订土地使用权出让合同，依照规定支付土地使用权出让金。土地使用权出让合同约定的使用年限届满，土地使用者未申请续期或者虽申请续期但依照前款规定未获批准的，土地使用权由国家无偿收回。该土地上的房屋及其他不动产的归属，有约定，按照约定；没有约定或约定不明确的，依法律、行政法规的规定办理。

4. 土地使用权出让合同

(1)土地使用权出让合同的概念

出让土地使用权必须签订书面合同。土地使用权出让合同是指土地所有者或其代表与土地使用权受让人之间就土地使用权出让事宜所达成的、明确相互权利义务关系的协议。出让合同是一种特殊的民事合同，出让合同一经依法签订，即具有法律效力。

(2)土地使用权出让合同的内容

我国各地现阶段的土地使用权出让合同，一般采取标准合同的格式。合同一般具备以下主要条款：

①合同双方当事人；

②出让地块的位置、面积、四至范围和自然状况；

③出让年限；

④土地使用权出让金的数额、支付方式；

⑤土地用途；

⑥交付出让地块的期限和方式；

⑦建筑物、构筑物及其附属设施占用的空间；

⑧违约责任及纠纷解决方式；

⑨合同的生效条件。

(3)土地使用权出让合同当事人的权利和义务

①出让方的权利和义务。作为出让方其依合同享有的权利，一般包括：要求受让方按法律规定或合同约定交付出让金，否则出让方有权解除合同，并要求对方承担违约责任；监督土地使用权受让人行使权利的行为和对土地进行开发、利用及经营的活动；为社会公益的需要在土地使用权出让期限届满时，可收回土地使用权及其地上建筑物。作为出让方负有的义务一般包括：按合同规定向受让方提供土地使用权；在遇到不可抗力导致出让合同不能履行或不能完全履行时，应及时通知受让人；保证土地使用权受让人对土地的正常使用。

②受让方的权利和义务。作为受让方其依合同享有的权利，一般包括：要求出让方按合同的约定，按时提供土地使用权；受让人对土地的开发利用达到法定要求后，有权对土地使用权及地上建筑物进行转让、出租和抵押；在土地使用权出让合同期限届满之前，国家提前收回土地使用权时，受让方有权要求依法给予补偿；非住宅建设用地在土地使用权出让合同期限届满时，受让方需要继续使用土地的，可以申请续期。作为受让方的土地使用权人负有的义务，一般包括：按照合同约定的时间和方式交付土地使用权出让金；按出让合同确定的用途和要求使用土地；确需改变土地用途的，必须报经出让方和市、县人民政府城市规划行政主管部门同意，经原批准机关批准，签订出让合同变更协议或重新签订出让合同，调整出让金。

(4)土地使用权出让合同的履行、变更

《国有土地使用权出让合同》一经签订、生效，出让人和受让人即受其约束，享受合同规定的权利，承担合同义务。任何一方不履行自己的义务，均要承担法律规定的和合同约定的责任。

《国有土地使用权出让合同》签订、生效后，如需要改变土地使用权出让合同约定的土地用途的，土地使用者可以申请变更出让合同规定的土地用途。其具体程序为：土地使用者向出让土地所在地的市、县人民政府土地管理部门、城市规划部门提出改变出让土地用途的申请，并说明理由。市、县人民政府土地管理部门、城市规划部门经过审查，决定是否同意其改变出让土地用途的申请。如果市、县人民政府土地管理部门、城市规划部门认为改变出让土地用途不影响有关城市土地利用的规划和计划的落实，同意其申请的，由出让人和受让人签订土地使用权出让合同变更协议，或者重新签订土地使用权出让合同，并相应调整土地使用权出让金。办理土地使用权变更登记。

4.3 房地产开发企业

4.3.1 房地产开发企业的概念和分类

1. 房地产开发企业的概念

房地产开发企业又称“开发商”或“发展商”，是指以盈利为目的，从事房地产开发和经营的经济组织。房地产开发企业是进行房地产开发的专业服务企业，服务于房地产开发的决策筹划、组织建造、经营销售、使用管理，属于第三产业。

房地产开发企业具有以下特点：

(1)房地产开发企业是具有企业法人资格的经济实体

房地产开发企业是依法成立的具备法人资格的企业，有独立的组织机构、名称、经营场所和必要的资本金，对外能以自己的名义独立享有民事权利和承担义务、责任。另外，房地产开发企业是作为一个经济实体，必须具有必要的资金和其他物质条件。

(2)房地产开发企业是以营利为目的的经营性企业

房地产开发企业经营的根本目的是为了获取经济利益，即为了使公司自身的财产增加并获取利润，而非公益等其他目的。

(3)房地产开发企业的经营范围限于房地产开发和经营

房地产开发和经营不仅是房地产开发企业的经营范围，也是房地产开发企业的权利能力范围。房地产开发企业不能超过该范围进行经营，超范围的经营行为一般是无效的。

(4)国家对房地产开发企业实行资质管理

为规范房地产开发企业的开发经营行为，加强对房地产开发企业的管理，国家对房地产企业实行资质管理制度，按企业的条件分为一、二、三、四四个资质等级。

2. 房地产开发企业的分类

(1)房地产开发专营公司

专门以房地产开发为经营内容或为主要内容的企业。其主要形式是房地产综合开发公司。

(2)房地产开发兼营公司

以其他经营为主，兼营房地产开发经营业务的企业。

(3)房地产开发项目公司

以房地产开发项目为对象，从事单项房地产开发经营的企业，其经营对象只限于批准的项目，项目开发经营完毕后，即向工商部门核销或核减经营范围的登记。

4.3.2　房地产开发企业的设立

设立房地产开发企业应当依据《公司法》登记为股份有限责任公司和有限责任公司，原有房地产开发企业应逐步改组为规范化的公司模式，《城市房地产管理法》《城市房地产开发经营管理条例》《城市房地产开发管理暂行办法》有特别规定的除外。

1. 设立条件

(1)有自己的名称和组织机构

房地产开发企业是一个法人组织，必须有自己的名称和组织机构。房地产开发企业的名称是一个房地产开发企业区别于其他企业的重要标志，该名称应在设立时由工商行政主管部门核准。房地产开发企业采用公司这一组织形式时，还应在名称中标明“有限责任公司”或“股份有限公司”的字样。

房地产开发企业的组织机构是对内管理企业事务，对外代表企业从事民事活动的机构的总称，是企业的开发和经营活动正常运行的重要保证。房地产开发企业的组织机构应依其形态的不同而有差异。我国《公司法》对有限责任公司、股份有限公司的组织机构作了详尽的规定，凡是采用公司形态的房地产开发企业应以此规定，设立组织机构。

另外，在具体的项目开发过程中，房地产开发公司通常包括以下机构：规划设计部、征地拆迁部、工程设计部、计划部、财务部、材料供应部、经营部、人事部、办公室等。各部门工作由总经理统一协调，有关部门负责人对总经理负责。

(2)有固定的经营场所

固定的经营场所一般是指企业的住所，包括自有的或租赁的经营场所，是企业的主要办事机构所在地。设立房地产开发企业必须要有固定的经营场所，这是企业对外进行经营联系的主要场所，也是国家对房地产开发企业进行管理所必需的。房地产开发企业必须拥有固定的经营场所，有企业法人的固定地址，不能是游动性地从事生产经营活动。

(3)有符合国务院规定的注册资本

《城市房地产开发经营管理条例》第五条规定：“房地产开发企业须有 100 万元以上的注册资本。”企业的注册资本是企业经营必要的物质条件，也是企业对外承担责任的基础。注册资本的多少在一定程度上反映了企业的经济实力。为保证投资开发房地产的能力，房地产开发企业的注册资本必须适应房地产开发的规模，不得低于最低限额。由于房地产开发具有投资量大、资金占用期长的特点，房地产开发企业是资金密集型企业，其经营特点不同于一般的流通企业，注册资金的要求比一般流通企业要高。

(4)有足够的专业技术人员

房地产开发企业除具有资金密集的特点外，还具有技术密集的特点，需要建筑、设计、经济、法律、会计、统计等方面的专业人员。足够的专业技术人员是房地产开发企业进行开发经营活动所必需的人力投入，是企业运转的必要条件。《城市房地产开发经营管理条例》第五条规定："设立房地产开发企业必须具有4名以上持有资格证书的房地产专业、建筑工程专业的专职技术人员；2名以上持有资格证书的专职会计人员；省、自治区、直辖市人民政府可以根据本地方的实际情况，对设立房地产开发企业的专业技术人员的条件做出更高的规定。"此外，按照《房地产开发企业资质管理规定》的规定，不同资质等级的企业对专业技术人员的要求也不同。

(5)法律法规规定的其他条件

这是指除《城市房地产管理法》等专门性法规规定的条件外，设立房地产开发企业还应满足其他相关法律法规规定的条件。具体而言，法律法规规定的其他条件主要是《公司法》《全民所有制企业法》《中外合资经营企业法》《中外合作经营企业法》《外商独资企业法》《企业法人登记管理条例》等法律、法规规定的有关企业组织形式、登记条件、审批程序条款等。

2. 设立程序

根据《公司法》《城市房地产开发经营管理条例》的规定，设立房地产开发企业一般需要申请登记和备案两个程序。

(1)申请登记

设立房地产开发企业，应当向县级以上人民政府工商行政管理部门申请登记。工商行政管理部门对符合本条例第五条规定条件的，应当自收到申请之日起30日内予以登记；对不符合条件不予登记的，应当说明理由。工商行政管理部门在对设立房地产开发企业申请登记进行审查时，应当听取同级房地产开发主管部门的意见。

(2)申请备案

房地产开发企业应当自领取营业执照之日起30日内，持下列文件到登记机关所在地的房地产开发主管部门备案：营业执照复印件；企业章程；验资证明；企业法定代表人的身份证明；专业技术人员的资格证书和聘用合同。

新设立的房地产开发企业应当自领取营业执照之日起30日内，持下列文件到房地产开发主管部门备案：营业执照复印件；企业章程；验资证明；企业法定代表人的身份证明；专业技术人员的资格证书和劳动合同；房地产开发主管部门认为需要出示的其他文件。实践中各地备案一般所需的材料为：房地产开发企业备案表一式三份；营业执照及工商局盖章的公司章程；银行出资单或资金证明及银行对照单；法定代表人简历及身份证，有职称的专业技术人员聘用合同、职称证书、身份证；股东决议；开发项目相关材料等。

(3)核定资质等级

房地产开发主管部门应当根据房地产开发企业的资产、专业技术人员和开发经营业绩，对申请备案的房地产开发企业核定资质等级。

4.3.3 房地产开发企业的资质等级管理

开发企业的资本实力、人员素质、管理能力等条件决定了企业承担开发任务的规模数量，建设部 2000 年 3 月 29 日发布的《房地产开发企业资质管理规定》，将房地产开发企业分为四个资质等级，并对不同资质等级的房地产开发企业实行分级审批、分级年检的制度，任何从事房地产开发经营业务的企业都必须取得房地产开发资质等级证书，并在规定的等级范围内从事房地产开发经营业务，不得越级承担任务。

1. 房地产开发企业资质等级条件

(1)一级资质企业

一级资质的房地产开发企业必须具备以下条件：

①注册资本不低于 5000 万元。

②从事房地产开发经营 5 年以上。

③近 3 年房屋建筑面积累计竣工 30 万平方米以上，或者累计完成与此相当的房地产开发投资额。

④连续 5 年建筑工程质量合格率达 100%。

⑤上一年房屋建筑施工面积 15 万平方米以上，或者完成与此相当的房地产开发投资额。

⑥有职称的建筑、结构、财务、房地产及有关经济类的专业管理人员不少于 40 人，其中具有中级以上职称的管理人员不少于 20 人，持有资格证书的专职会计人员不少于 4 人。

⑦工程技术、财务、统计等业务负责人具有相应专业中级以上职称。

⑧具有完善的质量保证体系，商品住宅销售中实行了《住宅质量保证书》和《住宅使用说明书》制度。

⑨未发生重大工程质量事故。

一级资质的房地产企业由省、自治区、直辖市人民政府建设行政主管部门初审，报国务院建设行政主管部门审批。一级资质的房地产企业的资质年检由国务院建设行政主管部门或者其委托的机构负责。

一级资质的房地产开发企业承担房地产项目的建设规模不受限制，可以在全国范围承揽房地产开发项目。

(2)二级资质企业

二级资质的房地产开发企业必须具备下列条件：

①注册资本不低于 2000 万元。

②从事房地产开发经营 3 年以上。

③近 3 年房屋建筑面积累计竣工 15 万平方米以上，或者累计完成与此相当的房地产开发投资额。

④连续 3 年建筑工程质量合格率达 100%。

⑤上一年房屋建筑施工面积 10 万平方米以上，或者完成与此相当的房地产开发投资额。

⑥有职称的建筑、结构、财务、房地产及有关经济类的专业管理人员不少于 20 人，其中具有中级以上职称的管理人员不少于 10 人，持有资格证书的专职会计人员不少于 3 人。

⑦工程技术、财务、统计等业务负责人具有相应专业中级以上职称。

⑧具有完善的质量保证体系，商品住宅销售中实行了《住宅质量保证书》和《住宅使用说明书》制度。

⑨未发生过重大工程质量事故。

二级及二级以下资质企业的审批办法由省、自治区、直辖市人民政府建设行政主管部门制定，其年检办法也由省、自治区、直辖市人民政府建设行政主管部门制定。

二级资质及二级资质以下的房地产开发企业可以承担建筑面积 25 万平方米以下的开发建设项目，承担业务的具体范围由省、自治区、直辖市人民政府建设行政主管部门确定。

(3)三级资质企业

三级资质的房地产开发企业必须具备下列条件：

①注册资本不低于 800 万元。

②从事房地产开发经营 2 年以上。

③房屋建筑面积累计竣工 5 万平方米以上，或者累计完成与此相当的房地产开发投资额。

④连续 2 年建筑工程质量合格率达 100%。

⑤有职称的建筑结构、财务、房地产及有关经济类的专业管理人员不少于 10 人，其中具有中级以上职称的管理人员不少于 5 人，持有资格证书的专职会计人员不少于 2 人。

⑥工程技术、财务等业务负责人具有相应专业中级以上职称，统计等其他业务负责人具有相应专业初级以上职称。

⑦具有完善的质量保证体系，商品住宅销售中实行了《住宅质量保证书》和《住宅使用说明书》制度。

⑧未发生过重大工程质量事故。

三级资质企业的审批、年检、承担开发项目的规模均由各省、自治区、直辖市人民政府建设主管部门具体规定。

(4)四级资质企业

四级资质的房地产开发企业必须具备下列条件：

①注册资本不低于 100 万元。

②从事房地产开发经营 1 年以上。

③已竣工的建筑工程质量合格率达 100%。

④有职称的建筑、结构、财务、房地产及有关经济类的专业管理人员不少于 5 人，持有资格证书的专职会计人员不少于 2 人。

⑤工程技术负责人具有相应专业中级以上职称，财务负责人具有相应专业初级以上职称，配有专业统计人员。

⑥商品住宅销售中实行了《住宅质量保证书》和《住宅使用说明书》制度。

⑦未发生过重大工程质量事故。

四级资质企业的审批、年检、承担开发项目的规模均由各省、自治区、直辖市人民政府建设主管部门具体规定。

对于新设的房地产开发企业，我国实行暂定资质等级制度。房地产开发主管部门向符合条件的企业核发《暂定资质证书》，申请《暂定资质证书》的条件除已从事开发经营的时间条件外，不得低于四级资质企业的条件。《暂定资质证书》有效期 1 年。房地产开发主管部门可以视企业经营情况延长《暂定资质证书》有效期，延长期限不得超过 2 年。自领取《暂定资质证书》之日起 1 年内无开发项目的，《暂定资质证书》有效期不得延长。房地产开发企业应当在《暂定资质证书》有效期满的前 1 个月内，向房地产开发主管部门申请核定资质等级。房地产开发主管部门根据该企业的开发经营业绩核定相应的资质等级，颁发资质等级证书。

2. 违反资质管理的法律责任

(1)无资质开发经营行为

企业未取得资质证书从事房地产开发经营的，由县级以上地方人民政府房地产开发主管部门责令限期改正，处5万元以上10万元以下的罚款；逾期不改正的，由房地产开发主管部门提请工商行政管理部门吊销营业执照。

(2)超资质开发经营行为

企业超越资质等级从事房地产开发经营的，由县级以上地方人民政府房地产开发主管部门责令限期改正，处5万元以上10万元以下的罚款；逾期不改正的，由原资质审批部门吊销资质证书，并提请工商行政管理部门吊销营业执照。

(3)资质证书作弊行为

任何单位和个人不得涂改、出租、出借、转让、出卖资质证书。企业隐瞒真实情况、弄虚作假骗取资质证书，或者涂改、出租、出借、转让、出卖资质证书的，由原资质审批部门公告资质证书作废，收回证书，并处以1万元以上3万元以下的罚款。

(4)项目工程发生重大质量事故

企业开发建设的项目工程质量低劣，发生重大工程质量事故的，由原资质审批部门降低资质等级；情节严重的吊销资质证书，并提请工商行政管理部门吊销营业执照。

(5)未执行《住宅质量保证书》和《住宅使用说明书》制度

企业在商品住宅销售中不按照规定发放《住宅质量保证书》和《住宅使用说明书》的，由原资质审批部门予以警告、责令限期改正、降低资质等级，并可处以1万元以上2万元以下的罚款。

(6)未按规定办理变更手续

企业不按照规定办理变更手续的，由原资质审批部门予以警告、责令限期改正，并可处以5000元以上1万元以下的罚款。

(7)主管部门工作人员渎职

各级建设行政主管部门工作人员在资质审批和管理中玩忽职守、滥用职权，徇私舞弊的，由其所在单位或者上级主管部门给予行政处分；构成犯罪的，由司法机关依法追究刑事责任。

4.4 房地产开发建设

房地产开发建设一般指房地产开发企业以盈利为目的投资开发房地产项目，从立项、规划、土地出让或转让、拆迁、建设到销售等一系列经营行为。

1. 房地产开发建设的程序

(1)项目决策

房地产开发项目决策阶段的工作质量直接关系到房地产开发工作的成功与失

败。因此，越来越多的开发商在该阶段都聘请专业的咨询公司、顾问公司参与到项目的调查、评估论证中来。在该阶段工作中，主要包括五个重要环节。

①开发项目选定

项目取决于市场，能否通过市场调研准确把握市场的动向和发展趋势，已成为项目选择思考的重点。

在选择开发项目时，首先要根据房地产项目的初步设想，对城市总体规划、周边环境、区域房地产市场及走势、各类物业的市场状况等因素进行全面分析了解。根据地块的自然条件、经济条件及市场特性等多方面分析，确定具体的项目选址以及该地块最合适的开发用途，比如是建商场、写字楼还是建住宅、公寓等。在确定项目所要开发的物业类型后，就需对拟开发的目标物业进行特定的市场分析及预测，进一步把握同类物业市场的动态及走势、市场潜力，竞争性项目的多少、特点，成交量有多少等，通过分析各竞争项目的特点，明确拟开发项目的竞争优势。以此为基础，对物业类型进行进一步的市场细分，确定拟开发项目的具体市场定位及目标客户以及进入市场的时机和方式。

②开发方案设计

根据对市场的客观分析，确定了拟开发项目的物业类型，物业目标客户后，需要对目标客户的需求状况、购买行为、购买能力等方面进行详细的分析，按照分析的结论，结合项目自身资源条件，构思项目建设方案。是采用高层还是多层，是采取何种建筑风格等。在确定项目建设方案的同时，还应根据地块的建筑工程规划许可证的规定以及市场分析指标，确定项目开发规模(总建筑面积、配套设施面积、绿化面积、车位数量等各项经济技术指标)和开发建设周期等。

③经济分析

主要分析房地产项目的成本和收益。经济分析一般以动态分析为主，以静态分析为辅。主要进行开发成本分析，现金流量分析，财务净现值、动态投资回收期、内部收益率等指标的测算，以及对项目进行盈亏分析、敏感性分析、风险决策分析等几方面的评估。其中项目成本分析主要包括：土地费用包括土地出让金、城市建设配套费、拆迁安置补偿费等；前期工程费包括可行性研究、勘察设计费等；房屋开发费包括建安工程、附属工程费、室外工程及其他相关费用；开发商管理费；融资费用及占有资金的利息；营销费用；不可预见费。

④项目投资决策

经过市场分析、经济分析，在法律、市场、经济都可行的基础上，在进行项目的投资决策时，我们还需要对开发商所拥有的开发资源进行综合分析，这些资源一般包括开发商的开发能力、管理能力、融资能力等因素。

在各方面条件都比较成熟的情况下，我们需要对多个项目的市场机会进行评级，经过对总投资、项目建设周期、建筑技术、销售周期、资金筹措、收益状况等各因素的比较，从中选择一个最适合开发商的项目及适宜的开发方式，提出项目开发计划，确定市场营销策略、技术计划、财务计划、管理计划，正式进入项目的实际操作。

房地产的项目投资决策是一个多目标、多因素的分析过程，是对项目风险与收益权衡的结果，同时也是科学分析与直觉判断的综合考虑。在实际操作中，不能只看各种理论数据、理论指标，还要对项目开发过程中可能发生的各种风险进行客观的估计和预测，综合分析，以得出最终的投资决策结论。

(2)项目准备

项目准备阶段是指从申报项目立项开始，到具备开工条件前的工作阶段，重点包括以下几个环节：

①准备立项材料，申请立项。

②根据城市总体规划编制项目建设规划。

③申请建设用地。

④组织设计招标，委托项目设计。

⑤筹集开发建设资金。

⑥动迁、拆迁。

⑦办理相关通水、通电、通路、通信、人防等手续，做到“七通一平”。

(3)建设施工

这一阶段的开发工作主要由建筑承包商按合同和规划设计的方案实施。开发商的主要任务是：通过招投标，确定建设施工单位；保证工程施工进度，控制开发成本，解决施工中出现的纠纷，确保工程质量。要完成上述任务，开发商必须密切注意建设工程的进展，定期视察现场，加强有效的工程监理，直至竣工验收。

(4)租售与物业管理

为了尽快回收资金，减少风险，开发商往往在建设施工阶段就开始预售房屋。随着国家对房地产业调控的力度不断加强，目前只有在房屋主体结构竣工后，才能进入营销阶段。许多开发商在进入建设阶段就委托世界知名的销售公司参与销售工作。

2. 房地产开发建设的管理

(1)立项管理

立项是指房地产开发企业提出的房地产开发项目，经可行性研究并由主管部门批准后确立。我国对房地产开发实行项目审批制度。房地产开发项目，应当根据城市规划、年度建设用地计划和市场需求确定，并经批准立项。

房地产开发应编制项目可行性研究报告，主要包括项目概况、市场分析、资源供应、基本数据、建设进度安排、成本估算、财务评估、风险分析、国民经济评价以及结论等内容。

房地产开发项目用地的土地使用权出让或划拨前，主管部门应当组织有关部门对项目的规划设计、开发期限、基础设施和配套建筑的建设、拆迁补偿安置等提出要求，并出具《房地产开发项目建设条件意见书》。《房地产开发项目建设条件意见书》应当包括：项目性质、规模和开发期限；规划控制指标及规划设计要求；基础设施和公共服务配套建筑的建设要求；基础设施和公益设施建成后的产权界定；项目拆迁补偿安置要求；项目经营方式等内容。

《房地产开发项目建设条件意见书》的内容应当作为土地使用权出让合同的必备条件或划拨土地使用权批准文件的内容之一。房地产开发企业应当在签订土地使用权出让合同或取得划拨土地使用权批准文件后的 15 日内，到建设行政主管部门备案，领取"房地产开发项目手册"。

(2)规划管理

①《建设项目选址意见书》制度

城市规划区内的建设工程的选址和布局必须符合城市规划。设计任务书报请批准时，必须附有城市规划行政主管部门的选址意见书。为保障建设项目的选址和布局科学合理，与城市规划密切结合，提高综合效益，应实行建设项目选址规划管理制度。

《建设项目选址规划管理办法》规定，城市规划行政主管部门应当了解建设项目建议书阶段的选址工作。各级计划主管部门在审批项目建议书时，对拟安排在城市规划区内的建设项目，要征求同级人民政府规划行政主管部门的意见。城市规划行政主管部门应当参加建设项目可行性研究报告阶段的选址工作，对安排在城市规划区内的建设项目从城市规划方面提出《建设项目选址意见书》。可行性研究报告报请批准时，必须附有城市规划行政主管部门的《建设项目选址意见书》。

《建设项目选址意见书》应当包括以下内容：建设项目名称、性质、用地与建设规模、供水与能源的需求量等建设项目的基本情况；经批准的项目建议书，建设项目与城市规划布局的协调，建设项目与城市交通、通讯、能源、市政、防灾规划的衔接与协调，建设项目配套的生活设施与城市生活居住及公共设施规划的衔接与协调，建设项目对于城市环境可能造成的污染影响，以及建设项目与城市环境规划和风景名胜、文物古迹保护规划的协调等建设项目规划选址的主要依据；建设项目选址、用地范围和具体规划要求。

《建设项目选址意见书》按建设项目计划审批权限实行分级规划管理。对符合手续的项目，各级人民政府城市规划行政主管部门应在规定的审批期限内核发选址意见书，不得无故拖延。

②《建设用地规划许可证》制度

在城市规划区内进行房地产开发，房地产开发企业应当依法向县级以上人民政府城市规划行政主管部门申领《建设用地规划许可证》。

申领《建设用地规划许可证》:首先,现场勘测。规划部门受理建设单位建设用地申请后,应当与建设单位会同有关部门到选址地点进行现场调查和踏勘。其次,征求意见。为了使建设项目的安排更趋合理,城市规划部门应当在审批建设用地前,征求环保、消防、文物保护、土地管理部门的意见。第三,提供设计条件。城市规划部门初审通过后,可向建设单位提供建设用地地址与范围的红线图,在红线图上应标明现状和规划道路并提出用地规划设计条件和要求。建设单位可以依据红线图委托方案设计,同时委托征地部门与被征地单位预先联系。第四,审查总平面图。主要审查用地性质、规模和布局方式、运输方式等是否符合城市规划的要求,建筑与工程设施是否符合合理用地、节约用地的原则。第五,核定用地面积。主要是根据城市规划设计用地额度指标和该地块详细情况,核审土地面积,防止浪费土地。最后,由城市规划部门核发建设用地规划许可证。

在颁发建设用地许可证后,城市规划部门仍然应对征用划拨土地进行验核,进行监督检查,杜绝违章占地情况的发生,对建设用地进行调整。另外,建设单位因施工、堆料等临时使用土地的也得从规划部门获得临时建设用地许可证。

《建设用地规划许可证》应当包括标有建设用地具体界限的附图和明确具体规划要求的附件。附图和附件是《建设用地规划许可证》的配套证件,具有同等的法律效力,由发证单位根据法律、法规和实际情况制定。

③《建设工程规划许可证》制度

在城市规划区内进行房地产开发,房地产开发企业应当依法向县级以上人民政府城市规划行政主管部门申领《建设工程规划许可证》。房地产开发企业在取得《建设工程规划许可证》和其他有关批准文件后,方可申请办理开工手续。

获得《建设工程许可证》:首先,建设单位申请。建设单位持批准的计划投资文件、上级主管部门批准建设的批文和建设用地规划许可证,向城市规划部门申请建设,城市规划部门对于建设申请进行审查,确定建设工程的性质、规模等是否符合城市规划的布局和发展需求,对建设工程涉及相关行政主管部门的,则应根据实际需要,征求有关行政主管部门意见,进行综合协调。其次,确定规划设计要求。城市规划部对建设申请进行审查后,根据建设工程所在地段详细规划的要求,提出规划设计要求,核发规划设计要点通知书。建设单位按照规划设计要点通知书的要求,委托设计部门进行方案设计工作。第三,方案审查。建设单位提出建设方案、文件、图纸后,城市规划部门对各个方案的总平面布置、交通组织情况、工程周围环境关系和个体设计体量、层次、造型等进行审查比较,确定规划设计方案,提出规划个性意见,核发设计方案通知书。建设单位据此委托设计单位进行施工图设计。最后,核发建设工程规划许可证。建设单位持注明勘察设计证号的总平面图,个体建筑设计的平、立、剖面图、基础图，地下室平、剖面图等施工图，交城市规划部门进行审查，经审查批准后，发给建设工程规划许可证，再进入施工阶段，城市规划部门仍然需对工程建设实施监督，这称之为建设工程审批后的管理。

(3)质量管理

房地产的开发建设涉及勘察、设计、施工、监理及建筑材料的采购等多个环节，任何一个环节的疏忽都有可能导致项目出现质量问题。建筑工程勘察、设计、施工的质量必须符合国家有关建筑工程安全标准的要求，建筑工程的勘察、设计单位必须对其勘察、设计的质量负责。勘察、设计文件应当符合有关法律、行政法规的规定和建筑工程质量、安全标准、建筑工程勘察设计技术规范以及合同的约定。房地产开发企业作为房地产项目建设和营销的主体，是整个活动的组织者，需严把质量关。在实际操作中，具体的质量责任问题主要通过开发企业与协作单位的合同约定。特别是在商品房销售环节推行《商品住宅质量保证书》和《商品住宅使用说明书》制度后，开发企业更要在合同中明确质量责任。

建设工程实行质量保修制度。在正常使用条件下，建设工程的最低保修期限为：基础设施工程、房屋建筑的地基基础工程和主体结构工程，为设计文件规定的该工程的合理使用年限；屋面防水工程、有防水要求的卫生间、房间和外墙面的防渗漏，为 5 年；供热与供冷系统，为两个采暖期、供冷期；电气管线、给排水管道、设备安装和装修工程，为两年；其他项目的保修期限由发包方与承包方约定。建设工程的保修期，自竣工验收合格之日起计算。

(4)项目资本金制度

房地产开发是一种投资活动，且资金量大，一旦房地产开发项目出现问题，不能按时按质完成，不但房地产开发企业本身的利益受到损害，被拆迁人、商品房的预购人的权益也将受到损害。从房地产开发的实践来看，出现楼盘“烂尾”等项目进行不下去的主要原因就是开发企业缺乏必要的资本金。很多项目其开发建设的房地产开发企业注册资金不到项目总投资的 10%。实行资本金制度，规定房地产开发企业承揽项目必须有一定比例的资本金，可以有效地防止部分不规范企业的不规范行为，减少楼盘“烂尾”等现象的发生。

项目资本金是指在项目总投资中，由投资者认缴的出资额。1996 年 8 月 23 日国务院以国发[1996]35 号发布了《关于固定资产投资项目试行资本金制度的通知》，该通知规定从 1996 年开始，对各种经营性投资项目，包括国有单位的基本建设、技术改造、房地产开发项目和集体投资项目试行资本金制度，投资项目必须首先落实资本金才能进行建设。资本金占总投资的比例，根据不同行业和项目的经济效益等因素确定。其中，电力、建材、房地产开发等项目资本金比例一般为 20% 及以上。国发[2004]13 号《关于调整部分行业固定资产投资项目资本金比例的通知》中将房地产开发项目(不含经济适用房项目)资本金比例由20%及以上提高到35%及以上。如果开发商不缴存开发项目资本金,或缴存资本金达不到标准,将不能办理项目招投标、建筑施工许可等手续。

资本金属于自有资金,投资项目资本金可以用货币出资,也可以用实物、工业产权、非专利技术、土地使用权作价出资。对作为资本金的实物、工业产权、非专利技术、土地使用权,必须经过有资格的资产评估机构依照法律、法规评估作价,不得高估或低估。以工业产权、非专利技术作价出资的比例不得超过投资项目资本金总额的20%,国家对采用高新技术成果有特别规定的除外。

4.5 保障性住房开发建设与管理

1994年,《国务院关于深化城镇住房制度改革的决定》(以下简称《决定》)提出,建立以中低收入家庭为对象、具有社会保障性质的经济适用住房供应体系和以高收入家庭为对象的商品房供应体系;建立住房公积金制度,建立政策性和商品性并存的住房信贷体系。《决定》首次把建立分层次的住房供应体系,建立市场和保障相结合的住房新体制作为住房制度改革的重要目标。1995年国务院决定实施国家安居工程,推动经济适用住房的起步和发展。

1998年,我国实现住房制度改革的重大突破,停止住房实物分配,实行住房分配货币化,《国务院关于进一步深化城镇住房制度改革加快住房建设的通知》提出了市场加保障的住房政策基本思路,建立完善以经济适用住房为主的住房供应体系。最低收入家庭租赁由政府或单位提供的廉租住房;中低收入家庭购买经济适用住房;其他收入高的家庭购买、租赁市场价商品住房。

2007年是我国住房保障事业全面起步的开端,国务院明确要求把住房保障工作纳入各级政府的公共服务职能。"十二五"规划中提出了五年建设3600万套保障性住房的总目标;到"十二五"末期,全国城镇保障性住房的覆盖面积将达到20%左右。

调整保障性住房的主要规章有:《经济适用住房管理办法》《廉租住房保障办法》。各地区结合本地区实际情况颁布一系列地方法规和规章。

4.5.1 经济适用住房开发建设与管理

1. 经济适用住房概念和特点

经济适用住房是指政府提供政策优惠,限定套型面积和销售价格,按照合理标准建设，面向城市低收入住房困难家庭供应，具有保障性质的政策性住房。

经济适用住房有如下特点：

(1)具有社会保障性。经济适用住房是国家为解决中低收入家庭住房问题，给予大量优惠政策，降低成本，限定建设标准、供应对象和销售价格，具有保障性质的政策性普通住房。

(2)具有经济性和适用性。经济性是指住宅价格相对于市场价格比较适中，能够适应中低收入家庭的承受能力；适用性是指在住房设计及其建筑标准上强调住房的适用效果，满足居民基本的住房需求。

(3)产权限制性。经济适用住房的所有权人不具有完全所有权，可以占有和使用却不允许收益和自由处分，在取得完全产权以前不得用于出租经营，一定期限内不得上市交易。

(4)销售对象特定性。经济适用住房以中低收入家庭住房困难户为供应对象，非中低收入家庭住房困难户无权购买。

(5)购买程序特殊性。购买经济适用住房实行申请、审批和公示制度。

2. 经济适用住房管理机关

发展经济适用住房应当在国家统一政策指导下，各地区因地制宜，政府主导、社会参与。市、县人民政府要根据当地经济社会发展水平、居民住房状况和收入水平等因素，合理确定经济适用住房的政策目标、建设标准、供应范围和供应对象等，并组织实施。

省、自治区、直辖市人民政府对本行政区域经济适用住房工作负总责，对所辖市、县人民政府实行目标责任制管理。

国务院建设行政主管部门负责对全国经济适用住房工作的指导和监督。县级以上地方人民政府建设或房地产行政主管部门负责本行政区域内经济适用住房管理工作。县级以上人民政府发展改革(价格)、监察、财政、国土资源、税务及金融管理等部门根据职责分工，负责经济适用住房有关工作。市、县人民政府应当在解决城市低收入家庭住房困难发展规划和年度计划中，明确经济适用住房建设规模、项目布局和用地安排等内容，并纳入本级国民经济与社会发展规划和住房建设规划，及时向社会公布。

3. 经济适用住房优惠支持政策

(1)土地优惠政策。经济适用住房建设用地以划拨方式供应。经济适用住房建设用地应纳入当地年度土地供应计划，在申报年度用地指标时单独列出，确保优先供应。

(2)税费减免优惠政策。经济适用住房的建设和供应要严格执行国家规定的各项税费优惠政策,经济适用住房建设项目免收城市基础设施配套费等各种行政事业性收费和政府性基金。经济适用住房项目外基础设施建设费用,由政府负担。

(3)贷款优惠政策。经济适用住房建设单位可以以在建项目作抵押向商业银行申请住房开发贷款。购买经济适用住房可提取个人住房公积金和优先办理住房公积金贷款。

4. 经济适用住房管理

(1)建设管理

①土地管理。严禁以经济适用住房名义取得划拨土地后,以补交土地出让金等方式,变相进行商品房开发。

②规划管理。经济适用住房要统筹规划、合理布局、配套建设,充分考虑城市低收入住房困难家庭对交通等基础设施条件的要求,合理安排区位布局。在商品住房小区中配套建设经济适用住房的,应当在项目出让条件中,明确配套建设的经济适用住房的建设总面积、单套建筑面积、套数、套型比例、建设标准以及建成后移交或者回购等事项,并以合同方式约定。

③面积管理。经济适用住房单套的建筑面积控制在60平方米左右。市、县人民政府应当根据当地经济发展水平、群众生活水平、住房状况、家庭结构和人口等因素,合理确定经济适用住房建设规模和各种套型的比例,并进行严格管理。

④实施管理。经济适用住房建设按照政府组织协调、市场运作的原则,可以采取项目法人招标的方式,选择具有相应资质和良好社会责任的房地产开发企业实施;也可以由市、县人民政府确定的经济适用住房管理实施机构直接组织建设。在经济适用住房建设中,应注重发挥国有大型骨干建筑企业的积极作用。

⑤节能管理。经济适用住房的规划设计和建设必须按照发展节能省地环保型住宅的要求,严格执行《住宅建筑规范》等国家有关住房建设的强制性标准,采取竞标方式优选规划设计方案,做到在较小的套型内实现基本的使用功能。积极推广应用先进、成熟、适用、安全的新技术、新工艺、新材料、新设备。

⑥物业管理。经济适用住房项目可采取招标方式选择物业服务企业实施前期物业服务,也可以在社区居委会等机构的指导下,由居民自我管理,提供符合居住区居民基本生活需要的物业服务。

(2)价格管理

①定价原则。确定经济适用住房的价格应当以保本微利为原则。其销售基准价格及浮动幅度,由有定价权的价格主管部门会同经济适用住房主管部门,依据经济适用住房价格管理的有关规定,在综合考虑建设、管理成本和利润的基础上确定并向社会公布。房地产开发企业实施的经济适用住房项目利润率按不高于3%核定;市、县人民政府直接组织建设的经济适用住房只能按成本价销售,不得有利润。

②明码标价制。经济适用住房销售实行明码标价，销售价格不得高于基准价格及上浮幅度，不得在标价之外收取任何未予标明的费用。经济适用住房价格确定后应当向社会公布。价格主管部门应依法进行监督管理。

③收费卡制度。各有关部门收取费用时，必须填写价格主管部门核发的交费登记卡。任何单位不得以押金、保证金等名义，变相向经济适用住房建设单位收取费用。价格主管部门要加强成本监审，全面掌握经济适用住房成本及利润变动情况，确保经济适用住房做到质价相符。

(3)准入和退出管理

经济适用住房管理应建立严格的准入和退出机制。

①准入。经济适用住房由市、县人民政府按限定的价格，统一组织向符合购房条件的低收入家庭出售。城市低收入家庭申请购买经济适用住房应同时符合下列条件：具有当地城镇户口；家庭收入符合市、县人民政府划定的低收入家庭收入标准；无房或现住房面积低于市、县人民政府规定的住房困难标准。符合条件的家庭，可以持核准通知购买一套与核准面积相对应的经济适用住房。购买面积原则上不得超过核准面积。购买面积在核准面积以内的，按核准的价格购买；超过核准面积的部分，不得享受政府优惠，由购房人按照同地段同类普通商品住房的价格补交差价。经济适用住房供应对象的家庭收入标准和住房困难标准，由市、县人民政府根据当地商品住房价格、居民家庭可支配收入、居住水平和家庭人口结构等因素确定，实行动态管理，每年向社会公布一次。

经济适用住房供应实行申请、审核、公示和轮候制度。市、县人民政府应当制定经济适用住房申请、审核、公示和轮候的具体办法，并向社会公布。经济适用住房资格申请采取街道办事处(镇人民政府)、市(区)、县人民政府逐级审核并公示的方式认定。审核单位应当通过入户调查、邻里访问以及信函索证等方式对申请人的家庭收入和住房状况等情况进行核实。申请人及有关单位、组织或者个人应当予以配合，如实提供有关情况。经审核公示通过的家庭，由市、县人民政府经济适用住房主管部门发放准予购买经济适用住房的核准通知，注明可以购买的面积标准。然后按照收入水平、住房困难程度和申请顺序等因素进行轮候。

居民个人购买经济适用住房后，应当按照规定办理权属登记。房屋、土地登记部门在办理权属登记时，应当分别注明经济适用住房、划拨土地。

②退出。购买经济适用住房不满 5 年，不得直接上市交易，购房人因特殊原因确需转让经济适用住房的，由政府按照原价格并考虑折旧和物价水平等因素进行回购。购买经济适用住房满 5 年，购房人上市转让经济适用住房的，应按照届时同地段普通商品住房与经济适用住房差价的一定比例向政府交纳土地收益等相关价款，具体交纳比例由市、县人民政府确定，政府可优先回购；购房人也可以按照政府

所定的标准向政府交纳土地收益等相关价款后，取得完全产权。上述规定应在经济适用住房购买合同中予以载明，并明确相关违约责任。已经购买经济适用住房的家庭又购买其他住房的，原经济适用住房由政府按规定及合同约定回购。政府回购的经济适用住房，仍应用于解决低收入家庭的住房困难。已参加福利分房的家庭在退回所分房屋前不得购买经济适用住房，已购买经济适用住房的家庭不得再购买经济适用住房。

经济适用住房购房人通过购置、继承、受赠等方式取得其他住房，不再符合经济适用住房保障条件的，应当退出经济适用住房，或者通过补交土地收益等价款取得完全产权。对拒不服从退出管理的，可以依照规定或合同约定申请人民法院强制执行。

(4)单位集资合作建房

距离城区较远的独立工矿企业和住房困难户较多的企业，在符合土地利用总体规划、城市规划、住房建设规划的前提下，经市、县人民政府批准，可以利用单位自用土地进行集资合作建房。参加单位集资合作建房的对象，必须限定在本单位符合市、县人民政府规定的低收入住房困难家庭。单位集资合作建房是经济适用住房的组成部分，其建设标准、优惠政策、供应对象、产权关系等均按照经济适用住房的有关规定严格执行。单位集资合作建房应当纳入当地经济适用住房建设计划和用地计划管理。任何单位不得利用新征用或新购买土地组织集资合作建房；各级国家机关一律不得搞单位集资合作建房。单位集资合作建房不得向不符合经济适用住房供应条件的家庭出售。单位集资合作建房在满足本单位低收入住房困难家庭购买后，房源仍有少量剩余的，由市、县人民政府统一组织向符合经济适用住房购房条件的家庭出售，或由市、县人民政府以成本价收购后用作廉租住房。向职工收取的单位集资合作建房款项实行专款管理、专项使用，并接受当地财政和经济适用住房主管部门的监督。已参加福利分房、购买经济适用住房或参加单位集资合作建房的人员，不得再次参加单位集资合作建房。严禁任何单位借集资合作建房名义，变相实施住房实物分配或商品房开发。单位集资合作建房原则上不收取管理费用，不得有利润。

4.5.2 廉租房开发建设与管理

廉租房指政府在住房领域实施社会保障职能，以“发放住房补贴为主，提供实物配租为辅”的保障方式，向具有城镇常住居民户口的低收入家庭提供住房保障的住房。

廉租住房，这一概念最早见于 1998 年国务院发布的《关于进一步深化城镇住房制度改革加快住房建设的通知》，保障对象为城镇常住居民户口的最低收入家庭。2007 年 9 月建设部、监察部、发改委、民政部、国土资源部、中国人民银行、国家税务总局、国家统计局联合发布《廉租住房保障办法》，该办法将廉租住房的保障对象扩大到城市低收入住房困难家庭。

根据《国务院批转发展改革委关于 2013 年深化经济体制改革重点工作意见的通知》(国发[2013]20 号)和《国务院办公厅关于保障性安居工程建设和管理的指导意见》(国办发[2011]45 号)等文件精神，从 2014 年起，各地公共租赁住房和廉租住房并轨运行，并轨后统称为公共租赁住房。

1. 廉租房的保障方式

廉租住房保障实行货币补贴和实物配租等相结合方式。

(1)货币补贴

是指县级以上地方人民政府向申请廉租住房保障的城市低收入住房困难家庭发放租赁住房补贴，由其自行承租住房。实施廉租住房保障，主要通过发放租赁补贴，增强城市低收入住房困难家庭承租住房的能力。

(2)实物配租

是指县级以上地方人民政府向申请廉租住房保障的城市低收入住房困难家庭提供住房，并按照规定标准收取租金。廉租住房紧缺的城市，应当通过新建和收购等方式，增加廉租住房实物配租的房源采取实物配租方式的，配租面积为城市低收入住房困难家庭现住房面积与保障面积标准的差额。实物配租的住房租金标准实行政府定价。实物配租住房的租金，按照配租面积和市、县人民政府规定的租金标准确定。有条件的地区，对城市居民最低生活保障家庭，可以免收实物配租住房中住房保障面积标准内的租金。

市、县人民政府应当根据当地家庭平均住房水平、财政承受能力以及城市低收入住房困难家庭的人口数量、结构等因素，以户为单位确定廉租住房保障面积标准。

2. 廉租房保障资金及房屋来源

(1)保障资金

廉租住房保障资金采取多种渠道筹措。廉租住房保障资金来源包括：①年度财政预算安排的廉租住房保障资金；②提取贷款风险准备金和管理费用后的住房公积金增值收益余额；③土地出让净收益中安排的廉租住房保障资金；④政府的廉租住房租金收入；⑤社会捐赠及其他方式筹集的资金。

提取贷款风险准备金和管理费用后的住房公积金增值收益余额，应当全部用于廉租住房建设。土地出让净收益用于廉租住房保障资金的比例，不得低于

10%。政府的廉租住房租金收入应当按照国家财政预算支出和财务制度的有关规定,实行收支两条线管理,专项用于廉租住房的维护和管理。对中西部财政困难地区,按照中央预算内投资补助和中央财政廉租住房保障专项补助资金的有关规定给予支持。

(2)房屋来源

实物配租的廉租住房来源主要包括:①政府新建、收购的住房;②腾退的公有住房;③社会捐赠的住房;④其他渠道筹集的住房。

廉租住房建设用地,应当在土地供应计划中优先安排,并在申报年度用地指标时单独列出,采取划拨方式,保证供应。廉租住房建设应当坚持经济、适用原则,提高规划设计水平,满足基本使用功能,应当按照发展节能省地环保型住宅的要求,推广新材料、新技术、新工艺。廉租住房应当符合国家质量安全标准。新建廉租住房,应当采取配套建设与相对集中建设相结合的方式,主要在经济适用住房、普通商品住房项目中配套建设。

新建廉租住房,应当将单套的建筑面积控制在50平方米以内,并根据城市低收入住房困难家庭的居住需要,合理确定套型结构。对房地产开发企业承建的配建廉租住房,住房保障部门要提出套型面积等控制要求,作为项目法人招标的前置条件。配套建设廉租住房的经济适用住房或者普通商品住房项目,应当在用地规划、国有土地划拨决定书或者国有土地使用权出让合同中,明确配套建设的廉租住房总建筑面积、套数、布局、套型以及建成后的移交或回购等事项。

廉租住房建设免征行政事业性收费和政府性基金。鼓励社会捐赠住房作为廉租住房房源或捐赠用于廉租住房的资金。

3. 廉租房的申请与核准

(1)申请程序

① 申请。申请廉租住房保障的家庭,应当由户主向户口所在地街道办事处或者镇人民政府提出书面申请;递交家庭收入情况的证明;家庭住房状况的证明;家庭成员身份证和户口簿以及市、县人民政府规定的其他证明材料。

② 初审。街道办事处或者镇人民政府应当自受理申请之日起30日内,就申请人的家庭收入、家庭住房状况是否符合规定条件进行审核,提出初审意见并张榜公布,将初审意见和申请材料一并报送市(区)、县人民政府建设(住房保障)主管部门。

③审核。建设(住房保障)主管部门应当自收到申请材料之日起15日内,就申请人的家庭住房状况是否符合规定条件提出审核意见,并将符合条件的申请人的申请材料转同级民政部门;民政部门应当自收到申请材料之日起15日内,就申请

人的家庭收入是否符合规定条件提出审核意见，并反馈同级建设(住房保障)主管部门。

④公示。经审核，家庭收入、家庭住房状况符合规定条件的，由建设(住房保障)主管部门予以公示，公示期限为 15 日。

⑤登记并公开结果。对经公示无异议或者异议不成立的，作为廉租住房保障对象予以登记，书面通知申请人，并向社会公开登记结果。

经审核，不符合规定条件的，建设(住房保障)主管部门应当书面通知申请人，说明理由。申请人对审核结果有异议的，可以向建设(住房保障)主管部门申诉。

(2)轮候制

建设(住房保障)主管部门应当综合考虑登记的城市低收入住房困难家庭的收入水平、住房困难程度和申请顺序以及个人申请的保障方式等，确定相应的保障方式及轮候顺序，并向社会公开。对已经登记为廉租住房保障对象的城市居民最低生活保障家庭，凡申请租赁住房货币补贴的，要优先安排发放补贴，基本做到应保尽保。实物配租应当优先面向已经登记为廉租住房保障对象的孤、老、病、残等特殊困难家庭，城市居民最低生活保障家庭以及其他急需救助的家庭。

(3)签订协议

对轮候到位的城市低收入住房困难家庭，建设(住房保障)主管部门或者具体实施机构应当按照已确定的保障方式，与其签订租赁住房补贴协议或者廉租住房租赁合同，予以发放租赁住房补贴或者配租廉租住房。发放租赁住房补贴和配租廉租住房的结果，应当予以公布。

租赁住房补贴协议应当明确租赁住房补贴额度、停止发放租赁住房补贴的情形等内容。承租人已不符合规定条件的，将所承租的廉租住房转借、转租或者改变用途，无正当理由连续 6 个月以上未在所承租的廉租住房居住或者未交纳廉租住房租金等停止实物配租。

4. 廉住房的监督管理

国务院建设主管部门、省级建设(住房保障)主管部门应当会同有关部门，加强对廉租住房保障工作的监督检查，并公布监督检查结果。市、县人民政府应当定期向社会公布城市低收入住房困难家庭廉租住房保障情况。市(区)、县人民政府建设(住房保障)主管部门应当按户建立廉租住房档案，并采取定期走访、抽查等方式，及时掌握城市低收入住房困难家庭的人口、收入及住房变动等有关情况。城市低收入住房困难家庭的收入标准、住房困难标准等以及住房保障面积标准，实行动态管理，由市、县人民政府每年向社会公布一次。

已领取租赁住房补贴或者配租廉租住房的城市低收入住房困难家庭，应当按年度向所在地街道办事处或者镇人民政府如实申报家庭人口、收入及住房等变动情况。街道办事处或者镇人民政府可以对申报情况进行核实、张榜公布,并将申报情况及核实结果报建设(住房保障)主管部门。建设(住房保障)主管部门应当根据城市低收入住房困难家庭人口、收入、住房等变化情况,调整租赁住房补贴额度或实物配租面积、租金等;对不在符合规定条件的,应当停止发放租赁住房补贴,或者由承租人按照合同约定退回廉租住房。正在享受实物配租廉租住房或领取廉租住房租赁补贴的家庭,再购买其他住房的,应当办理廉租住房保障退出手续。

对骗取廉租住房保障、无正当理由连续 6 个月以上欠租、无正当理由连续 6 个月以上闲置,违规转租、出借、调换、转让和改变廉租住房用途等行为,市、县住房保障部门要按照有关规定或合同约定责令限期退回;逾期未退回的,可以按照合同约定,采取调整租金等方式处理,直至收回廉租住房,并取消该家庭再次申请廉租住房保障的资格;对拒不执行处理决定的,市、县住房保障部门可向当地人民法院申请强制执行。

5. 法律责任

城市低收入住房困难家庭隐瞒有关情况或者提供虚假材料申请廉租住房保障的,建设(住房保障)主管部门不予受理,并给予警告。对以欺骗等不正当手段,取得审核同意或者获得廉租住房保障的,由建设(住房保障)主管部门给予警告;对已经登记但尚未获得廉租住房保障的,取消其登记;对已经获得廉租住房保障的,责令其退还已领取的租赁住房补贴,或者退出实物配租的住房并按市场价格补交以前的房租。

廉租住房保障实施机构违反规定,不执行政府规定的廉租住房租金标准的,由价格主管部门依法查处。建设(住房保障)主管部门及有关部门的工作人员或者市、县人民政府确定的实施机构的工作人员,在廉租住房保障工作中滥用职权、玩忽职守、徇私舞弊的,依法给予处分;构成犯罪的,依法追究刑事责任。

4.5.3 公共租赁住房开发建设与管理

公共租赁住房由政府投资或提供支持,限定面积和租金标准,面向城镇中等偏下收入住房困难家庭、新就业无房职工和在城镇稳定就业的外来务工人员供应的保障性住房。国务院办公厅《关于保障性安居工程建设和管理的指导意见》(国办发[2011]45 号),2011 年 6 月住建部等七部门联合制定《关于加快发展公共租赁住房的指导意见》对公租房加以指导。

1. 大力推进以公共租赁住房为重点的保障性安居工程建设

重点发展公共租赁住房。公共租赁住房面向城镇中等偏下收入住房困难家庭、新就业无房职工和在城镇稳定就业的外来务工人员供应，单套建筑面积以 40 平方米左右的小户型为主，满足基本居住需要。

发展公共租赁住房，对于完善住房供应和保障体系、引导合理住房消费、缓解群众住房困难，实现人才和劳动力有序流动、促进城镇化健康发展具有十分重要的意义。各地要根据实际情况适当增加公共租赁住房供应，人口净流入量大的大中城市要提高公共租赁住房建设的比重。

2. 公共租赁住房优惠支持政策

(1)确保用地供应。市县人民政府应当依据住房保障规划和保障性安居工程年度建设任务，科学编制土地供应计划，涉及新增建设用地的要在年度土地利用计划中优先安排、单列指标，做到应保尽保。各地要把公共租赁住房建设用地纳入年度土地供应计划，予以重点保障，加大对公共租赁住房的投入，中央以适当方式给予资金补助。

(2)增加政府投入。要加大政府投资建设力度，综合运用土地供应、资本金注入、投资补助、财政贴息、税费优惠等政策措施，吸引企业和其他机构参与公共租赁住房建设和运营，多渠道增加公共租赁住房供应。按照“省级负总责、市县抓落实”的原则，加大省级政府统筹力度，确保项目资本金、足额、及时到位。住房公积金增值收益在提取贷款风险准备金和管理费用后，全部用于廉租住房和公共租赁住房建设。土地出让收益用于保障性住房建设和棚户区改造的比例不低于 10%。中央代发的地方政府债券资金要优先安排用于公共租赁住房等保障性安居工程建设。

(3)规范利用企业债券融资。符合规定的地方政府融资平台公司可发行企业债券或中期票据，专项用于公共租赁住房等保障性安居工程建设。地方政府融资平台公司发行企业债券，要优先满足保障性安居工程建设融资需要。承担保障性安居工程建设项目的其他企业，也可以在政府核定的保障性安居工程建设投资额度内，通过发行企业债券进行项目融资。对发行企业债券用于保障性安居工程建设的，优先办理核准手续。

(4)加大信贷支持。在加强管理、防范风险的基础上，银行业金融机构可以向实行公司化运作并符合信贷条件的公共租赁住房项目直接发放贷款。对于政府投资建设的公共租赁住房项目，银行业金融机构可向经过清理整顿符合条件的直辖市、计划单列市及省会城市政府融资平台公司发放贷款，融资平台公司贷款偿付能力不足的，由本级政府统筹安排还款；银行业金融机构也可向经过清理整顿符合条件且经总行评估认可、自身能够确保偿还公共租赁住房项目贷款的地级城市政府融资平台公司发放贷款。其他市县政府投资建设的公共租赁住房项目，可在省级政府对还款来源作出统筹安排后，由省级政府指定一家省级融资平台公司按规定统一借款。借款人和当地政府要确保按期还贷，防范金融风险和债务风险。公共租赁住房建设贷款利率下浮时其下限为基准利率的0.9倍，贷款期限原则上不超过15年。

(5)落实税费减免政策。对廉租住房、公共租赁住房、经济适用住房和棚户区改造安置住房，要切实落实现行建设、买卖、经营等环节税收优惠政策，免收城市基础设施配套费等各种行政事业性收费和政府性基金。对公共租赁住房的建设和运营给予税收优惠，涉及的行政事业性收费和政府性基金，按照经济适用住房的相关政策执行。

3.公共租赁住房管理

(1)供应与入住管理。公共租赁住房的供应范围和供应对象的收入线标准、住房困难条件由市、县人民政府确定，定期调整，并向社会公布。廉租住房、公共租赁住房应当提供简约、环保的基本装修，具备入住条件。完善住房保障申请、审核、公示、轮候、复核制度。健全住房城乡建设、民政、公安、税务、金融等部门及街道、社区协作配合的家庭住房和经济状况审核机制。

(2)租赁管理。廉租住房、公共租赁住房的租赁合同，应当载明租金、租期以及使用要求。公共租赁住房租赁合同期限一般为3至5年。公共租赁住房租金标准由市县人民政府结合当地实际，按照略低于市场租金的原则合理确定。

(3)土地供应管理。公共租赁住房项目采取划拨、出让等方式供应土地，事先要规定建设要求、套型结构等，作为土地供应的前置条件。同时，公共租赁住房项目可以规划建设配套商业服务设施，统一管理经营，以实现资金平衡。

(4)建设管理。政府投资的公共租赁住房项目可以委托企业代建，市县人民政府逐年回购。新建普通商品住房项目，应当规划配建一定比例的公共租赁住房，具体配建比例和管理方式由市县人民政府确定。外来务工人员集中的开发区、产业园区，应当按照集约用地的原则，统筹规划，集中建设单元型或宿舍型公共租赁住房，面向用工单位或园区就业人员出租。坚持谁投资、谁所有的原则，积极探索公共租赁住房投资回收机制。落实工程质量责任，强化工程质量监督。

(5)加强使用管理。建立公众监督机制，落实信息公开，充分发挥社会监督作用。定期检查保障性住房使用情况，对违反规定将保障性住房出售、转借、出租(转租)、闲置、改变用途且拒不整改的，应当按照有关规定或者合同约定收回。对中介机构违规代理出售、出租保障性住房的，应当依法给予处罚。

(6)健全退出机制。廉租住房、公共租赁住房承租人经济状况改善，或通过购置、继承、受赠等方式取得其他住房，不再符合相应的住房保障条件的，应当在规定期限内腾退；逾期不腾退的，应当按市场价格交纳租金。对拒不服从退出管理的，可以依照规定或合同约定申请人民法院强制执行。

案例分析

[案情介绍]　在集体所有土地上进行房屋开发无效

2004 年 3 月，原告和被告签订购房合同书。双方约定，原告购买被告开发的预售商品房一套。交房的日期为 2005 年 5 月底。房子的面积为 120 平方米，价款 480000 元。合同签订后，原告依约支付了全部房屋价款。2005 年 10 月，被告将房屋交付给原告。房屋交付后，原告要求被告及时办理房屋产权证和土地使用权证。但直到 2006 年底，被告无法将房屋的产权证、土地使用权证交付给原告，原告为此诉至法院。

经法院审理查明：被告开发的商品房所占用的土地没有办理土地出让等手续，尚属集体土地，故原告与被告之间订立的购房协议书属无效合同；另查原告至今未实际使用该房屋。因此，法院判决双方订立的购房协议书无效，判令被告返还购房款，承担此间利息。

[法理评析]

依据《城市房地产管理法》和《土地管理法》的具体规定，农民集体所有的土地，用于房地产开发经营的，应当经国家依法征收，变集体所有土地为国家所有，通过招标、拍卖、挂牌等方式进行出让。商品房预售时，房地产开发商应当交付全部土地使用权出让金，并取得土地使用权证书。本案被告违法在集体土地上进行房地产开发，并在预售商品房时，隐瞒真实情况，欺诈购房者，因此，其与原告订立的房屋买卖合同当属无效合同。根据无效合同已经履行的，立即停止履行并由过错方向无过错方承担责任；双方都有过错的，依过错大小分别承担责任的原则，法院作出被告全额返还原告购房款，支付相应利息的判决完全正确。

思考题

1. 房地产开发的概念和特征是什么？

2. 房地产开发企业的分类有哪些？

3. 房地产开发企业设立条件是什么?

4. 土地使用权划拨的范围有哪些?

5. 什么是土地使用权出让? 土地使用权出让的方式有哪些?

6. 什么是经济适用住房? 有哪些特点?

7. 对经济适用住房的管理体现在哪几方面?

8. 公共租赁住房优惠支持政策有哪些?

第5章

房地产交易法律制度

本章提要：

房地产交易是房地产价值实现的重要环节，房地产交易法律制度，旨在规范交易当事人的房地产市场行为，保护正当的房地产交易活动及当事人的合法权益，促进房地产交易市场的健康发展。通过本章的学习，理解房地产交易的概念和特征；掌握房地产转让、房屋销售、房地产抵押、房屋租赁有关法律规定。本章为重点章。

5.1 房地产交易概述

5.1.1 房地产交易的概念和特征

1.房地产交易的概念

关于房地产交易的含义，学术界尚存在分歧。大致有如下三种观点：

第一种观点认为，房地产交易即房地产买卖，其形式仅指房地产转让。

第二种观点认为，房地产交易是指房地产产权的变更和转移，其形式包括房地产转让、抵押、租赁。

第三种观点认为，房地产交易是指以房地产为特殊商品而进行的各种经营活动的总称，其形式包括出让、转让、抵押、租赁等。

《城市房地产管理法》采用第二种观点，在第二条四款中规定，“本法所称房地产交易，包括房地产转让、房地产抵押和房屋租赁。”

2.房地产交易的特征

房地产交易具有如下特征：

(1)房地产交易的特殊性

房地产交易的对象是作为特殊商品的房地产，包括土地使用权、土地上的房屋以及其他建筑物的所有权。房地产中介服务是直接为房地产交易提供各种条件和方便的，它本身并不属于房地产交易的范畴。

(2)房地产交易的确定性

房地产交易的形式仅包括房地产转让、房地产抵押和房屋租赁，不包括房地产开发。尽管在房地产开发中开发商与建筑商也会发生一些交易，但这些交易不是以房地产作为对象的，而是以建筑行为或劳务作为交易对象。此外，房地产继承等因不以支付代价为前提，也不在房地产交易之列。

(3)房地产交易的多样性

房地产交易不是单一的典型合同的称谓，而是数种典型合同的总称。它包括土地使用权转让、出租、抵押，地上建筑物、其他附着物的买卖、出租等。因此在法律适用上必须先确定房地产交易的具体类型，尔后才能确定可适用的房地产交易规范。

(4)房地产交易的要式性

房地产交易的要式性主要表现在房地产交易必须采用某种特定形式或程序才能成立的民事法律行为。房地产交易主要表现为债的关系，并通过各种交易合同形式实现。由此引发的房地产权属的变动必须办理登记手续，方能完成权属的转移。

5.1.2　房地产交易的原则

房地产交易原则是国家对房地产交易进行规范和管理所遵循的基本原则。它是我国房地产管理立法精神的具体体现，也是我国房地产管理法律制度建立和实施的出发点和归宿点。从目前我国房地产管理立法的精神和房地产管理法的实施情况看，国家对房地产交易管理的立法，主要遵循了以下几项原则。

1. 房地一体原则

由于土地与房屋等地上建筑物在物质形态上具有不可分割性，为了维护交易双方的合法权益，便于土地和房屋的合理利用，我国《城市房地产管理法》第三十二条明确规定，“房地产转让、抵押时，房屋的所有权和该房屋占用范围内的土地使用权同时转让、抵押。”《城镇国有土地使用权出让和转让暂行条例》第二十三条也明确规定，“土地使用权转让时，其地上建筑物、其他附着物所有权随之转让。”亦即房地产转让、抵押时，房屋所有权和土地使用权必须同时转让、抵押。不得将房屋所有权与土地使用权分别转让或抵押。在房地产交易中必须遵守房地一体的原则。

2. 依法登记原则

由房地产本身的特性所决定，房地产的权属关系、权利状态及权属关系的变化，均难以从其占有状态上反映出来。为了维护权利人的合法权益，防止欺诈行为，保持良好的交易秩序，世界各国都对房地产交易实行了登记制度。我国也不例外，《城市房地产管理法》第六十一条第三款明确规定，“房地产转让或者变更时，应当向县级以上地方人民政府房产管理部门申请房产变更登记，并凭变更后的房屋所有权证书向同级人民政府土地管理部门申请土地使用权变更登记，经同级人民政府土地管理部门核实，由同级人民政府更换或更改土地使用权证书。”不依法办理登记手续的，其房地产的转让不具有法律效力，不受国家法律的保护。

3. 房地产交易价格分别管制原则

房地产价格问题是房地产交易和房地产市场的核心问题。为了稳定房地产价格、维护房地产市场秩序、保护购房人的合法权益，我国《城市房地产管理法》第三十三条明确规定，“基准地价、标定地价和各类房屋的重置价格应当定期确定并公布。”国家实行房地产价格申报制度和价格评估制度。1994 年国家计委制定的《城市房产交易价格管理暂行办法》第五条明确规定，“房产交易价格及经营性服务收费，根据不同情况分别实行政府定价和市场调节价。”目前除经济适用房实行政府指导价，拆迁补偿房屋价格实行政府定价外，其他各类房屋的买卖、租赁价格，房屋的抵押、典当价格，均实行市场调节价。实行政府定价的房地产交易价格要按照政府规定的标准确定。

4. 房地产交易中的土地收益合理分配原则

在我国现行土地制度下，同一宗房地产通常涉及土地所有者、土地使用者和房屋所有者或使用者等数个权利主体。每一宗房地产交易都会引起土地收益在不同权利人之间的重新分配。如果交易行为所产生的经济利益不能得到合理的分配，就会影响交易各方的积极性，进而影响整个房地产市场的健康发展。因此，我国的《城市房地产管理法》确定了房地产价格评估制度和房地产成交价申报制度。同时还对房屋租赁交易对区分住宅用房和生产经营用房适用不同的租赁政策和不同的租金管制方式，并明确规定"以盈利为目的的，房屋所有人将以划拨方式取得国有土地使用权后所建房屋出租的，应将租金中所含土地收益上缴财政"。

5.1.3 房地产交易的管理机构

房地产交易的管理机构是指依法有权对房地产交易活动进行指导、监督、协调以及对房地产交易法律关系进行保护的国家机关和社会组织。根据我国有关法律的规定和目前的实际情况，我国目前执行房地产交易管理职能的机构主要有：

1. 房地产交易管理的行政机关

(1)国土资源部、住房和城乡建设部

国土资源部、住房和城乡建设部是行政管理机关，也是房地产法的执行机关。其代表国家，依照国家的有关政策和法律，结合房地产业的发展规律和社会需求，对房地产市场尤其是房地产交易行为，进行指导、协调和监督，促进房地产交易的健康发展，保护房地产权利人的合法权益，防止国家土地收益的流失。其具体职责如下：

①贯彻执行国家有关房地产管理的政策与法律，制定并实施有关房地产市场管理的政策和部门规章。

②对进入房地产市场的组织和个人的主体资格进行审查和认定，并对其经营行为和交易行为，依法进行引导和监督，调控市场价格。

③维持正常的房地产市场秩序，查处各种非法的交易行为，依法惩罚房地产交易中的违法者。

④依法及时地协调房地产交易中发生的矛盾和冲突，解决房地产市场中发生的部分纠纷。

(2)地方各级房地产管理机关

主要指县级以上地方人民政府的房管部门和土地管理部门，其具体职责如下：

①贯彻执行国家有关房地产管理的法律、法规和政策，拟定本地区的房地产管理法规的实施办法，并组织实施。

②负责房地产开发企业、中介服务机构以及其他各种交易主体的资质、资格审查，并对其交易行为进行监督。

③负责房地产的权属管理，对各种房地产交易的权属变更情况进行审核与登记。

④查处房地产交易中的违法行为，调解处理房地产交易纠纷。

2. 房地产交易所

房地产交易所是国家根据房地产市场发展的需要而设立的，供人们进行房地产交易的固定场所。1992 年以后，随着我国房地产业的迅速发展及房地产市场的日益活跃，全国各大中城市都先后设立了房地产交易所，强化了房地产交易管理，规范了房地产交易行为。各地房地产交易所的建立，为房地产交易提供了固定的场所和必要的服务。同时也在房地产交易指导、监督、价格调控，以及查处违法行为、保证交易安全等方面起了重要的作用。根据建设部、国家物价局、国家工商总局《关于加强房地产交易管理的通知》，房地产交易所的主要职责如下：

(1)为房地产交易提供洽谈、协商、交流信息、了解行情等各种服务；

(2)提供有关房地产的法律、政策咨询；

(3)接受有关房地产交易和经营管理的委托代理业务；

(4)为房地产交易提供价格评估服务；

(5)办理房地产交易登记、鉴证及权属转移手续。

目前的房地产交易所就其职能而言，具有经营与管理双重属性，它既代表政府行使某些管理职权，又为了自身的利益从事一些经营活动，这是不符合我国经济体制改革的目标的。从长远来看，房地产交易所在完成其特定时期的历史使命之后，应按照政企分开的原则，逐步实行企业化管理与经营。

5.2　房地产转让

5.2.1　房地产转让的概念和方式

1. 房地产转让的概念

房地产转让是指房地产权利人通过买卖、赠与或其他合法方式将其房地产转移给他人的行为。这一概念包含以下含义：

(1)房地产转让人是房地产权利人或其他有权转让房地产的主体。房地产权利人包括房地产所有人、经营人和使用人等。其中,房地产所有人是指国家、集体和个人(个人系指房屋所有人);房地产经营人是指房地产开发企业、从事房地产交易活动的单位和个人等;房地产转让作为一种物权处分的民事法律行为,只有权利人才有资格按照自己的意愿从事这种行为。

(2)房地产转让的客体是房屋所有权及房屋占用范围内的土地用权,法律后果是所有权及土地使用权的转换。

(3)房地产转让的实现方式有买卖、赠与或者其他合法方式。"其他合法方式"主要包括以房地产作价入股,联合开发经营房地产,企业被收购、兼并或合并,以房地产抵债等。

2. 房地产转让的方式

(1)房地产买卖

房地产买卖是房地产转让的主要方式。转让人将房地产移转给受让人所有,受让人取得房地产并支付相应价款。这种行为贯彻平等、自愿、等价有偿的原则。必须注意,城市房地产买卖中的地产只能转移使用权,所有权仍属于国家。

(2)房地产赠与

房地产赠与即赠与人将其房地产产权无偿转移给受赠人的行为。城市公有房屋的所有权属于国家,使用单位或者个人不得进行赠与;土地使用权的赠与也不涉及土地所有权问题。

(3)其他合法方式

其他合法方式主要有:①以房地产作价入股、与他人成立企业法人,房地产权属发生变更的;②一方提供土地使用权,另一方或者多方提供资金,合资、合作开发经营房地产,而使房地产权属发生变更的;③因企业被收购、兼并或合并,房地产权属随之转移的;④以房地产抵债的;⑤法律、法规规定的其他情形。

目前,进行房地产转让的具体法律依据是建设部 1995 年 8 月 7 日发布,2001 年 8 月 15 日修正的《城市房地产转让管理规定》。

5.2.2 房地产转让的条件

为了保证房地产转让行为的合法性和有效性,房地产转让必须具备以下条件。

1. 转让、受让双方必须具有合法资格

房地产转让属于民事法律行为,转让方、受让方必须具有相应的主体资格和行为能力。房地产转让的转让方对其所转让的房地产必须依法享有处分权。自然人作为房地产转让行为主体时，必须具备民事权利能力及民事行为能力。法人或其他社会组织作为房地产转让主体应具有法人资格或符合法定条件。否则，其转让房地产的行为不具有法律效力，不受法律保护。

2. 房地产转让的客体必须符合法定要求

房地产属于特殊财产，由其自身的特殊性及其在人们生产生活中的极端重要性所决定，国家对房地产的转让，尤其是土地使用权的转让，通常有较多的限制和特定的要求。根据《城市房地产管理法》的规定，以出让方式取得土地使用权的新建商品房的转让，所转让的房地产应由其权利人取得合法的房地产权利证书，并且不属于我国法律禁止或限制转让的范围；划拨土地上的房地产转让，首先要经人民政府批准，经人民政府批准转让的，应依法办理土地使用权出让手续，并依照国家有关规定缴纳土地使用权出让金。有批准权的人民政府依法决定可以不办理土地使用权出让手续的，转让方应按照有关规定将转让房地产所获收益中的土地收益上缴国家或者作其他处理。

3. 房地产转让形式要件完备

房地产转让属于要式法律行为，转让方、受让方经协商达成协议后，应形成书面合同，明确载明土地使用权取得的方式、双方确定的权利和义务及其他必要的条款，并在签约后的一定时间内，到房地产有关管理机关办理土地使用权及房屋所有权的变更登记手续，领取房地产权利证书。

4. 房地产转让的意思表示须真实

房地产转让必须体现自愿、平等、诚实信用的原则，双方当事人的意思表示必须真实，非真实意思表示会导致合同无效或撤销、变更。

5.2.3　房地产转让的禁止条件

1. 以出让方式取得土地使用权但不符合法律规定的有关转让条件的

以出让方式取得土地使用权的房地产转让应当具备以下条件：①按照出让合同约定已经支付全部土地使用权出让金，并取得土地使用权证书；按照出让合同约定进行投资开发，属于房屋建设工程的，应完成开发投资总额的 25%以上；②属于成片开发土地的，依照规划对土地进行开发建设，完成供排水、供电、供热、道路交通、通信等市政基础设施、公用设施的建设，达到场地平整，形成工业用地或者其他建设用地条件；③转让房地产时房屋已经建成的，还应当持有房屋所有权证书。以出让方式取得土地使用权不具备上述条件的，就属于不符合法律规定的有关转让条件。

2. 司法机关和行政机关依法裁定、决定查封或者以其他形式限制房地产权利的

在房地产转让中，作为转让对象的房地产必须是可以流通的、不受限制的。如果某项房地产在一定时期处于限制之中，则该房地产在限制期内是不能转让的。

3. 依法收回土地使用权的

用地单位或个人依法被收回土地使用权，就不再是原土地使用权的主体，也就无权转让该土地使用权了。否则，就构成非法转让。

依法收回土地使用权的情况包括：①出让年限届满而未续期的非住宅用地；②根据社会公共利益的需要而提前收回；③因逾期开发而被无偿收回等。

4. 共有房地产，未经其他共有人书面同意的

共有房地产是指两个以上的权利主体共同享有房屋所有权和土地使用权。无论是共同共有还是按份共有，如果部分共有人要转让房地产，则须征得其他共有人的书面同意。否则，就是对其他共有人权利的侵犯。未经共有人书面同意擅自转让不动产，受让人支付合理价款，善意取得并办理登记手续的，共有所有权人无权追回该不动产，只能向出卖人请求赔偿。

5. 权属有争议的

权属有争议的房地产，表明该房地产的权利主体不确定。房地产在权利主体不确定的情况下转让，难免会出现房地产权利瑕疵现象。因而，此种情况下不得转让。

6. 未依法登记领取权属证书的

当事人依法到房地产行政管理部门办理登记手续并领取权属证书是法律规定的一项义务。当事人依法登记领取的房地产权属证书是房地产权属的法律凭证。凡未依法取得房地产权属证书的，不得转让相应的房地产。

7. 法律、行政法规规定禁止转让的其他情形

其他情形是兜底性条款，包括现行法律、行政法规规定的其他情形。

5.2.4 房地产转让的程序

1. 出让方式的房地产转让程序

(1)申请。由房地产转让人向人民政府或其有关主管部门提出批准其转让房地产的请求，下列情形的房地产转让，转让人应向人民政府或其有关主管部门申请：①机关、团体、部队、企业事业单位因特殊需要必须购买城市私有房屋的，须向县以上人民政府申请批准；②某些地方规定土地使用权转让须向土地管理部门申请批准。

(2)批准。由人民政府或其有关主管部门批准或同意房地产转让人提出的申请。

(3)签约。房地产转让，应当签订书面转让合同，合同中应当载明土地使用权取得的方式。房地产转让人(卖方、赠与方等)和房地产受转让人(买方、受赠方等)通过签订书面转让合同，明确彼此之间的权利义务。

(4)公证和认证。并非所有的房地产转让合同都必须经过公证，但实践中，房地产转让公证较为普遍。若法律法规规定或当事人双方约定必须经过公证的房地产转让合同，则公证为该合同生效条件。必须经过房地产转让公证的法定情形有：①房地产赠与；②涉外、涉港澳台房地产转让；③某些地方法规规定土地使用权转让合同须经公证。房地产认证则主要适用于在中国境外进行的房地产转让。

(5)登记。所有的房地产转让，均应由当事人向县级以上地方人民政府房产管理部门和土地管理部门申请转让变更登记。未经房屋所有权转让和土地使用权转移登记的房地产转让行为，所有权转移不能发生法律效力。

2. 划拨方式的房地产转让程序

(1)申请。划拨土地使用权享有者，欲转让土地使用权或房地产，必须持国有土地使用权证以及地上建筑物和其他附着物房屋产权证明等合法证件，向土地所在地县、市人民政府土地管理部门提出申请。关于转让划拨土地使用权由谁办理出让手续问题，我国现行的法律、法规规定不同。《城市房地产管理法》第四十条规定的是“由受让方办理”，而《城镇国有土地使用权出让与转让条例》第四十五条规定的却是由持有国有土地使用权证的土地使用者办理。前者，即“受让方”指的是转让方的相对人；而后者，即在转让时已“持有国有土地使用证的土地使用者”指的却是转让方。按照一般法理，法律的效力高于行政法规的效力，理应执行《城市房地产管理法》第四十条。

(2)审批。市、县人民政府土地管理部门在接到转让申请书之日起 15 日内进行审查、审批，并将结果予以回复。

(3)签订土地使用权出让合同。转让申请被批准以后，土地管理部门代表土地所有者(即出让人)与申请人签订土地使用权出让合同。土地使用权出让合同签订后 60 日内，划拨土地使用权享有者向所在地市、县人民政府交付土地使用权出让金，到市、县人民政府土地管理部门办理土地使用权出让登记手续。

5.2.5 房地产转让合同

1. 房地产转让合同的概念

房地产转让合同是指房地产转让人与受让人或者原受让人与新受让人之间签订的转让房地产的协议。房地产转让合同依照平等、自愿、有偿的原则签订。合同双方若违背转让合同规定的权利义务,则须承担相应的违约责任。

房地产转让合同必须采取书面合同。这是房地产转让合同的形式要件。

2. 房地产转让合同的内容

确定房地产转让合同的内容,有利于明确当事人的权利、义务和责任,保证合同的履行,避免争议的发生,从而维护房地产交易的正常秩序。房地产转让合同一般载明下列内容:①双方当事人的姓名或者名称、住所;②房地产权属证书名称和编号;③房地产坐落位置、面积、四至界限;④土地宗地号、土地使用权取得的方式及年限;⑤房地产的用途或使用性质;⑥成交价格及支付方式;⑦房地产交付使用的时间;⑧违约责任;⑨双方约定的其他事项。

3. 房地产转让合同履行、变更和解除

发生下列事由导致转让合同变更和解除:

(1)因土地灭失而消灭。土地灭失主要指由于非人力和自然力的原因(如地震、山崩等)造成原土地性质的彻底改变或原土地面貌的彻底改变,从而使土地完全失去原有的社会经济意义。土地为土地使用权之客体,客体灭失,土地使用权自然就不存在。土地灭失导致受让人实际上不再享有土地使用权。

(2)因国家强制收回土地使用权而消灭。若土地使用权受让人严重违反法律规定或出让合同约定,国家将强制收回其土地使用权。

(3)因国家提前收回土地使用权而消灭。土地使用权期限届满前,国家因公共利益的需要,可提前收回土地使用权。所谓公共利益的需要是指一切在签订土地使用权出让、转让合同时无法预见的、为城市发展所必需的规划和建设上的重大调整。提前收回土地使用权应经过严格的程序,国家应根据土地使用者已使用的年限和开发、利用土地的实际情况给予补偿。

(4)因土地使用权期限届满而消灭。住宅建设用地使用权期满自动顺延,非住宅建设用地期满不申请顺延或申请顺延未获批准的,土地使用权终止。

5.3 商品房销售

5.3.1 商品房现售

1. 商品房现售的概念

商品房现售是指房地产开发企业将竣工验收合格的商品房出售给买受人，并由买受人支付房价款的行为。

2. 商品房现售关系的法律调整

(1)法律依据

目前，进行商品房销售的具体法律依据是《城市房地产管理法》和建设部 2001 年 4 月 4 日发布的《商品房销售管理办法》。

(2)商品房现售的条件

①现售商品房的房地产开发企业应当具有企业法人营业执照和房地产开发企业资质证书；

②取得土地使用权证书或者使用土地的批准文件；

③持有建设工程规划许可证和施工许可证；

④已通过竣工验收；

⑤拆迁安置已经落实；

⑥供水、供电、供热、燃气、通讯等配套基础设施具备交付使用条件，其他配套基础设施和公共设施具备交付使用条件或者已确定施工进度和交付日期；

⑦物业管理方案已经落实。

5.3.2 商品房预售

1. 商品房预售的概念

商品房预售是指房地产开发企业将正在建设中的商品房预先出售给买受人，并由买受人支付定金或者房价款的行为。房屋预售就是房地产开发企业常用的一种筹资方式。

2. 商品房预售关系的法律调整

(1)法律依据

随着国有土地有偿使用制度和城镇住房商品化制度的推行，房屋预售方式从经济特区、沿海开放城市扩展到全国其他地区。《城市房地产管理法》在总结各地实践经验的基础上,初步确立了房屋预售法律制度。国务院发布的《城市房地产开发经营管理条例》亦对房地产开发企业预售商品房作出了规定。除上述法律文件外,目前进行城市商品房预售的具体法律依据还有建设部 1994 年 11 月 15 日发布,2001 年 8 月 15 日修正的《城市商品房预售管理办法》。《商品房销售管理办法》有关规定也适用于预售。

(2)商品房预售的条件

①已交付全部土地使用权出让金,取得土地使用权证书;

②持有建设工程规划许可证和施工许可证;

③按提供预售的商品房计算,投入开发建设的资金达到工程建设总投资额的25%以上,并已经确定施工进度和竣工交付日期;

④办理预售登记,取得预售许可证。

房屋预售实行许可证制度。开发企业进行商品房预售,应当向城市、县房地产管理部门办理预售登记,取得《商品房预售许可证》。

(3)预售成交价格申报

国家实行房地产成交价格申报制度,房地产开发企业预售房屋,应当将成交价格如实向有关主管部门申报。不如实申报成交价格的,有关主管部门可以处以罚款。

5.3.3 商品房销售合同

1. 商品房销售合同概念和内容

商品房销售合同是明确买卖双方当事人权利义务的主要依据。商品房销售合同应明确以下内容:①当事人名称或者姓名和住所;②商品房基本状况;③商品房的销售方式;④商品房价款的确定方式及总价款、付款方式、付款时间;⑤交付使用条件及日期;⑥装饰、设备标准承诺;⑦供水、供电、供热、燃气、通讯、道路、绿化等配套基础设施和公共设施的交付承诺和有关权益、责任;⑧公共配套建筑的产权归属;⑨面积差异的处理方式;⑩办理产权登记有关事宜;⑪解决争议的方法;⑫违约责任;⑬双方约定的其他事项违约责任。

目前,各地都推广使用由房地产主管部门制定的《商品房销售合同示范文本》。这些示范文本并非强制性的,它仅仅是指引商品房买卖双方签订商品房买卖合同。因为一般的购房人尚缺乏商品房买卖所应具备的法律知识,而这些示范文本基本将商品房买卖中较重要的事项作了明确的约定。这些示范文本对保护购房人的利益是有积极作用的,但并非当事人不能变更,只要经买卖双方当事人约定,可以变更示范文本中设定的合同条款,也可以增加示范文本中所没有约定的条款。如果房地产开发商强行使用了由其自己单方拟订的格式合同，购房人有权对合同的内容提出修改。而且，格式合同应当符合我国《合同法》的有关规定。

2. 商品房销售合同的生效

商品房销售合同是指房地产开发企业（以下统称为出卖人）将尚未建成或者已竣工的房屋向社会销售并转移房屋所有权于买受人，买受人支付价款的合同。商品房销售合同，自双方当事人签章之日起生效，但下列情形除外：①商品房买卖双方约定合同生效条件的，买卖合同自约定的条件成就之日起生效；②法律法规、规章规定或当事人约定买卖合同公证后生效的，则买卖合同从办理公证手续之日起生效。

3. 商品房销售合同中涉及的几个法律问题

(1)所有权的移转

商品房是典型的不动产，不动产所有权的转移以登记为标志。因此，房地产管理机关发放的权属证书上记载的登记过户的时间为当事人房屋所有权和土地使用权转移的时间。《城市商品房预售管理办法》第十条的规定，商品房的预售人应当在签约之日起 30 天内持商品房预售合同向县级以上人民政府房地产管理部门和土地管理部门办理登记备案手续。但办理该备案登记手续并不意味着预售商品房所有权发生了转移。当事人双方签订商品房销售合同，但未办理登记手续的，合同有效，权属却不发生转移。

(2)风险责任的移转

商品房的风险责任是指因不可抗力或意外事故而非因商品房买卖合同当事人的过错导致标的物毁损灭失时，谁来承担该损失。一般而言，风险负担是随着标的物的所有权转移而转移的。我国《合同法》第一百四十二条规定，“标的物毁损、灭失的风险，在标的物交付之前由出卖人承担，交付之后由买受人承担，但法律另有规定或当事人另有约定的除外。”对房屋的转移占有，视为房屋的交付使用，但当事人另有约定的除外。房屋毁损、灭失的风险，在交付使用前由出卖人承担，交付使用后由买受人承担；买受人接到出卖人的书面交房通知，无正当理由拒绝接收的，房屋毁损、灭失的风险自书面交房通知确定的交付使用之日起由买受人承担，但法律另有规定或者当事人另有约定的除外。

(3)商品房销售广告的性质

商品房的销售广告和宣传资料为要约邀请，但是出卖人就商品房开发规划范围内的房屋及相关设施所作的说明和允诺具体确定，并对商品房买卖合同的订立以及房屋价格的确定有重大影响的，应当视为要约。该说明和允诺即使未载入商品房买卖合同，亦应当视为合同内容，当事人违反的，应当承担违约责任。

(4)商品房预约合同中的“定金”问题

所谓预约合同，是指当事人之间约定将来订立一定合同的合同。房地产开发商在与购房人签订正式的商品房预售或销售合同之前，往往要求购房人与其签订一份认购协议，开发商主要是想通过认购协议中的定金条款来约束购房人前来签订正式的商品房预售或销售合同。购房人交付定金以后，如果不与开发商签订正式的商品房预售或销售合同，则开发商将拒绝返还定金。目前，在商品房销售市场上，房地产开发企业在与购房人订约前向其收取一定费用的情形较为普遍。这种费用常被冠以“定金”“订金”“押金”“保证金”等名称。出卖人通过认购、订购、预订等方式向买受人收受定金作为订立商品房买卖合同担保的，如果因当事人一方原因未能订立商品房买卖合同，应当按照法律关于定金的规定处理；因不可归责于当事人双方的事由，导致商品房买卖合同未能订立的，出卖人应当将定金返还买受人。

(5)面积误差的处理

出卖人交付使用的房屋套内建筑面积或者建筑面积与商品房买卖合同约定面积不符，合同有约定的，按照约定处理；合同没有约定或者约定不明确的，按照以下原则处理：一是面积误差比绝对值在3%以内(含3%)，按照合同约定的价格据实结算，买受人请求解除合同的，不予支持；二是面积误差比绝对值超出3%，买受人请求解除合同、返还已付购房款及利息的，应予支持。买受人同意继续履行合同，房屋实际面积大于合同约定面积的，面积误差比在3%以内(含3%)部分的房价款由买受人按照约定的价格补足，面积误差比超出3%部分的房价款由出卖人承担，所有权归买受人；房屋实际面积小于合同约定面积的，面积误差比在3%以内(含3%)部分的房价款及利息由出卖人返还买受人，面积误差比超过3%部分的房价款由出卖人双倍返还买受人。

(6)双倍赔偿问题

发生商品房买卖合同订立后，出卖人未告知买受人又将该房屋抵押给第三人；商品房买卖合同订立后，出卖人又将该房屋出卖给第三人；故意隐瞒没有取得商品房预售许可证明的事实或者提供虚假商品房预售许可证明；故意隐瞒所售房屋已经抵押的事实；故意隐瞒所售房屋已经出卖给第三人或者为拆迁补偿安置房屋的事实这五种情形之一的，导致商品房买卖合同目的不能实现的或商品房买卖合同无效、被撤销的，买受人可以返还已付购房款及利息、赔偿损失，并可以请求出卖人承担不超过已付购房款一倍的赔偿责任。

值得注意的是出卖人在买受人起诉前取得商品房预售许可证明的，可以认定商品房买卖合同有效，买受人丧失要求已付房款一倍赔偿的权利。

(7)单方解除合同问题

发生下列情形的，当事人可以单方解除商品房买卖合同①因房屋主体结构质量不合格不能交付使用，或者房屋交付使用后，房屋主体结构质量经核验确属不合格的；②因房屋质量问题严重影响正常居住使用的；③面积误差比绝对值超出 3%的；④出卖人迟延交付房屋或者买受人迟延支付购房款，经催告后在三个月的合理期限内仍未履行的，但当事人另有约定的除外；⑤办理房屋所有权登记的期限届满后超过一年，由于出卖人的原因，导致买受人无法办理房屋所有权登记的。

(8)确定违约金数额或者损失赔偿额计算方法的问题

开发商与买房人就违约金数额或者损失赔偿额计算方法有约定的，一般根据其约定方法计算。但如约定的违约金过份高于违约所造成的实际损失，可以请求法院降低，以违约金超过造成的损失 30%为标准适当减少。双方没有明确约定的，可以参照以下标准确定：①逾期付款的，按照未付购房款总额，参照中国人民银行规定的金融机构计收逾期贷款利息的标准计算；②逾期交付使用房屋的，按照逾期交付使用房屋期间有关主管部门公布或者有资格的房地产评估机构评定的同地段同类房屋租金标准确定；③由于开发商的原因，买房人未能取得房屋权属证书的，按照已付购房款总额，参照中国人民银行规定的金融机构计收逾期贷款利息的标准计算。

(9)买房人未能取得房屋权属证书的问题

由于开发商原因导致买房人在下列期限届满未能取得房屋权属证书的，除当事人有特殊约定外，开发商应当承担违约责任：①商品房买卖合同约定的办理房屋所有权登记的期限；②商品房买卖合同的标的物为尚未建成房屋的，自房屋交付使用之日起 90 日；③商品房买卖合同的标的物为已竣工房屋的，自合同订立之日起 90 日。

由于开发商的原因，导致买房人在以上办理房屋所有权登记的期限届满后超过一年仍然无法办理房屋所有权登记的，买房人有权解除合同和赔偿损失。

5.4　房地产抵押

5.4.1　房地产抵押的概念和性质

为了加强房地产抵押管理，维护房地产市场秩序，保障房地产抵押当事人的合法权益，《担保法》《城市房地产管理法》等作出了一系列法律规定。目前，进行房地产抵押的具体法律依据是《城市房地产管理法》和建设部 1997 年 5 月 9 日发布、2001 年 8 月 15 日修正的《城市房地产抵押管理办法》。

1. 房地产抵押的概念

房地产抵押是指债务人或第三人以其合法的房地产以不转移占有的方式向抵

押权人提供债务履行担保的行为。债务人不履行债务时，抵押权人有权依法以抵押的房地产折价或者拍卖、变卖所得的价款优先受偿。

2. 房地产抵押权的性质

房地产抵押权虽然是一种约定权利，即通过约定设立，但却具有物权特性和担保特性。房地产抵押权的物权性和担保性的具体表现构成了房地产抵押权的以下性质：

(1)抵押权是一种担保物权

这是抵押权的物权性，它是由抵押权设立目的所决定的。抵押权设立的目的就是以抵押物所具有的价值对债务履行进行担保，是一种价值担保，具有担保性。另一方面，抵押权又具有显著的物权性。抵押权成立后，在担保事项出现时，抵押权人处分抵押物是无须抵押人同意或协助的，只要依法通过法院或其他有权处分机关，就可直接独立地从抵押物的变价中优先抵偿债务，实现债权，这是抵押权对抵押物变价的支配权。在抵押权人处分抵押物时，这种处分权是排除其他人干涉的；在抵押权存在期间，如果抵押人被强制执行或破产，抵押权人就可依据抵押权而优先于其他债权人而受偿；在一物之上同时设有几个抵押权时，抵押权设立的时间先后决定了抵押权实现的顺序，而不是平均受偿。这些是抵押权的排他性表现。这种对标的物的支配性和排他性，正是物权独有的特征。

(2)抵押权具有从属性

抵押的从属性又称附从性，是指抵押是从属于被担保的债权的，而没有独立存在的意义。抵押权的从属性是抵押权的担保性的具体表现。一般来说，抵押权的成立或实施，须以债权的成立存在为前提，即使某些情况下抵押权可以用于担保未来债权，即抵押权设定在先，被担保的债权成立在后，但归根到底，没有所担保的债权，就无须设立抵押权，抵押权的最终实施，仍以有效债权存在为必备前提。同样，抵押权亦随担保的债权一同处分，它随债权的转移而转移；随债权的减少而缩小担保之范围；而不能与担保的债权分离而单独让与，或分离为其他债权进行担保；被担保的债权消灭，抵押权作为权利亦随之消灭。

(3)抵押权具有不可分性

抵押权的不可分性是指抵押权在效力上的不可分，抵押担保债权的全部并及于抵押物的全部。从抵押物与债权关系来说，抵押物的全部担保债权的各部，抵押物的各部担保债权的全部；从抵押权与抵押物的关系上看，抵押权的全部存在于抵押物的全部及每一部分。这是抵押权的担保性表现。具体说来，当抵押物全部灭失或毁损时，抵押权仍具有担保作用；当抵押财产分割或让与时，对债权担保的效力不变，抵押权仍继续留存于分割或让与后的各项财产上。债权部分清偿时，抵押权人就剩余部分债权仍以全部抵押物行使担保权；当债权部分转让时，由债权的受让人与转让人按其债权比例共同享有一个抵押权；当债权分割时，分割后的各个债权仍受到全部抵押物的担保。

(4)抵押权具有特定性

抵押权的特定性是指抵押权只能存在于特定的抵押物之上，且只能用以担保特定的债权。抵押权的特定性是抵押权的担保性表现。一方面，由于抵押权是以抵押物的价值来确保债权实现的，只有抵押物特定化，才能对其价值进行估计，只有特定化的抵押物，才能进行登记公示。因此，抵押物的特定性是抵押权得以实现的必然要求。另一方面，从担保目的来看，抵押权所担保的债权额关系着抵押物所应分担的责任，进而关系到债权人可就抵押物变价优先受偿的范围。因此，债权不特定，抵押权就起不到对特定债权进行担保的作用。

(5)抵押权具有物上代位性

抵押权的物上代位性是指抵押权的效力及于抵押物的变形体或代位物之上。这是由抵押权是一种价值权所决定的，是抵押权的物权性表现。抵押权是以抵押物的交换价值来担保债权实现的，而不是抵押物的使用价值。因此，抵押物虽然变体，只要其还具有交换价值，抵押物的价值仍保留有同一性，对抵押权不产生实质性影响。抵押权的物上代位性主要发生在抵押物毁损灭失的情况下的损害赔偿，当抵押物因毁损灭失或出让而得到赔偿金、保险金或出让金时，就应用于清偿抵押担保的债权。

(6)抵押权具有追及性

抵押权的追及性是指抵押物无论辗转流传到何人手里，抵押权人都可以追及到抵押物而对之行使抵押权。这是抵押权物权性的表现。

5.4.2 房地产抵押的设定

1. 可以设定抵押权的房地产

(1)抵押人所有的房屋和其他地上定着物

这里的房屋包括供人们生活用的住房和非生活用的生产、经营和服务用房。就所有权性质而言，其可以是集体所有的房产、私人所有的房产，也可以是国家所有授权给企业经营管理的房产。其他地上定着物主要是指属于抵押人所有的树木和经人工投资形成的构筑物。

(2)抵押人依法享有处分权的国有土地使用权

这里的国有土地使用权主要是指以出让方式取得的国有土地使用权。根据《城镇国有土地使用权出让和转让暂行条例》的规定，以出让方式取得的土地使用权可以转让、出租和抵押。《城市房地产管理法》也明确规定，“以出让方式取得的土地使用权,可以设定抵押权”。该法同时还规定“设定房地产抵押权的土地使用权是以划拨方式取得的,依法拍卖该房地产后,应当从拍卖所得的价款中缴纳相当于应缴纳的土地使用权出让金的款额后,抵押权人方可优先受偿”。可见,以划拨土地使用权设定抵押权是符合条件的,债权人不接受这个条件的,划拨土地使用权不能设定抵押权。

(3)抵押人依法承包并经发包方同意抵押的荒山、荒沟、荒丘、荒滩等荒地的土地使用权

经依法承包取得的荒山、荒沟、荒丘、荒滩等荒地的使用权,属于用益物权。而用益物权不仅仅限于对物的使用收益,有的用益物权的权利主体除可对标的物进行使用收益外,还可将其用于信用担保。

(4)乡(镇)村企业的厂房等建筑物

根据我国《担保法》的规定,乡(镇)村企业的厂房等建筑物可以设定抵押权。以乡(镇)村企业的厂房等建筑物抵押的,其占用范围内的土地使用权同时抵押。乡(镇)村企业的土地使用权不得单独设定抵押权。

2. 禁止设定抵押权的房地产

(1)权属有争议的房地产

房地产权属有争议的,表明该房地产的权利主体不确定。房地产在权利主体不明确的情况下而设定抵押,难免会造成对其他权利的侵害。因此,对权属有争议的房地产抵押必须实行限制。

(2)用于教育、医疗、市政等公共福利事业的房地产

公共福利事业与每一个人的生活相关,关系到社会的公共利益。用于公共福利事业的房地产如果设定抵押,难免会造成这些房地产因实行抵押权而转移到某一单位或个人手中,对公共事业的发展产生不利影响。因此,用于教育、医疗、市政等公共福利事业的房地产不能设定抵押。

(3)列入文物保护的建筑物和有重要纪念意义的其他建筑物

列入文物保护的建筑物和有重要纪念意义的其他建筑物具有重要的文化价值和历史价值,如果将其设定抵押,在抵押权实现时必然会转移到个人或单位手中,这将使其文化价值和历史价值遭受不应有的损坏,甚至消失。我国有关文物保护的立法已明确规定,国家文物在一般情况下是禁止或限制进入流通领域的。因此,列入文物保护的建筑物和有重要纪念意义的其他建筑物不能设定抵押。

(4)已依法公告列入拆迁范围的房地产

已依法公告列入拆迁范围的房地产,表明其存在的时间已经很短或有限,如果将之设定抵押,待将来抵押权实现时,可能这些房地产已被拆除,抵押权难以实现。因此,立法有必要对已列入公告拆迁范围的房地产限制设定抵押。

(5)被依法查封、扣押、监管或者以其他形式限制的房地产

在房地产交易中，作为交易对象的房地产必须是可以自由流通的房地产。某项房地产在一定时期处于限制之中，则该房地产在限制期内是不能交易的。如果将被依法查封、扣押、监管或者以其他形式限制的房地产设定抵押权，则势必影响抵押权的实现。

(6)依法不得抵押的其他房地产

随着房地产业的发展，现实生活中亦会出现一些难以预料的新情况，立法条文采取灵活的做法，便于适应新的情况。

3. 设定房地产抵押的程序

(1)签约

房地产抵押，应先由抵押人持土地使用权证书、房屋所有权证书或房屋预售合同与抵押权人签订书面房地产抵押合同。抵押合同不得违背国家法律、法规和土地使用权出让合同的规定。

(2)登记

房地产抵押，应当依照规定办理抵押登记。申请抵押人和抵押权人共同到房地产管理部门，填交房地产他项权利登记申请书，并提交房地产抵押合同副本，交验房地产抵押合同正本、登记申请者的身份证明、土地使用权来源证明、地上建筑物及其附着物的权属证明和登记机关认为有必要提交的其他文件。

(3)受理

房地产登记部门根据申请验阅文件，在收件簿上载明页数、件数，并给申请者开具收据。

(4)审查

房地产登记部门对申请文件逐项全面审核，填写审批表。

(5)发证

经审查符合抵押条件的，房地产登记部门对房地产抵押人颁发《房地产他项权证》。房地产抵押以登记为要件，抵押合同自登记之日起生效，具有法律约束力。

5.4.3　房地产抵押担保的债权的范围

房地产抵押所担保的债权须为有效的债权。被担保的债权消灭或者无效，抵押权也将随之消灭。《担保法》第 46 条规定："抵押担保的范围包括主债权、利息、违约金、损害赔偿金和实现抵押权的费用。抵押合同另有约定的，按照约定。"由此可见，抵押权所担保的债权的范围原则上依当事人的意思确定；如果当事人未约定，则其担保的债权的范围包括前述所列债权。

1. 主债权

主债权亦称原债权或本债权。抵押权的效力首先及于主债权，主债权是抵押权担保的当然范围。一般而言，当事人会在抵押合同中明确约定抵押权所担保的主债权的数额。

2. 利息

利息是指主债务产生的利息，包括法定利息和约定利息。利息属于担保范围之列，除非当事人通过抵押合同作出特殊约定。

3. 违约金

关于违约金是否为抵押权效力当然所及，各国存在不同立法例。依据我国《担保法》的规定，违约金能为抵押权效力所及。除非当事人在抵押合同中约定抵押担保范围不及于违约金。

4. 损害赔偿金

债务人不履行合同而导致债权人损失时，债权人可以就此遭受的损失请求债务人赔偿。《担保法》亦明确将其列为抵押权效力所及的范围。也就是说，损害赔偿金具有法定性，即使当事人未作任何约定，只要能举证证明实际损失的存在，债务人亦应赔偿。

5. 实现抵押权的费用

实现抵押权的费用，是抵押权人实现抵押权时所必需的花费，如扣押抵押物的费用、申请拍卖的费用、抵押物的评估费用、抵押物扣押后的保管费用等。这些费用实际上是由于债务人不履行债务引起的结果，理应由债务人负担，故应从抵押物的变价中先行扣除。

5.4.4 房地产抵押权的实现

1. 房地产抵押权实现的条件和方式

抵押权的实现是指抵押权人变卖抵押物并从抵押物的变价中优先受偿其债权的行为。抵押权的实现也称抵押权的实行，它与抵押权的行使不尽相同。抵押权的实现固然要通过抵押权的行使，但抵押权的行使却不仅仅以抵押权的实现为目的。

(1)抵押权实现的条件

依据《城市房地产抵押管理办法》第四十条规定，有下列情况之一的，抵押权人有权要求处分抵押的房地产：

①债务履行期满，抵押权人未受清偿的，债务人又未能与抵押权人达成延期履行协议的；

②抵押人死亡，或者被宣告死亡而无人代为履行到期债务的，或者抵押人的合法继承人、受遗赠人拒绝履行到期债务的；

③抵押人被依法宣告解散或者破产的；

④抵押人违反法律的有关规定，擅自处分抵押房地产的；

⑤抵押合同约定的其他情况。

(2)抵押权实现的方式

抵押权的实现，一般可通过出卖抵押物或由抵押权人折价取得抵押物的所有权。我国法律亦是如此规定。抵押物的变卖，可有两种基本的方法，即自行变卖和法院变卖。自行变卖指由抵押关系当事人自行将抵押物变卖而不通过公力机关的方法，其又可有抵押人变卖和抵押权人变卖两种。无论是抵押权人或是抵押人变卖，均可以采取折价变卖、拍卖变卖及普通变卖的方法。法院变卖也可通过折价、拍卖、变卖来完成。我国法律对于抵押物的变卖方法没有明确的规定。我们认为，应以自行变卖优先于法院变卖为原则，即当事人可以约定抵押物的变卖方法，没有约定的，应由当事人协商自行变卖；协商不成的，提请法院变卖。这是因为，抵押权属于私权，是通过当事人的约定设立的，其实现亦是当事人自己的事，法院一般不应主动干预。

在完成抵押物变卖的方式中，拍卖是最为公正的一种方式。折价变卖和普通变卖都难以最好地实现抵押物的实际价值，且容易造成对抵押人利益的损害，也容易产生纠纷。因此，在条件许可的情况下，应以拍卖为抵押物的变卖方式。

2. 房地产抵押权实现的顺序

房地产抵押权实现的顺序包括抵押房地产处分后所得金额分配的顺序和同一房地产设定两个以上抵押权时抵押权实现的顺序。

(1)处分抵押房地产所得金额，依下列顺序分配：①处分抵押房地产的费用；②抵押房地产应缴纳的税款；③抵押权人债权本息及支付违约金；④由债务人违反合同而对抵押权人造成的损害；⑤剩余金额交还抵押人。

处分抵押房地产所得金额不足以支付债务和违约金、赔偿金时，抵押权人有权向债务人追索不足部分。

(2)同一房地产设定两个以上抵押权时，以抵押登记的先后顺序受偿。房地产抵押合同以登记为生效要件，因此，应当以其抵押登记的先后顺序来确定抵押的受偿顺序。办理房地产抵押登记在先的，其受偿顺序也在先，顺序在先的抵押权人充分受偿之后，顺序在后的抵押权人始得受偿。抵押登记的先后顺序，依照登记机关办理房地产抵押登记时登记册上登载的时间先后为准。同时登记的,其受偿顺序相同,按照各自债权比例受偿。

当然,同一房地产设定的两个以上抵押权的受偿也必须先支付处分抵押房地产的费用并扣除抵押房地产应缴纳的税款后才能进行。

3. 房地产抵押权实现中涉及的几个法律问题

(1)房、地一体

抵押人以其全部房地产设定抵押时,抵押权的效力及于全部房地产,包括房屋所有权和土地使用权。

抵押人仅以其土地使用权或者仅以其房屋设定抵押权时,该抵押权的效力及于房地产全部。《城镇国有土地使用权出让和转让暂行条例》第三十三条规定:“土地使用权抵押时,其地上建筑物、其他附着物随之抵押。地上建筑物、其他附着物抵押时,其使用范围内的土地使用权随之抵押。”《城市房地产抵押管理办法》第四条规定:“以依法取得的房屋所有权抵押的,该房屋占用范围内的土地使用权必须同时抵押。”

(2)抵押权设定后新增的房屋

抵押权设定后新增房屋不属于抵押物,房地产抵押权的效力不及于该新增房屋。《城市房地产管理法》第五十二条规定:“房地产抵押合同签订后,土地上新增的房屋不属于抵押财产。”《城市房地产抵押管理办法》第四十四条规定:“处分抵押房地产时,可以依法将土地上新增的房屋与抵押财产一同处分,但对处分新增房屋所得,抵押权人无权优先受偿。”

(3)抵押权转让

《城市房地产抵押管理办法》第三十七条规定:“抵押权可以随债权转让。抵押权转让时,应当签订抵押权转让合同,并办理抵押权变更登记。抵押权转让后,原抵押权人应当告知抵押人。”可见,抵押权随债权走,债权转让抵押权随之转移,当事人另有约定的除外。但债务的转移并不一定导致抵押权的必然转移,如果第三人以其合法财产为债务人提供抵押担保的,债务人经债权人(抵押权人)同意转让其债务,但未经抵押人(第三人)同意,抵押人(第三人)不再提供担保。

(4)抵押房地产转让或出租

经抵押权人同意,抵押权可以转让或出租。所得价款,应当向抵押权人提前清偿所担保的债权。超过债权额数的部分,归抵押权人所有,不足部分由债务人清偿。

实现抵押权时,抵押房地产上设有租赁权的,应区别对待。“先租后抵”的,抵押权实现后租赁关系继续有效,“抵押不破租赁”。“先抵后租”的,抵押权实现后租赁关系应解除,当事人另有约定的除外。

5.4.5　房地产抵押合同

房地产抵押合同是房地产抵押权人和抵押人明确相互权利义务关系的协议。

1. 房地产抵押合同的条款

房地产抵押合同一般载明下列内容：①抵押人、抵押权人的名称或者姓名、住所；②主债权的种类、数额；③抵押房地产的处所、名称、状况、建筑面积、用地面积等；④抵押房地产的价值；⑤抵押房地产的占用管理人、占用管理方式、占用管理责任以及意外损毁、灭失的责任；⑥债务人履行债务的期限；⑦抵押权灭失的条件；⑧违约责任；⑨争议解决方式；⑩抵押合同订立的时间与地点；⑪双方约定的其他事项。

2. 房地产抵押合同当事人的权利和义务

(1)抵押人的权利和义务

①抵押人的权利有：对抵押房地产的占有、使用和获取收益权；就同一房地产剩余的价值部分再设定抵押的权利。

②抵押人的义务有：保持抵押房地产的价值；保证抵押权人充分实现抵押权。

(2)抵押权人的权利和义务

①抵押权人的权利有：要求保全抵押房地产担保价值；物上代位权，抵押权人可以基于抵押人让与的赔偿请求权或补偿请求权，代替抵押人直接向侵权人或保险公司请求损害赔偿或保险金；处分抵押权；优先受偿权；在债务人于债务履行期届满而不履行义务或抵押合同期间债务人解散、被宣告破产等情况下，抵押权人有权从变卖抵押房地产的价款中优先于一般债权人得到清偿。

②抵押权人的义务有：不得妨碍抵押人依法行使对抵押房地产的占有、使用、收益权，不得扩大抵押人担保范围，增加其负担；在抵押权实现后，如果变卖抵押房地产的价款清偿主债务后有剩余，则应当及时将剩余部分返还给抵押人。

5.5　房屋租赁

5.5.1　房屋租赁的概念和法律特征

1. 房屋租赁的概念

房屋租赁是指房屋所有人作为出租人将其房屋出租给承租人使用，由承租人向出租人支付租金的行为。出租人是房屋租赁关系中提供房屋给他人使用的一方。出租人可以是个人,也可以是单位;可以是房屋的所有人,也可以是国家授权行使房屋所有权的单位。承租人是房屋租赁关系中使用房屋并支付租金的一方。承租人可以是个人,也可以是单位。

目前,城市房屋租赁的具体法律依据是住建部 2011 年 2 月 1 日施行的《商品房屋租赁管理办证》。

2. 房屋租赁的法律特征

作为房屋交易的主要形式之一,房屋租赁既不同于房屋买卖、房屋借用,也不同于一般的财产租赁,而是具有其本身的特点。房屋租赁的法律特征主要体现在以下几个方面:

(1)房屋租赁的出租人必须是对房屋具有处分权的人

出租房屋是对房屋进行处分的行为,只有依法对房屋享有处分权的人,才能出租房屋。一般来说,出租人通常是房屋所有人、房屋所有人委托的代理人或经出租人同意转租的承租人。

(2)房屋租赁的标的物是特定的房屋

作为租赁标的物的房屋既包括房屋本身,也包括附着于房屋上的附属设备,如电梯、空调、储藏室等。此外,房屋应是特定的,出租人向承租人交付的只能是在房屋租赁合同中约定的房屋,出租人不能用其他的房屋代替交付。租赁合同终止后,承租人必须将承租的房屋返还给出租人,不能以其他房屋代替。这是房屋租赁与借贷的重要区别。

(3)房屋租赁转移房屋的使用权

房屋租赁中,出租人只将房屋的使用权在一定期间内转移给承租人,出租的房屋供承租人居住或从事经营活动及以合作方式与他人从事经营活动等,房屋的所有权仍由出租人享有,承租人只享有对承租房屋的占有、使用和进行一定的收益。租赁无论是定期还是不定期,承租人均不能取得房屋的所有权。承租人的债权人不能要求承租人以其承租的房屋来清偿债务;承租人破产时,也不能以该承租房屋作为破产财产。出租人对该房屋有取回权,可以向管理人主张返还财产。因此,房屋租赁与房屋转让不同。

(4)房屋租赁是双务、有偿、要式的民事法律行为

在房屋租赁法律关系中,出租人与承租人都享有权利并承担义务,且两方的权利义务是相对的,互为对价。出租人有义务将符合约定的房屋交付给承租人使用,同时享有向承租人收取租金的权利;与此相对应,承租人有权请求出租人交付符合约定的房屋并有权在一定期限内占有、使用,同时有按期支付租金的义务。由于承租人使用房屋以支付租金为对价,因此房屋租赁是有偿的,这是房屋租赁与房屋借

用的区别，房屋借用一般是无偿的。

按照《中华人民共和国城市房地产管理法》第五十三条的规定和建设部《城市房屋租赁管理办法》的规定，进行房屋租赁，当事人应当签订书面租赁合同，明确双方的权利和义务，并向房产管理部门登记备案。由此可见，房屋租赁关系的成立必须采取特定的形式。房屋租赁属于要式法律行为。

(5)房屋租赁具有期限性

房屋租赁是在保留房屋所有权的前提下将房屋的占有、使用权转移出去，这种转移是有一定期限的，承租人获得的对出租房屋的权利也只在租赁期限内享有，租赁期满负有返还原房屋的义务。

5.5.2　禁止租赁的房屋

(1)未依法取得房屋所有权证的；

(2)司法机关和行政机关依法裁定、决定查封或者以其他形式限制房地产权利的；

(3)共有房屋未取得共有人同意的；

(4)权属有争议的；

(5)属于违法建筑的；

(6)不符合安全标准的；

(7)已抵押，未经抵押权人同意的；

(8)不符合公安、环保、卫生等主管部门有关规定的；

(9)有关法律、法规规定禁止出租的其他情形。

5.5.3　房屋租赁合同

房屋租赁合同是指出租人将租赁房屋交付承租人使用、收益，承租人支付租金的协议。为保证租赁双方合法权益的实现，便于发生纠纷时易于解决，租期 6 个月以上的房屋租赁合同应当采用书面形式。对此，建设部制定有《房屋租赁契约》示范文本。

1. 房屋租赁合同的条款

房屋租赁合同的主要条款是指签订房屋租赁合同应当协商确定的条款，是当事人享有权利、承担义务以及合同履行的依据。

(1)当事人的姓名或者名称及住所

当事人是自然人的，写明其姓名及住所；当事人是法人或其他组织的，写明其名称及住所。就承租人来说，如果是当地居民，必须持有本人身份证；如果是外来居民，必须持有本人身份证及公安部门颁发的暂住证；如果是企事业单位，必须持有《营业执照》。

(2)房屋坐落、面积、装修及设施状况

租赁合同中要详细写明房屋所处的位置、门牌号码等，将合同标的物特定化。房屋的自然间数和面积是房屋数量的指标，同时也是确定双方权利义务的依据。房屋面积要写明是指建筑面积还是使用面积。此外合同还要对房屋交付使用时的基本状况加以明确，对于房屋结构，应当写明是钢筋结构、砖混结构还是框架结构等；不能居住或不宜居住的厨房、浴室、走廊等辅助房及地下室不能作为房屋租赁合同的独立标的，其租赁应附属于住房的租赁。如果有禁止承租人使用的房屋部位或设施的，应当说明。承租人不得改变房屋主体结构。

(3)租赁用途

合同中应当写明承租人租赁房屋的目的，明确房屋租赁用途，有利于确定租赁合同所使用的法律法规，也有利于确定租赁合同的履行依据。出租人应当向承租人提供符合约定用途的房屋；承租人应当按照约定用途合理使用房屋，不得擅自改变房屋使用用途。

(4)租赁期限

租赁期限分为定期和不定期。当事人应当在合同中约定租赁期限，即承租人有权使用承租房屋的期限。但当事人约定的租赁期限最多不得超过20年，超过部分无效。不定期租赁也不得超过20年，自出租人交付房屋之日起计算。合同在约定期满时终止，期满后当事人也可以续订租赁合同，但约定的租赁期限自续订之日起不得超过20年。未约定租赁期限的，该租赁为不定期租赁，未采用书面形式的，视为不定期租赁，当事人可以随时解除合同，但出租人解除合同应当在合理期限之前通知承租人。

(5)租金及租金的支付

租金，也称租赁价格，是指承租人为取得一定期间对房屋的占有、使用权而向出租人支付的对价。房屋租金的组成一般包括房屋的折旧费、维修费、管理费、房产税、保险费、地租、利润、投资利息等。公有住房的租赁须执行国家和房屋所在地政府规定的租金标准。经营性公有房屋、私有房屋的租赁，由租赁双方协商议定租赁价格。

(6)房屋修缮责任

房屋修缮有约定按约定，合同中应当明确房屋维修责任的承担者，以及维修的范围、时间和费用负担。无约定或约定不明的按法定，由出租人履行出租房屋的维修义务。出租人拒不履行维修义务的，承租人可先自行维修，维修费用由出租人承担。出租人拒不承担的，承租人可从租金中抵扣。

(7)转租的约定

合同当事人应当在合同中约定是否允许承租人将承租的房屋转租给他人,如果允许转租的,还应当明确转租条件、转租期限、转租用途、转租收益的分配等。承租人转租的,承租人与出租人之间的租赁合同继续有效,第三人对租赁物造成损失的,承租人应当赔偿损失。

(8)合同变更、解除的条件

房屋租赁合同成立后,可能会发生合同订立时难以预料的意外情况,使得合同目的难以实现或者履行成为不必要或不可能,可在合同中对合同变更、解除条件进行具体约定。

(9)违约责任

当事人可以在合同中约定一方不履行合同义务或履行合同义务不符合约定时应承担的违约责任的承担方式、免责等。

(10)约定的其他条款

除了以上条款以外,当事人还可以在合同中根据具体需要约定其他事项。如当事人可以约定合同争议的处理方式,如当事人协商解决;也可以由第三人居中调解;在协商、调解不成时是否通过仲裁或诉讼来解决争议,约定仲裁的,还应当确定具体的仲裁委员会。

2. 房屋租赁合同的变更和解除

(1)房屋租赁合同一经签订,租赁双方即须严格遵守。有下列情形之一的,当事人可以变更或解除租赁合同:①符合法律规定或者合同约定可以解除合同条款的;②因不可抗力而致使租赁合同不能继续履行的;③当事人协商一致的。

(2)承担人有下列情形之一的,出租人可以解除租赁合同:①将承租的房屋擅自转租的;②将承租的房屋擅自转让、转借他人或擅自调换使用的;③将承租的房屋擅自拆改结构或改变用途的;④无正当理由未支付或者迟延支付租金,经出租人要求,在合理时间内仍不支付的;⑤公有住宅用房无正当理由闲置 6 个月以上的;⑥利用承租房屋进行违法活动的;⑦故意损坏承租房屋的;⑧法律、法规规定其他可以终止的。

5.5.4　房屋租赁合同当事人的权利和义务

1. 出租人的权利和义务

(1)出租人的权利

①收取租金的权利。出租人有权按照合同约定的金额、时间和方式向承租人

收取房屋租金，作为实现房屋价值、房屋维修资金的来源。承租人不按合同约定支付租金的，出租人有权加收滞纳金。

②监督承租人合理使用房屋的权利。租赁期满后，为保证出租人能收回符合约定的房屋，出租人有权排除他人对租赁房屋的不当使用。承租人在租赁期间，不得擅自对房屋进行拆改、扩建或增添；不得利用承租房屋进行违法活动和进行与合同约定用途不同的使用。承租人未按照约定的方法或者租赁物的性质使用租赁物，致使租赁物受到损害的，出租人可以解除合同并要求赔偿损失。

③按约定收回出租房屋的权利。在定期租赁合同中，租赁期限届满时，出租人有权收回房屋；在不定期租赁合同中，出租人可以随时收回房屋，但出租人解除合同应在合理期限之前通知承租人。此外，合同的任何一方当事人行使法定的或约定的解除权致使租赁合同终止的，出租人也有权收回出租的房屋。

(2)出租人的义务

①按照约定交付房屋的义务。指出租人转移出租房屋的占有权给承租人。出租人应当按照房屋租赁合同约定的条件和期限等将出租房屋提供给承租人，并保证房屋符合承租人按合同约定的使用目的。出租人不仅应当在交付时使房屋处于适合使用的状态，而且还应当使房屋在整个租赁期限内处于适合使用的状态。

②修缮房屋的义务。出租人的该义务实际上是出租人保持租赁物使其适于使用、收益状态义务的延伸。维修是指在租赁物不符合约定的使用、收益状态时，对租赁物予以修理，以使承租人能按照约定或规定正常使用、收益。除法律另有规定或合同另有约定外，出租人对租赁物有维修的义务。在租赁期间，出租房屋需要修缮的，承租人应通知出租人。承租人在房屋需要维修时可以要求出租人在合理期间内维修。

③瑕疵担保义务。包括出租人的物的瑕疵担保义务和权利瑕疵担保义务。物的瑕疵担保义务指出租人应担保所交付的租赁物能够使承租人按照约定正常使用收益。权利瑕疵担保义务指出租人担保不因第三人对租赁房屋主张权利而使承租人不能按照约定使用、收益，否则出租人应负瑕疵担保责任。因第三人主张权利，致使承租人不能对租赁物使用、收益的，承租人可以要求减少租金或者不支付租金。

④继续履行租赁合同的义务。房屋租赁期内，房屋出租人转让房屋所有权的，不影响房屋租赁合同的效力，即"买卖不被租赁"。此外，承租人在租赁期间死亡的，与其生前共同居住的人可以按原租赁合同租赁该房屋，出租人不得拒绝。

2. 承租人的权利和义务

(1)承租人的权利

①按照合同约定取得、行使承租房屋使用权。承租人支付房屋租金，享有在租

赁期限内对承租房屋占有、使用和收益的权利。承租人有权请求出租人按时交付符合约定的房屋，在租赁期内承租人有权按照约定或者房屋的性质使用房屋，不受其他人的非法干预或侵害，出租人行使监督权也不得影响承租人正常生活居住和合理使用房屋。

②优先购买权。优先购买权是指当出租人出卖出租的房屋时，承租人享有的在同等条件下优先购买该房屋的权利。出租人应当在出卖之前的合理期限内通知承租人。

③优先承租权。优先承租权是指房屋租赁合同终止后，如果出租人继续出租该房屋，承租人享有的在同等条件下优先承租的权利。合同当事人可以在合同中约定承租人享有这项权利。

(2)承租人的义务

①租金支付义务。租金是使用、收益租赁房屋的对价，承租人应当按照合同约定的租金数额和支付期限、支付方式向出租人支付租金。租金一般以金钱计算，当事人经约定也可以租赁房屋的孳息或其他物充当租金，但不得以承租人的劳务代替租金。关于租金的支付期限，承租人应当按照约定的期限支付租金。对支付期限没有约定或者约定不明确，可以协议补充；不能达成补充协议的，按照合同有关条款或者交易习惯确定。仍不能确定的，租赁期间不满一年的，应当在租赁期间届满时支付；租赁期间一年以上的，应当在每届满一年时支付；剩余期间不满一年的，应当在租赁期间届满时支付。承租人没有正当理由不支付或者迟延支付租金的，出租人可以要求承租人在合理期限内支付。租金的数额应由当事人约定，但法律有特别规定的依法律规定。

②按照约定使用房屋的义务。合同约定了使用房屋的方法或房屋的使用用途的，承租人应当按照该方法或以符合该用途的方式使用房屋。对房屋的使用方法合同没有约定或者约定不明确的，双方当事人可以协议补充；不能达成补充协议的，按照合同有关条款或者交易习惯确定；仍不能确定的，承租人应当按照房屋的性质使用房屋。承租人按约定的方法或房屋的性质使用租赁房屋致使房屋受到损耗的，不承担损害赔偿责任。未经出租人同意，承租人对承祖的房屋及附属设施进行改善或者增设他物的，出租人可以要求承租人恢复原状或者赔偿损失。

③妥善保管房屋的义务。在租赁期间，承租人作为租赁房屋的占有人，应当妥善保管房屋。承租人未尽妥善保管义务，造成租赁物毁损、灭失的，应当承担损害赔偿责任。

④返还房屋的义务。租赁期间届满，合同终止时，承租人应当返还租赁的房

屋,返还的房屋应当符合合同约定的状态或者承租人正常使用、收益后合理损耗的状态。承租人不及时返还房屋或返还的房屋不符合该状态的,应当承担违约责任。

案例分析

1.[案情介绍]——原告诉请双倍赔偿,证据不足败诉

原告:杨华,女,1953 年 11 月 14 日出生,汉族,现住沈阳市和平区南京南街

被告:沈阳政兴房地产开发有限公司,住所地沈阳市于洪区黄海路

法定代表人:杨福龙,系经理。

原告诉称:2000 年 4 月,原告因扩路拆迁,购买了由沈阳政兴房地产开发有限公司所建设销售的政兴家园 1 号楼 3 单元 7 楼 3-7-2 号住房,及半地下仓库,总房款为 807568 元。2002 年 4 月,原告准备入住时发现,该房主体承重墙多处断裂。经沈阳建工学院、东北建筑设计院、沈阳市建筑设计院等单位的教授、专家现场察看,认为是主体结构质量问题。后经调查逐步发现,被告销售的房屋是违法加层超建、未经竣工合格验收、没有商品房销售许可证,属法律、行政法规强制性规定所禁止的"五证"不全的违法建筑房屋。依据有关法律规定及《最高人民法院关于审理商品房买卖合同纠纷案件适用法律若干问题解释》第 9 条等规定,被告应返还原告购房款及利息、赔偿损失并按购房款一倍承担惩罚赔偿责任。诉讼请求:①请求人民法院依照法律规定,判令被告返还原告购房款 807568 元及利息 171527 元(暂计算至 2003 年 12 月 31 日),赔偿损失 223169 元;②判令被告按购房款一倍赔偿 807568 元。

被告辩称:一、原告的陈述多处与事实不符。(一)原告经与答辩人签订商品房买卖合同后,于 2000 年 4 月 4 日进住诉争房屋,分别于当日及 2001 年 3 月 26 日向答辩人支付了物业管理费,并于 2000 年 6 月至同年 7 月 24 日期间对诉争房屋予以装修。可是,原告陈述其于 2002 年 4 月才准备进住明显与事实不符。(二)包括本案诉争房屋在内的政兴家园 1 号楼已经过工程质量验收,工程质量合格,不存在主体结构质量问题。至于诉争房屋所出现的裂痕,系温度变异所引起,经过修复可安全使用,不具有危险因素,因此该裂痕应属于维修范畴。(三)答辩人拥有完备的开发建设审批手续,证照齐全,不存在原告所陈述的恶意订立欺诈合同等事实,因此答辩人与原告双方签订的商品房买卖合同不具备合同无效的法定条件。二、原告的诉讼请求缺乏法律依据,原告所依据的法律渊源均系确认合同无效及无效合同双方当事人所应承担的民事责任的相关规定,但由于本案诉争的商品房买

卖合同既非可撤销的合同，亦非无效合同，因此上列法律不能支持原告关于撤销合同或者合同无效、双倍返还已付购房款以及赔偿经济损失的诉讼请求。答辩人请求法院依法驳回原告的诉讼请求。

经法院审理查明：原、被告于1999年12月8日签订了商品房购销合同，合同主要约定，原告购买被告建设销售的政兴家园1号楼3单元7楼3-7-2号房屋，建筑面积共202.78平方米，每平方米3795元，总金额为769550元，1999年12月8日前支付房价款计489550元，并约定了其他权利义务条款。协议签订后原告共支付给被告总房款769550元，次年4月19日沈阳市房产产权登记发证中心下发了房屋所有权证，房屋所有权人为原告，原告领取了该证，并对该房进行了装修。后原告发现房屋主体承重墙多处断裂，认为该房主体结构存在严重质量问题，于2002年6月诉至和平区人民法院，请求对该住房主体结构质量是否合格进行检验，并要求被告依照有关规定返款、赔偿经济损失。原告又于2003年12月18日申请撤诉，并于同年12月23日诉至沈阳市中级人民法院，请求判令被告返还原告购房款及利息、赔偿损失，要求被告按购房款一倍赔偿。

另查明，被告所建政兴家园1号楼，原《建设工程规划许可证》建筑层数是5～6层，七层楼房原是加层，工程竣工后开始出售。2003年11月29日经工程质量监督站暂定质量登记为“补办暂定合格”。2004年1月18日，沈阳市城市管理行政执法局对被告的超建问题做出了处罚，并已结案。将结案通知书报至沈阳市规划和国土资源局。该局于同年2月27日给被告下达了建设工程规划许可证内容变更通知书，将原批准1号楼6层住宅楼改为7层。被告并同时增补了商品房预售许可证的面积。

法院认为：原、被告双方签订的商品房购销合同，是合法有效的民事法律行为，双方签订合同后，原告已交付购房款，被告交付了房屋，并办理了房屋产权证，原告已实际取得了该房的所有权，故依法成立的合同，受法律保护，应当确认为有效。关于原告主张被告出售的房屋是违法建筑房屋，要求被告按照房款一倍赔偿问题，被告售楼时，该楼已办理了商品房预售许可证，虽原告所购房屋属实是加层，没有规划及其他手续，但经有关部门处罚后，被告在该案诉讼期间已补办了超建手续，现原告并未举出实际经济损失的证据。关于原告主张的适用《最高人民法院关于审理商品房买卖合同纠纷案件适用法律若干问题的解释》，第9条规定的是出卖人订立商品房买卖合同时，故意隐瞒没有取得商品房预售许可证明的事实或者提供虚假商品房预售许可证明，导致合同无效或者被撤销、解除的，买受人可以请求返还已付购房款及利息、赔偿损失，并可以请求出卖人承担不超过已付购房款一倍的赔偿责任。该项规定主要是指出卖人恶意违约和欺诈行为，导致商品房买卖合同被确认无效或者被撤销、解除，买受人无法取得房屋。原告购买的是现房，并已实际取得了房屋产权证，故只因为被告出售房屋时缺少行政要件，请求其一倍的赔偿责任，不适用本条款。且被告出售的是现房，对其超建部分已补办有关建筑手续，因此依据原告提供的证据不能认定被告出售房屋时有故意隐瞒和提供虚假商品房预售许可证明的行为，故对原告之请求，法院不予支持。关于该房质量问题，原告陈述该房主体承重墙多处断裂，经沈阳建工学院、东北建筑设计院、沈阳市建筑设计院等单位的教授、专家现场察看，认为是主体结构质量问题。因原告在法院诉讼期间未提出申请对该房的质量进行鉴定，故对原告的主张，法院不予认定。

综上所述，依照《中华人民共和国合同法》第 44 条、第 130 条，《中华人民共和国城市房地产管理法》第 36 条之规定，《中华人民共和国民事诉讼法》第 64 条之规定，判决如下：

驳回原告的诉讼请求。

案件受理费 33189 元，由原告承担。

如不服本判决，可在判决书送达之日起 15 日内，向本院递交上诉状，并按对方当事人的人数提出副本，上诉于辽宁省高级人民法院。

[法理评析] 本案是比较典型的商品房买卖合同纠纷，其争议的焦点：一是，出卖人（被告）订立商品房买卖合同时，有无故意隐瞒没有取得商品房预售许可证明的事实或者提供虚假商品房预售许可证明行为；二是，房屋主体结构是否存在质量问题。根据“谁主张，谁举证”的原则，原告有义务对其主张的上述事实提供证据。被告在未取得合法手续情况下对加层房屋进行销售属违法行为，故沈阳市城市管理行政执法局对其依法作出行政处罚。但此仅能证明被告销售诉争合同项下房屋时没有取得该商品房预售许可证明，不足以证明签订商品房销售合同时被告有故意隐瞒没有取得商品房预售许可证明的事实或者提供虚假商品房预售许可证明行为。另原告主张房屋主体结构存在质量问题，仅能提供沈阳建工学院、东北建筑设计院、沈阳市建筑设计院等单位的教授、专家的证人证言，无法形成有效证据链，在举证期间无法提供房屋质量鉴定结论，原告对此应承担举证不能的责任。值得注意的是，《最高人民法院关于审理商品房买卖合同纠纷案件适用法律若干问题的解释》中对双倍赔偿的规定只限于“商品房买卖合同订立后，出卖人未告知买受人又将该房屋抵押给第三人；商品房买卖合同订立后，出卖人又将该房屋出卖给第三人；故意隐瞒没有取得商品房预售许可证明的事实或者提供虚假商品房预售许可证明；故意隐瞒所售房屋已经抵押的事实；故意隐瞒所售房屋已经出卖给第三人

或者为拆迁补偿安置房屋的事实”五种情形，原告即使在举证期间申请质量鉴定，且确系房屋主体结构不合格，也无权要求双倍赔偿，只能诉请解除合同关系，赔偿损失即退房退款。因此，原告如上诉，必须围绕争议焦点进行举证，方可胜诉。

2.［案情介绍］——未经出租人同意擅自转租，“赔了夫人又折兵”

2007 年 2 月 17 日，原告黄小军与被告郭开滨签订房屋租赁合同，约定黄小军将坐落于安福县金岸休闲广场一门面租赁给郭开滨，租赁期限从 2007 年 3 月 20 日至 2013 年 3 月 19 日，租金按年交付，前三年为每年 43800 元，后三年为每年 46800 元。合同签订时，被告向原告支付第一年的房租 23800 元，剩余的房租 20000 元和水电押金 2000 元原告同意被告在 2007 年 6 月 30 日以前付清。

郭开滨承租后自己经营一部分店面，将另外大部分店面于 2007 年 5 月 4 日转租给了第三人周小秋经营。2007 年 5 月 28 日，郭开滨以书面形式用特快专递告知原告门面转租。同年 5 月 31 日，原告黄小军也用书面形式通知被告郭开滨，告知被告门面不得转租。后原、被告经协商未果，原告起诉至法院，诉请确认被告与第三人的转租合同无效并解除原、被告的租赁合同。

被告郭开滨辩称，合同约定转租门面只需通知原告，并不需要征得原告的同意。在 2007 年 5 月 3 日，被告已口头通知了原告转租门面，5 月 27 日又书面通知了原告。因此不同意终止与原告的合同，与第三人的转租合同也应继续有效。

一审法院审理认为，租赁合同是出租人将租赁物交付承租人使用、收益，承租人支付租金的合同。出租人应当按照约定将租赁物交付承租人，承租人应当按照约定支付租金。承租人未经出租人同意转租的，出租人可以解除合同。本案被告郭开滨未征得原告黄小军的同意私自将承租的门面转租给第三人周小秋，被告与第三人签订的转租合同无效。原告为此要求解除与被告郭开滨之间的房屋租赁合同本院予以支持。被告提出合同约定转租只要通知了原告即可与法律相悖，法律明确规定转租须征得出租人同意。且被告转租在前，通知原告在后。被告提出在 2007 年 5 月 3 日口头通知了原告转租事宜，因无证据证实不予支持。据此，法院作出上述判决。

［法理评析］《合同法》二百二十四条第二款规定“承租人未经出租人同意转租的，出租人可以解除合同”。“通知”和“同意”是两个不同的概念，通知只是履行告知义务，而同意除告知外还应得到被告知人的认可。房屋转租须经出租人“同意”而非被告辩称的“通知”，对“同意”的方式《合同法》未作明确规定，但被告对所谓的“口头”通知不能举证。对其事后的“书面”通知原告并无追认行为而是明确表示反对，故被告擅自转租行为无效，原告有权解除租赁合同。

思考题

1. 房地产交易具有哪些特征？
2. 房地产转让的概念是什么？转让方式有哪些？
3. 禁止转让的房地产有哪些？
4. 共有房地产转让应注意哪些情况？
5. 如何理解房地产抵押权的追及性？
6. 消费者在商品房买卖合同中可以要求双倍赔偿的情形有哪些？
7. 房屋租赁合同的主要内容有哪些？
8. 商品房预售的条件是什么？

第6章

国有土地上房屋征收与补偿法律制度

本章提要：

国有土地上房屋征收与补偿是城市发展、旧区改造过程中必不可少的一个环节。本章主要包括城市房屋征收的含义及其适用范围；城市房屋征收补偿方式、安置的原则；城市房屋征收的程序及纠纷的解决；拆迁估价等内容。通过本章的学习，了解城市房屋征收的管理体制，国外房屋拆迁有关补偿制度及我国城市房屋拆迁补偿制度的演变；理解城市房屋拆迁的原则、前提，城市房屋征收的方式及程序、纠纷的处理；掌握城市房屋征收的基本概念，城市房屋征收补偿的对象、补偿方式和补偿标准，城市房屋征收补偿安置及对城市房屋拆迁估价机构和估价人员的要求等。

6.1 房屋征收与补偿条例的新思想

为了规范国有土地上房屋征收与补偿活动，维护公共利益，保障被征收人的合法权益，根据《物权法》和《全国人民代表大会常务委员会关于修改〈中华人民共和国城市房地产管理法〉的决定》，经 2011 年 1 月 19 日国务院第 141 次常务会议通过，2011 年 1 月 21 日，国务院总理温家宝签署了国务院第 590 号令，新的《国有土地房屋征收与补偿条例》（以下简称《条例》）公布并施行，同时废止了《城市房屋拆迁管理条例》。

6.1.1 严格的限制了国有土地上房屋的征收条件

(1)我国国有土地上的房屋征收仅限于“公共利益”征收，排除“商业建设征用土地”适用本条例。

《条例》以公共利益为核心，以被征收人的利益为保障，其中的立法目的从原来的“维护拆迁人的合法权益”上升为“维护公共利益，保障被征收人的合法权益”，可见该条例从根本上排除了商业建设利用土地适用本《条例》，只有公共利益需要才可以征收国有土地上的房屋。

(2)对“公共利益”的范围做了具体的细化。《条例》第八条对公共利益做了具体的限定，只有在这几种情况下才能够征收国有土地上的房屋，严格限制了国有土地上房屋征收的条件。

(3)市、县级人民政府在作出房屋征收决定前，依据法律法规规定的标准进行“社会稳定风险评估”。

6.1.2 明确了房屋征收部门和被征收人是征收与补偿的当事人

《条例》中当事人是房屋征收部门和被征收人。其中“房屋征收部门”，是指县级以上人民政府负责管理房屋拆迁工作的部门，不再是 2001 年《城市房屋拆迁管理条例》中的拆迁人（包括公益和商业建设单位），而《条例》已排除“商业建设”适用本条例，且建设单位已不再是拆迁当事人，该规定实质是“政府才是唯一的补偿主体”，避免了建设单位与搬迁人的正面冲突，防止建设单位利欲熏心压缩补偿标准，维护被征收人的合法权利，有利于消除以往的拆迁抵触情绪，保障拆迁工作的顺利进行。

6.1.3 规范了征收补偿的程序

1. 增加了征收与补偿过程的透明度

《条例》将“民主、程序正当、结果公开”作为国有土地上房屋征收与补偿的原则，规定房屋征收部门有义务进行宣传、解释工作并及时将相关内容在被征收范围内进行公告，被征收人可以及时地了解征收的事项及进程，还规定了被征收人享有的许多权利，例如，参加听政会，自主选择房地产价格评估机构等，提高了征收补偿过程的透明度，有利于维护被征收人公平受偿的权利。

2. 严格了作出征收补偿决定前的工作

房屋征收是一项具体的行政行为，整个征收过程均要按照法律规定的程序来完成才合法。而 2001 年的《城市房屋拆迁管理条例》对此未作出规定。《条例》的规定就比较“人性化”，“民主、程序正当、结果公开”的原则贯穿整个征收程序。

征收房屋首先要征求社会意见，进行社会稳定风险评估，并经过有关部门的批准；将有关征收决定的内容在规定的范围内进行公告；对涉及广大人民群众切身利益的要举行听证会，征求广大人民群众的意见；最后县级以上地方人民政府应当将被征收人、公众和专家意见的采纳情况、不采纳情况及理由及时公告。明确了具体的程序，增加了征收过程的透明度，有利于社会公众的监督。

3. 房屋征收与补偿应遵循“先补偿、后搬迁”的原则

实施房屋征收应当先补偿、后搬迁，并将其确定为一项搬迁补偿的原则，这也是从程序上来规范拆迁活动，保障被征收人的合法权利。

4. 房屋被征收后，收回被征收人的国有土地使用权

《条例》第十三条以上位法《物权法》第一百四十八条的规定为本，规定国有土地上房屋被征收后应收回被征收人的国有土地使用权，既然依据合法的途径收回了土地并对原使用人进行了公平的补偿，被征收人对该土地就不再享有使用权，应当收回并注销登记，根据公共利益的需要进行新规划，重新核发国有土地使用权证。

6.1.4 完善了补偿机制

1. 确立了公平补偿的原则

《条例》融合《物权法》的物权精神，并确立了公平补偿的原则，贯穿于整个征收的全过程，公平作为公民的基本原则，是维系社会和谐和稳定的重要因素。在房屋征收补偿的过程中，补偿的价格是人们最敏感、最关注的问题，而征收是侵害被征收人权利的行为，只有到达两者的平衡，体现以人文本的精神，对被征收人给予相对公平的补偿，才是众望所归，以减少不必要的纷争，维护社会的安定和谐。

2. 房地产价格评估机构由被征收人选定

《条例》施行前，房地产价格评估机构一般是由拆迁人委托的，往往评估结果存在"泡沫"，即便没有"泡沫"也还是会令被拆迁人生疑，使被拆迁人的心里难以达到"公平补偿"的层面。该条例施行后，通过这种民主的方式，被征收人就不会永远待在一个被动的层面，从一定的程度上可以减少"泡沫"的数量。

3. 完善了房屋补偿的具体内容，并确立了补助和奖励机制

《条例》对补偿的内容做了具体的完善，包括三个方面的补偿，同时规定征收个人住宅的要保障住房，被征收人可以选择补偿的方式——货币补偿或者房屋产权调换，多数人对补偿不满的，政府应当组织听政会，听取意见修改补偿方案。将积极配合者给予补助和奖励写入条例，对被征收人给以利益刺激，增加两者的互动性，改善被征收人对搬迁的抵触情绪。

4. 征收补偿应"足额到位、专户存储、专款专用"

2001年的《城市房屋拆迁管理条例》虽然规定了补偿安置资金应全部用于房屋拆迁的补偿安置，不得挪作他用。但并没有规定"足额到位、专户存储、专款专用"，补偿安置的资金管理混乱，难以监督，往往会出现补偿款未到位，或者是被挪用也难于查证、追回的情形。

5. 非住宅房屋的征收补偿

《条例》规定非住宅房屋征收补偿，应根据被征收前的效益、停产停业期限等因素确定。这一规定将非住宅房屋补偿标准具体化，已经上升到了相对公平的标准，相对于《城市房屋拆迁管理条例》更好地维护被征收人的合法权益。

6. 征收范围确定后不在登记范围内的违扩建筑不予补偿

一些被征收人投机取巧，为了增加补偿费用，在征收范围确定后，实施新建、扩建、改建房屋和改变房屋用途等不当违扩建行为。为此，新的《条例》规定政府在作出征收决定前，要对征收范围内房屋的权属、区位、用途、建筑面积等情况组织调查登记，作为搬迁补偿时的"违建"不予赔偿的凭证。

6.1.5 建设单位回避搬迁活动

以往的搬迁活动中，建设单位作为利益关系人，为了尽快让被拆迁人搬迁而采取一些欺骗、强制、断水断电、暴力搬出等的非法行为迫使被拆迁人搬迁，这种野蛮的拆迁行为，只会引发社会悲剧，不利于社会稳定。因此，《条例》规定禁止“利益关系人”建设单位参与拆迁活动，以维护社会稳定、和谐。

6.1.6　转让的“拆迁业务”不再一律无效

2001 年的《城市房屋拆迁管理条例》禁止“接受委托的拆迁单位转让拆迁业务”，使得实践中的许多业务转让行为无效，延误拆迁工期。而 2011 年的新的《条例》不再沿用该“禁令”，根据拆迁过程中的个别情况，灵活变通，有利于提高拆迁工作的效率。

6.1.7　废除“行政裁决”的规定，同时扩大救济途径

《条例》规定的市县级人民政府管理房屋拆迁工作的部门就是房屋征收部门，政府已经成为了拆迁当事人，而且是征收补偿的主体，这样政府对裁决自己行为的合法性似乎不太合适。因此，为了保护被征收人的权利，被征收人若对征收部门的征收决定不服的，《条例》在制度上扩大了救济途径即申请行政复议或者提起行政诉讼。

6.1.8　取消行政强制拆迁

行政强制拆迁是一项高危险的事情，也是政府与被征收人矛盾激化的催化剂。政府和被征收人是《条例》的征收当事人，若保留行政自行强制拆迁的权利，只会激化两者的矛盾，往往适得其反，不利于下一步拆迁工作的进行。而且保留该权利会使个别政府人员为了提高搬迁效率，而滥用该权利，侵害被征收人的权利。

6.2　国有土地上房屋征收补偿

房屋征收，是指政府依照法律程序剥夺房屋及其他不动产所有权人的所有权，同时丧失土地使用权并给予市场价值补偿的行政强制购买行为。《物权法》四十二条规定：“为了公共利益的需要，依照法律规定的权限和程序可以征收集体所有的土地和单位、个人的房屋及其他不动产。……征收单位、个人的房屋及其他不动产，应当依法给予拆迁补偿，维护被征收人的合法权益；征收个人住宅的，还应当保障被征收人的居住条件。”

调整国有土地上房屋征收的主要法律有《物权法》《土地管理法》《国有土地上房屋征收与补偿条例》《国有土地上房屋征收评估办法》、最高法院《关于办理申请人民法院强制执行国有土地上房屋征收补偿决定案件若干问题的规定》等。

6.2.1 征收适用范围及补偿的基本要求

1. 为公共利益需要方可征收，即非公共利益需要，不得征收单位及个人的房屋。

2. 适用的区域范围明确为国有土地上的房屋，包括城市规划区外的国有土地上的房屋征收。

3. 补偿的基本要求，即公平补偿原则。这充分体现了在市场经济体系下对被征收人财产权等合法权益的尊重和保护。

6.2.2 征收与补偿的原则

《国有土地上房屋征收与补偿条例》(以下简称《条例》)第三条规定："房屋征收与补偿应当遵循决策民主、程序正当、结果公开的原则。"

《条例》规定的民众主要通过参加听证会，对各项规划和补偿方案发表意见等途径参与征收和补偿活动行政决策，房屋征收补偿活动的行政决策过程中只有充分保障公众参与度，才能提高决策的科学性。程序正当是条例对征收活动提出的基本要求之一，程序正当要做到程序公开(涉及国家秘密和依法受到保护的商业秘密、个人隐私除外)，充分保障当事人知情权、申请回避权。结果公开既包括征收补偿行政行为的结果公开又包括征求意见情况和根据公众意见修改情况的及时公布。

6.2.3 征收决定

1. 征收的前提

为了保障国家安全、促进国民经济和社会发展等公共利益的需要，有下列情形之一，确需征收房屋的，由市、县级人民政府作出房屋征收决定：

(1)国防和外交的需要；

(2)由政府组织实施的能源、交通、水利等基础设施建设的需要；

(3)由政府组织实施的科技、教育、文化、卫生、体育、环境和资源保护、防灾减灾、文物保护、社会福利、市政公用等公共事业的需要；

(4)由政府组织实施的保障性安居工程建设的需要；

(5)由政府依照城乡规划法有关规定组织实施的对危房集中、基础设施落后等地段进行旧城区改建的需要；

(6)法律、行政法规规定的其他公共利益的需要。

确需征收房屋的各项建设活动，应当符合国民经济和社会发展规划、土地利用总体规划、城乡规划和专项规划。保障性安居工程建设、旧城区改建，应当纳入市、县级国民经济和社会发展年度计划。

制定国民经济和社会发展规划、土地利用总体规划、城乡规划和专项规划，应当广泛征求社会公众意见，经过科学论证。

2. 征收补偿方案

房屋征收部门拟定征收补偿方案，报市、县级人民政府。市、县级人民政府应当组织有关部门对征收补偿方案进行论证并予以公布，征求公众意见。征求意见期限不得少于 30 日。市、县级人民政府应当将征求意见的情况和根据公众意见修改的情况及时公布。因旧城区改建需要征收房屋，多数被征收人认为征收补偿方案不符合条例规定的，市、县级人民政府应当组织由被征收人和公众代表参加的听证会，并根据听证会情况修改方案。

3. 社会稳定风险评估

市、县级人民政府作出房屋征收决定前，应当按照有关规定进行社会稳定风险评估；房屋征收决定涉及被征收人数量较多的，应当经政府常务会议讨论决定。作出房屋征收决定前，征收补偿费用应当足额到位、专户存储、专款专用。

4. 作出征收决定并公告

市、县级人民政府作出房屋征收决定后应当及时公告，做好房屋征收与补偿的宣传、解释工作。房屋被依法征收的，国有土地使用权同时收回。被征收人对房屋征收决定不服的，可以申请行政复议或提起行政诉讼。

6.2.4　征收补偿

1. 征收补偿范围

作出房屋征收决定的市、县级人民政府对被征收人给予的补偿包括：

(1)被征收房屋价值的补偿；

(2)因征收房屋造成的搬迁、临时安置的补偿；

(3)因征收房屋造成的停产停业损失的补偿。

2. 征收补偿价格

对被征收房屋价值的补偿，不得低于房屋征收决定公告之日被征收房屋类似房地产的市场价格。被征收房屋的价值，由具有相应资质的房地产价格评估机构按照房屋征收评估办法评估确定。

3. 征收补偿方式

被征收人可以选择货币补偿，也可以选择房屋产权调换。被征收人选择房屋产权调换的，市、县级人民政府应当提供用于产权调换的房屋，并与被征收人计算、结清被征收房屋价值与用于产权调换房屋价值的差价。因旧城区改建征收个人住宅，被征收人选择在改建地段进行房屋产权调换的，作出房屋征收决定的市、县级人民政府应当提供改建地段或者就近地段的房屋。对于旧城改造，涉及个人住宅的，实行原地段或就近地段安置的原则。故此，征收部门在制定补偿方案时，就应当提供原地段或就近地段的安置房源。

因征收房屋造成搬迁的，房屋征收部门应当向被征收人支付搬迁费；选择房屋产权调换的，产权调换房屋交付前，房屋征收部门应当向被征收人支付临时安置费或者提供周转用房。

4. 征收补偿协议

房屋征收部门与被征收人，就补偿方式、补偿金额和支付期限、用于产权调换房屋的地点和面积、搬迁费、临时安置费或者周转用房、停产停业损失、搬迁期限、过渡方式和过渡期限等事项，订立补偿协议。

5. 实施房屋征收应当先补偿、后搬迁

作出房屋征收决定的市、县级人民政府对被征收人给予补偿后，被征收人应当在补偿协议约定或者补偿决定确定的搬迁期限内完成搬迁。

任何单位和个人不得采取暴力、威胁或者中断供水、供热、供气、供电和道路通行等非法方式迫使被征收人搬迁。禁止建设单位参与搬迁活动。

6.2.5 争议的解决

实施房屋征收应当先补偿、后搬迁，作出房屋征收决定的市、县级人民政府对被征收人给予补偿后，被征收人应当在补偿协议约定或者补偿决定确定的搬迁期限内完成搬迁。补偿协议订立后，一方当事人不履行补偿协议约定的义务的，另一方当事人可以依法提起诉讼。

房屋征收部门与被征收人在征收补偿方案确定的签约期限内达不成补偿协

议，或者被征收房屋所有权人不明确的，由房屋征收部门报请作出房屋征收决定的市、县级人民政府依照规定，按照征收补偿方案作出补偿决定，并在房屋征收范围内予以公告。被征收人对补偿决定不服的，可以申请行政复议或提起行政诉讼。被征收人在法定期限内不申请行政复议或者不提起行政诉讼，在补偿决定规定的期限内又不搬迁的，由作出房屋征收决定的市、县级人民政府依法向房屋所在地基层人民法院强制执行。人民法院应当自立案之日起三十日内作出是否准予执行的裁定；有特殊情况需要延长审查期限的，由高级人民法院批准。征收补偿决定存在下列情形之一的，人民法院应当裁定不准予执行：

(1)明显缺乏事实根据；

(2)明显缺乏法律、法规依据；

(3)明显不符合公平补偿原则，严重损害被执行人合法权益，或者使被执行人基本生活、生产经营条件没有保障；

(4)明显违反行政目的，严重损害公共利益；

(5)严重违反法定程序或者正当程序；

(6)超越职权；

(7)法律、法规、规章等规定的其他不宜强制执行的情形。

6.2.6　法律责任

1. 民事责任

市、县级人民政府及房屋征收部门的工作人员在房屋征收与补偿工作中不履行条例规定的职责，或者滥用职权、玩忽职守、徇私舞弊；采取暴力、威胁或者违反规定中断供水、供热、供气、供电和道路通行等非法方式迫使被征收人搬迁；贪污、挪用、私分、截留、拖欠征收补偿费用；房地产价格评估机构或者房地产估价师出具虚假或者有重大差错的评估报告等行为，造成损失的，依法承担赔偿责任。

2. 行政责任

市、县级人民政府及房屋征收部门的工作人员在房屋征收与补偿工作中不履行条例规定的职责，或者滥用职权、玩忽职守、徇私舞弊的，由上级人民政府或者本级人民政府责令改正，通报批评。

采取暴力、威胁等非法方式迫使被征收人搬迁，尚不构成犯罪的，依法给予处分；构成违反治安管理行为的，依法给予治安管理处罚。

贪污、挪用、私分、截留、拖欠征收补偿费用的，责令改正，追回有关款项，限期退还违法所得，对有关责任单位通报批评、给予警告。

房地产价格评估机构或者房地产估价师出具虚假或者有重大差错的评估报告的，由发证机关责令限期改正，给予警告，对房地产价格评估机构并处 5 万元以上 20 万元以下罚款，对房地产估价师并处 1 万元以上 3 万元以下罚款，并记入信用档案；情节严重的，吊销资质证书、注册证书。

3. 刑事责任

上述行为构成犯罪的，对直接负责的主管人员和其他直接责任人员依法追究刑事责任。

6.3 城市房屋拆迁估价

为规范城市房屋拆迁估价行为，维护拆迁当事人的合法权益，根据《城市房地产管理法》《城市房屋拆迁管理条例》的有关规定和国家标准《房地产估价规范》，建设部制定了《城市房屋拆迁估价指导意见》，该指导意见自 2004 年 1 月 1 日起实行。

6.3.1 城市房屋拆迁估价的概念

城市房屋拆迁估价（以下简称拆迁估价），是指为确定被拆迁房屋货币补偿金额，根据被拆迁房屋的区位、用途、建筑面积等因素，对其房地产市场价格进行的评估。拆迁估价的价值标准是被拆迁房屋的公开房地产市场价值，不考虑房屋租赁、抵押、查封等因素的影响。

房屋拆迁评估价格为被拆迁房屋的房地产市场价格，不包含搬迁补助费、临时安置补助费和拆迁非住宅房屋造成停产、停业的补偿费，以及被拆迁房屋室内自行装修装饰的补偿金额。搬迁补助费、临时安置补助费和拆迁非住宅房屋造成停产、停业的补偿费，按照省、自治区、直辖市人民政府规定的标准执行。被拆迁房屋室内自行装修装饰的补偿金额，由拆迁人和被拆迁人协商确定；协商不成的，可以通过委托评估确定。

6.3.2 城市房屋拆迁估价机构和人员

市、县房地产管理部门应当向社会公示一批资质等级高、综合实力强、社会信誉好的估价机构，供拆迁当事人选择。

房地产价格评估机构由被征收人在规定时间内协商选定；在规定时间内协商

不成的，由房屋征收部门通过组织被征收人按照少数服从多数的原则投票决定，或者采取摇号、抽签等随机方式确定。

房地产价格评估机构应当独立、客观、公正地开展房屋征收评估工作，任何单位和个人不得干预。

拆迁估价应当由具有房地产价格评估资格的估价机构承担，估价报告应当由专职注册房地产估价师签字。

估价机构和估价人员与拆迁当事人有利害关系或者是拆迁当事人的，应当回避。

6.3.3　城市房屋拆迁估价实务

1. 拆迁估价基本事项

拆迁估价应当坚持独立、客观、公正、合法的原则，参照类似房地产的市场交易价格和市、县人民政府或者其授权部门定期公布的房地产市场价格，结合被拆迁房屋的房地产状况进行。

(1)估价目的。拆迁估价目的统一表述为“为确定被拆迁房屋货币补偿金额而评估其房地产市场价格”。

(2)估价时点。拆迁估价时点一般为房屋拆迁许可证颁发之日。拆迁规模大、分期分段实施的，以当期(段)房屋拆迁实施之日为估价时点。

(3)估价方法。拆迁估价一般应当采用市场比较法。不具备采用市场比较法条件的，可以采用其他估价方法，并在估价报告中充分说明原因。

(4)实地查勘。拆迁估价人员应当对被拆迁房屋进行实地查勘，做好实地查勘记录，拍摄反映被拆迁房屋外观和内部状况的影像资料。实地查勘记录由实地查勘的估价人员、拆迁人、被拆迁人签字认可。因被拆迁人的原因不能对被拆迁房屋进行实地查勘、拍摄影像资料或者被拆迁人不同意在实地查勘记录上签字的，应当由除拆迁人和估价机构以外的无利害关系的第三人见证，并在估价报告中作出相应说明。

(5)技术协调。房屋拆迁许可证确定的同一拆迁范围内的被拆迁房屋，原则上由一家估价机构评估。需要由两家或者两家以上估价机构评估的，估价机构之间应当就拆迁估价的依据、原则、程序、方法、参数选取等进行协调并执行共同的标准。

(6)计价货币。拆迁评估价格应当以人民币为计价的货币，精确到元。

2. 被拆迁房屋面积和性质的认定

委托拆迁估价的，拆迁当事人应当明确被拆迁房屋的性质(包括用途)和面积。

对房屋性质、面积认定应当注意以下几点：

(1)被拆迁房屋的性质和面积一般以房屋权属证书及权属档案的记载为准；各地对被拆迁房屋的性质和面积认定有特别规定的，从其规定；拆迁人与被拆迁人对被拆迁房屋的性质或者面积协商一致的，可以按照协商结果进行评估。

(2)对被拆迁房屋的性质不能协商一致的，应当向城市规划行政主管部门申请确认。对被拆迁房屋的面积不能协商一致的，可以向《房产测绘管理办法》规定的房屋面积鉴定机构申请鉴定；没有设立房屋面积鉴定机构的，可以委托具有房产测绘资格的房产测绘单位测算。

(3)对拆迁中涉及的被拆迁房屋的性质和面积认定的具体问题，由市、县规划行政主管部门和房地产管理部门制定办法予以解决。

6.3.4 城市房屋拆迁估价结果公示和异议处理

对评估确定的被征收房屋价值有异议的，可以自收到评估报告之日起 10 日内，向房地产价格评估机构申请复核评估。对复核结果有异议的，可以自收到复核结果之日起 10 日内向房地产价格评估专家委员会申请鉴定。被征收人对补偿仍有异议的，可以依法申请行政复议，也可以依法提起行政诉讼。

6.3.5 城市房屋拆迁估价纠纷调处

1. 调处途径

拆迁当事人对原估价机构的复核结果有异议或者另行委托估价的结果与原估价结果有差异且协商达不成一致意见的，自收到复核结果或者另行委托估价机构出具估价报告之日起 5 日内，可以向被拆迁房屋所在地的房地产估价专家委员会(以下简称估价专家委员会)申请技术鉴定。

2. 估价技术鉴定

估价专家委员会应当自收到申请之日起 10 日内，对申请鉴定的估价报告的估价依据、估价技术路线、估价方法选用、参数选取、估价结果确定方式等估价技术问题出具书面鉴定意见。估价报告不存在技术问题的，应维持估价报告；估价报告存在技术问题的，估价机构应当改正错误，重新出具估价报告。

3. 估价专家委员会及其工作机制

省、自治区建设行政主管部门和设区城市的市房地产管理部门或者其授权的房地产估价行业自律性组织，应当成立由资深专职注册房地产估价师及房地产、城市规划、法律等方面专家组成的估价专家委员会，对拆迁估价进行技术指导，受理拆迁估价技术鉴定。

受理拆迁估价技术鉴定后，估价专家委员会应当指派 3 人以上(含 3 人)单数成员组成鉴定组，处理拆迁估价技术鉴定事宜。鉴定组成员与原估价机构、拆迁当事人有利害关系或者是拆迁当事人的，应当回避。原估价机构应当配合估价专家委员会做好鉴定工作。

6.3.6　对违规估价机构和估价人员的处罚

对有下列行为之一的估价机构和估价人员，应当按照《城市房地产中介服务管理规定》《房地产估价师注册管理办法》等规定进行处罚，或记入其信用档案：

(1)出具不实估价报告的；

(2)与拆迁当事人一方串通，损害对方合法权益的；

(3)以回扣等不正当竞争手段获取拆迁估价业务的；

(4)允许他人借用自己名义从事拆迁估价活动或者转让、变相转让受托的拆迁估价业务的；

(5)多次被申请鉴定，经查证确实存在问题的；

(6)违反国家标准《房地产估价规范》和《城市房屋拆迁估价指导意见》等其他规定的；

(7)法律、法规规定的其他情形。

6.4　国内征收补偿制度的变化及国外的发展概况

6.4.1　我国城市房屋拆迁补偿制度的演变

我国的城市房屋拆迁制度是随着国家政治、经济体制的改革而发展变化的。它大致经历了三个阶段：

1. 计划经济时期(1949 年～1978 年)

1950 年 11 月 21 日，中央人民政府政务院第 58 次政务会议通过并公布执行的《城市郊区土地改革条例》，也提到了因市政建设需要征用土地的问题。该条例第三条规定："国家建设征用土地的基本原则是：既应根据国家建设的确实需要，保证国家建设所必需的土地，又应照顾当地人民的切身利益，必须对土地被征用者的生产和生活有妥善的安置。凡属有荒地、空地可利用者，应尽量利用，而不征用或少征用人民的耕地良田。凡属目前并不十分需要的工程，不应举办。凡虽属需要，而对土地被征用者一时无法安置，则应待安置妥善后再行举办，或另行择地举办。”

1953年政务院颁布的《国家建设征用土地办法》(1958年修订)是我国第一个涉及房屋拆迁的法规。其中规定：“因国家建设的需要，在城市市区征用土地时，地上的房屋及附着物等，应按公平合理的代价给予补偿”。所谓“公平合理的代价给予补偿”是指“在保证原来住户有房屋居住的原则下，给房屋所有人相当的房屋，或者按照公平原则发给补偿费”。

1954年9月20日，第一届全国人民代表大会第一次会议通过的《中华人民共和国宪法》对国家建设征用土地作了肯定。宪法第十三条规定：“国家为了公共利益的需要，可以依照法律规定的条件，对城乡土地和其他生产资料实行征购、征用或收归国有。”

计划经济时期城市住房拆迁补偿中，城市土地实行的是无偿使用制度，住房实行的是福利性的低租金制度，不存在房地产市场，不存在房地产资产性收益，只存在房地产使用性收益(效用)。因此，在这一时期，城市住房拆迁涉及的利益主体实质上只有两个，即被拆迁人和政府。因此，在这一时期，房屋拆迁对居民生活影响不大，不会产生目前所谓的“失房居民问题”。

2. 经济体制转轨时期(1978年～2001年)

1978年党的十一届三中全会作出了把工作重点转移到社会主义现代化建设上来和实行改革开放的决策。为了规范征地拆迁工作，国务院于1982年颁布实行了《国家建设征地土地条例》，1983年又颁布实行了《城市私有住房管理条例》。《城市私有住房管理条例》第四条规定：“城市私有房屋因国家建设需要征用拆迁时，建设单位应当给予房屋所有人合理的补偿，并按房屋所在地人民政府的规定对使用人予以妥善安置。”

1991年3月，国务院正式颁布了《城市房屋拆迁管理条例》作为我国第一部有关城市房屋拆迁管理的行政法规，标志着城市房屋拆迁走上了法制化的轨道。其中规定：“城市房屋拆迁必须符合城市规划和有利于城市旧区改建。拆迁人必须依照本条例规定，对被拆迁人给予补偿和安置；被拆迁人必须服从城市建设需要，在规定的搬迁期限内完成搬迁。”“拆迁补偿实行产权调换、作价补偿，或者产权调换和作价补偿相结合的形式。产权调换的面积按照所拆房屋的建筑面积计算。作价补偿的金额按照所拆房屋建筑面积的重置价格结合成新结算。”

经济体制转轨时期，城市住房拆迁补偿制度产生于从计划经济体制向市场经济体制过渡的特殊历史时期，这就决定了这一制度既有对计划体制的否定，又有对计划体制的承袭。对计划体制的否定体现在：它对房屋所有权给予较充分的承认和保护，规定拆迁人须给予被拆迁人补偿，较之于计划体制下的无偿调拨是一种进步。它规定拆迁须依法定程序进行并给予被拆迁人通过司法程序寻求救济的权利，较之于计划体制下的非法治是一种进步。

但是，随着改革的不断深化和社会主义市场经济体制的逐步建立和完善，以及伴随着《中华人民共和国城市规划法》《中华人民共和国城镇土地使用权出让和转让暂行条例》的实施，住房制度改革的进一步深化，房地产开发投资逐年增加，拥有房屋产权的个人逐年增加，城市基础设施建设及房地产开发中的城市房屋拆迁量越来越大。由于作价补偿费是按照被拆除房屋建筑面积的重置价格结合成新来确定的，也就是按照建筑物价格来计算的，而不是按照房地产市场价格来确定的，因此，被拆迁房屋的作价补偿费相对于市场上商品房价格是远远偏低的，因房屋拆迁而产生的“失房居民”问题开始出现，而且随着商品房价格的逐渐上涨而越来越严重。

3. 现阶段(2001 年～现在)

随着城市建设项目以政府投资为主转移到以社会投资为主，原条例的某些规定明显越来越滞后于形势的发展，特别是原条例中有关城市房屋拆迁补偿等方面的规定已经明显不适应城市房屋拆迁工作的需要，有悖于市场经济发展的客观要求。2001 年 6 月 6 日国务院第 40 次常务会议通过了新的《城市房屋拆迁管理条例》，它是以 2001 年 6 月 30 日中华人民共和国国务院令第 305 号发布的。其中对补偿的原则、标准和计算方法作出了较大调整。

现阶段我国的拆迁补偿制度同经济转型时期相比，有以下改进：

(1)根据市场经济的原则，将拆迁补偿的标准由被拆迁房屋的重置价结合成新结算，修改为根据被拆迁房屋的区位、用途、建筑面积等因素，以房地产市场评估价格确定货币补偿金额。

(2)明确了被拆迁人为房屋的所有人，重点对房屋所有人进行补偿，兼顾对使用人的安置。

(3)增加了被拆迁人对补偿方式的选择权。新条例中规定，除了拆除非公益事业房屋的附属物，被拆迁人可以选择拆迁补偿方式。

(4)明确了管理程序，充实和完善了法律责任，加大了对违法行为的处罚力度。

(5)拆迁安置补偿标准有所变化。

改革开放以来，随着城市建设步伐的加快，城市环境及百姓居住条件不断改善。尽管补偿制度不断地发生变化，但是由于这一时期土地价值日益提升以及房地产业迅猛发展，城市住房拆迁补偿标准仍然低于商品房价格，被拆迁居民所获得的补偿款依旧不足以在市场上购买同等地段的商品房，给他们的工作、生活和学习带来了不便，增加了生存成本的支出。随着社会的进步，公民的物权保护意识不断加强，房屋拆迁补偿标准也应该不断地随之调整。

2007年3月16日通过、2007年10月1日起施行的《中华人民共和国物权法》规定："所有权人对自己的不动产或者动产，依法享有占有、使用、收益和处分的权利。""为了公共利益的需要，依照法律规定的权限和程序可以征收集体所有的土地和单位、个人的房屋及其他不动产。征收单位、个人的房屋及其他不动产，应当依法给予拆迁补偿，维护被征收人的合法权益；征收个人住宅的，还应当保障被征收人的居住条件。""不动产或者动产被占有人占有的，权利人可以请求返还原物及其孳息，但应当支付善意占有人因维护该不动产或者动产支出的必要费用。"《物权法》明确了个人对其所有财产的权利。对个人来讲，人最重要的两个权利就是财产权和人身权，而物权正是财产权中最重要的权利。由于《中华人民共和国物权法》的出台，使得现行的《城市房屋拆迁管理条例》的修改已经成为必然。

2011年1月21日，《国有土地上房屋征收与补偿条例》得以出台，其解决了原有《城市房屋拆迁管理条例》与《中华人民共和国宪法修正案》《中华人民共和国物权法》之间的错位，对于规范整个城市房屋的拆迁工作意义重大，使得城市房屋征收与补偿制度得到有效 的完善。当然，在我们看到其进步意义的同时，在相关的环节上其仍然存在着相应的不足之处，还有待今后逐渐完善。

6.4.2 国外的房屋拆迁及有关补偿制度

世界上大多数国家实行土地私有制度，政府在进行公共事业建设时常常需要使用私人土地，而征用土地的同时常常会碰到房屋拆迁，因此，拆迁行为在世界各国普遍存在，且一般从属于土地征用。各国在城市房屋拆迁实践中积累了丰富的经验。我们应该学习其他国家城市房屋拆迁中私人财产权法律保护的先进制度，从中发掘出可供我国城市房屋拆迁管理的借鉴之处。

1. 美国"重要空间法"

美国是典型的英美法系国家，其实施城市房屋拆迁的法律依据是宪法和根据宪法制定的"重要空间法"及司法判例。美国宪法第五条修正案专门规定："非依正当程序，不得剥夺任何人的生命、自由或财产；非有合理补偿，不得征用私有财产供公共使用。"此规定确定了美国城市房屋拆迁中私人财产权法律保护的一般原则：财产权不得侵犯；财产权根据公共利益依法受到限制；在合理补偿的条件下，用于公用的目的，国家可以征用。联邦宪法第十四条修正案要求州政府依据正当法律程序取得私有财产并保证不得拒绝法律对公民的平等保护。各州宪法对此问题也有类似规定。根据美国宪法第五条修正案，美国50个州均建立了不同版本的"重要空间法"(Eminent Domain)及拆迁细节和补偿办法。

“重要空间法”实质上是西方各国对古罗马法律的继承。早在两千多年前，罗马帝国就发明并且广泛运用了“重要空间法”。文艺复兴后崛起的西方文明对此法进行了继承。以英国为首，1554 年英国议会通过法案规定，地方政府因为公共基础设施建设有权向居民征收土地，但是要给予合理补偿。随后西欧各国及美国也先后对法律进行修改，将政府征地合法化。

美国的“重要空间法”这一法律概念包括两大部分：“重要空间”和“依法获取”。“重要空间”是指政府为公共利益有权向个人征取房产地产，但是必须提供合理赔偿。美国各个州围绕宪法对“重要空间”都有类似的声明与解释。“依法获取”是指对个人房产地产征收过程的细节规定。在这一环节上各个州有具体法规细节和运用方法，譬如在动迁通知时间、赔偿速度及一些附加细节上根据本地情况各有差异。但是，总的来说根据宪法精神，“依法获取”必须符合三项标准：

第一，征地必须“为必要的、不可缺少的公共利益”；

第二，对个人给予公正合理、充分的赔偿；

第三，适当合理的操作过程。

这三项标准实际也是有偿征收的三个要件：正当的法律程序（Due Process of Law）；公平补偿（Just Compensation）；公共使用（Public Use）。

(1)正当的法律程序

作为正当的法律程序，通常征收行为应当遵循如下几个步骤：

①预先通告。

②政府方对征收财产进行评估。

③向被征收方送交评估报告并提出补偿价金的初次要约；被征收方可以提出反要约(Counter-offer)。

④召开公开的听证会(Public Hearing)说明征收行为的必要性和合理性；如果被征收方对政府的征收本身提出质疑，可以提出司法挑战，迫使政府放弃征收行为。

⑤如果政府和被征收方在补偿数额上无法达成协议，通常由政府方将案件送交法院处理。为了不影响公共利益，政府方可以预先向法庭支付一笔适当数额的补偿金作为定金，并请求法庭在最终判决前提前取得被征收财产。除非财产所有人可以举证说明该定金的数额过低，法庭将维持定金的数额不变。

⑥法庭要求双方分别聘请独立的资产评估师提出评估报告并在法庭当庭交换。

⑦双方最后一次进行补偿价金的平等协商，为和解争取最后的努力。

⑧如果双方不能达成一致，将由普通公民组成的民事陪审团来确定“合理的补偿”价金数额。

⑨判决生效后，政府在30天内支付补偿价金并取得被征收的财产。

(2)公平补偿

公平补偿主要体现在三个方面：

①主体的公平，即有权得到补偿的不仅仅包括财产的所有人，还应当包括财产相关的收益人，如房地产的承租人。

②客体的公平，即取得补偿的对象不仅仅包括房地产本身，还应当包括房地产的附加物，以及与该房地产商誉有关的无形资产(Goodwill)。

③估价的公平，即法律要求补偿的价金应当以“公平的市场价值(Fair Market Value)”为依据。至于什么才是公平的市场价值，目前最有效的方式是：双方分别聘请独立的资产评估师提出评估报告。如果各自的评估报告结论相差悬殊，则由法庭组成的陪审团裁定。虽然资产评估师的报告并非完美和科学的，但是在现阶段经济、科学的发展水平上，没有更好的办法来解决这个问题。

(3)公共使用

法律对公共使用的内涵采用了广义的解释。首先，公共使用的规则排除了政府利用行政权利损害某个个体利益的同时使另一个体受益，比如征收A的住房给B开设零售商店，就不能构成公共使用。但公共使用并不意味着政府征收的财产只能或给一般公众使用。政府征收财产又立即转让给多数私人使用，同样构成公共使用。如举世瞩目的“9·11事件”焦点——世界贸易中心大楼所在地正是纽约港务局下属的曼哈顿下城开发公司当年通过“重要空间法”的“公共使用”内涵来获取的。1962年，在纽约市长的带领下，纽约港务局开始了对世界贸易中心大楼的征地活动。代表几百家店家的西下城商人协会对此征地行为提出了上诉。在被纽约上诉法院驳回后，官司打到了美国最高法院，美国最高法院于1963年12月对此上诉予以驳回，在经过一系列复杂的法律赔偿程序后，世界贸易中心大楼终于得到了建设许可。大法官的意见是，该商业区毗邻华尔街和纽约港，该地段是美国乃至世界经济的象征，世贸大楼的修建将吸引全世界对美国的投资，会给纽约乃至美国带来更大的繁荣，而几百家店铺不能够做到这一点。

2. 德国房屋拆迁补偿制度

德国是典型的大陆法系国家，在城市房屋拆迁中主要是通过德国的不动产立法和德国《基本法》对私有财产权进行确认和保护。德国和美国一样实行土地私有制，不动产立法均以土地为中心。因此，关于城市房屋拆迁没有专门的立法规定，主要是国家对土地进行行政征收时，房屋所有者作为土地的附属物得到应有补偿。

《德国民法典》关于土地与土地上建筑物的关系，原则上采纳了罗马法的土地吸附建筑物的原则，如《德国民法典》第九十四条第一款规定：“附着于土地上的物，特别是建筑物以及与土地尚未分离的出产物，属于土地的主要组成部分。”但该法典第九十五条又规定:“在他人土地上享有某种权利的人,为行使其权利而将建筑物或者其他工作物附着于该土地上的,则该附着物不属于土地的组成部分。”这里他人的权利主要指地上权,也包括根据租赁合同产生的土地租赁权等。德国民法在土地与建筑物的关系上的一个重大发展就是通过1919年1月15日颁布的《地上权条例》,强化了地上权的地位,从此建筑物不再是土地所有权的附属,而是地上权的附属。因此,涉及土地征用、剥夺土地所有权的补偿首先是土地所有权,其次是地上权以及地上权所附属的建筑物。

在德国,所有权必须受到为公共利益服务的限制,因此国家为了公共利益的需要可以限制甚至剥夺私有不动产的所有权,其中涉及补偿的主要是剥夺所有权。所谓剥夺所有权,就是指国家行使主权行为而剥夺私人的所有权,将其归国家或国家指定的人所有的行为。

当代德国剥夺私有土地所有权的历史从19世纪修建铁路的时代开始,当时为了修建铁路,法律允许国家行使“没收权”,该权利也被赋予了铁路公司。现在,主要有两种情况,一是在国家有重大变故时对某一类不动产所有权的剥夺,这种情况往往不涉及损害赔偿问题;另一种情况指的是国家为建设或者发展的需要而对某一地区的个别人的不动产所有权的剥夺,这种情况常常涉及损害赔偿问题(应该是补偿)。对土地所有权的剥夺涉及土地所有权人、地上权人等的权利和利益,涉及对私有财产权的保障。当然,德国也对国家的这一行为予以一定的限制。主要有两点,一是目的限制,一是实行限制。目的限制指的是剥夺私人所有权的行为必须为了公共利益之目的。实行限制是《德国基本法》的规定,指的是剥夺私有不动产,必须由国家对涉及的事项制定成法律,然后由行政机关依法实行。行政机关没有决定权,只有执行权。这两点限制都来自于《德国基本法》第十四条的规定,德国将对私有不动产的保护纳入基本法,反映了政府对私人财产权的尊重和保护。《德国基本法》第十四条第一款规定:“所有权和继承权受保护,其内容和限制由法律规定。”第三款规定:“剥夺所有权只有为公共福利的目的才能被允许。剥夺所有权只有依照法律或者根据法律的原因进行,而且该法律对损害赔偿的方式和措施有所规定。该损害赔偿必须在对公共利益和当事人的利益进行公平的衡量之后确定。对损害赔偿额的高低有争议时可以向地方法院提起诉讼。”可见,德国也与美国一样在宪法中规定了私有财产神圣不可侵犯的原则,对私有财产的限制采取了十分谨慎的态度。

3. 英国房屋拆迁补偿制度

在英国,无论是中央政府还是地方政府,征用土地都很困难。征地部门必须证明该项目是“一个令人信服的符合公众利益的案例”。制定这一规定的根本目的就是维护公众利益,同时避免政府滥用职权,知法犯法。

在英国，拆迁年代久远的房屋时，有关部门的态度是慎之又慎，能不拆的尽量不拆。而为了尽量少占用农民的土地，保护土地资源，英国的高速公路尽量选择河流、山脊等没有农民田地的地方，因此造成英国高速公路多弯道和曲折。另外值得一提的是，这些高速公路大多是近半个世纪前造好的。

英国有这样的规定：营业用房的长期租赁使用人在遇到拆迁时，其丧失的相关权利应按市场价格予以偿还，营业权的丧失、字号费、门脸费等，由双方当事人议定具体赔偿费用。

英国法定机构拥有强制征地的权力，如地方政府或政府中负责经济振兴的部门。中央政府也拥有强制征地的权力，但这种权力通常用于重大的基础设施项目，需要议会通过。

4.加拿大的土地征用制度

加拿大的土地实际上大多数属于私人所有，所以加拿大也常碰到征用问题，并在长期的实践中形成了比较完善的征用制度。

加拿大联邦征地法规定，征地的目的必须为公共利益服务，征地范围限制在为公众服务的交通、能源、水利、环境保护、市政建设及文物遗迹保护、学校、医院、社会福利等。

加拿大的征用主体不限于政府，还包括各行业部门、机构组织，如自治市、医院、大学等公共设施服务机构，只要是为了公共利益，通过立法授权可以代表政府享有征地权，即使是私人企业也可以按照相关法律享有征地权，如私人拥有的管道公司，可以依据国家能源法或根据某些省立法规定执行征用权。

加拿大的征地程序如下：征地机关向批准机关提出征地申请并在当地报纸公告有关征地内容；土地所有者可以向批准机关提出书面申请，要求举行听证会；在特殊情况下，议会副总督可以直接命令征地机关继续进行征地程序，一般情况由首席检察官负责成立调查委员会；调查委员会就征地的公平、正确、必要性，向批准机构提交报告；批准机构决定是否批准征用或修改征地计划并向争议双方（征地机构和被征用土地涉及的所有者）以书面形式解释作出决定的原因；征地机构向被征土地所有者下达征地通知书；土地所有者向征地机构书面申请有关补偿事宜，选定补偿评估日期；征地机构进入现场进行不动产评估，或者征地机关向市政委员会申请进行赔偿评估；若土地所有者不接受赔偿价格，征地机构则要提供“法律出价”服务；若仍达不成协议，双方可以向谈判委员会提出诉讼，要求谈判，请求仲裁；谈判委员会作出仲裁；若任何一方不同意仲裁结果，可向法院提出申请作出最后的判决；征地机构支付补偿费并取得土地。

加拿大的土地征用拆迁补偿一般包括以下几个方面：

(1)被征用部分的补偿。该部分必须依据土地的最大和最佳用途，根据当时的市场价格补偿。

(2)有害或不良影响补偿(如严重损害或灭失)。主要针对被征用地块剩余的非征地,因建设或公共工作对剩余部分造成的损害,还包括对个人或经营损失及其他损失的补偿。

(3)干扰损失补偿。该部分是被征地所有者或承租人因为不动产全部或基本被征用,因混乱而造成的成本或开支的补偿。

(4)重新安置困难的补偿。该部分是对被征地所有者或承租人重新进行安置出现困难而给予的补偿。

5. 日本的土地征用制度

日本也是实行土地私有制的国家,国家掌握的可供利用的土地有限,为了解决公共事业用地问题,日本于 1951 年通过《土地征用法》,对土地征用的范围、程序和补偿标准进行规定。

日本通过列举法限定公共利益目的的范围,包括 35 种公益事业项目,其中包括依据道路法进行的公路建设;以治水或水利为目的在江河上设置的防堤、护岸、拦河坝、水渠、蓄水池及其他设施;国家、地方团体进行的农地改造与综合开发所建的道路、水渠等设施;铁路、港口、机场、气象观测、电信、电力、广播、煤气、博物馆、医院、墓地、公厕、公园等。日本的土地征用程序包括如下几个步骤:

(1)申请征地。即需要征地的起业者向建设大臣或都道府县知事提出征地申请,受理申请的大臣或都道府县知事对申请申办的公共事业的必要性进行研究之后,再决定是否批准。

(2)登记土地和建筑物。征地申请获得批准后,起业者可登记被征用的土地及地上的建筑物,并经地权人签字认可。

(3)起业者与地权人达成征购协议。起业者与土地所有者及其他权利者通过签订合同,从而达成购买协议,并请征用委员会对之加以确认。如协议经过确认,便具有与正式的裁定相同的效力。

(4)申请征用委员会进行征地裁定。若当事人双方不能通过协商达成土地征购协议,可以申请征用委员会裁定。

(5)让地裁定。在作出上述征地裁定后,自征地申请被批准之日算起 4 年之内,征用委员会根据当事人的申请再作出让地裁定。根据让地裁定,决定在征地裁定中规定的损失赔偿以外的赔偿和让地的期限。

(6)征用终结。在让地期限之前,起业者向原土地权利者支付赔偿金。原土地权利者如果让出土地,征用即告终结。但如果原土地权利者在让地期限之内拒不拆迁时,起业者则可向都道府县知事请求代为执行。知事可采取强制手段搬迁物件和取得土地,以完成征用工作。

关于征用补偿问题，日本1962年的《公共用地征取损失赔偿标准纲要》对土地的征用范围、程序和补偿标准进行了规定。其补偿款项包括：①征用损失赔偿；②通用赔偿；③少数残存者补偿；④离职者赔偿；⑤事业损失赔偿。

赔偿内容包括了被征用财产的市场交易价值赔偿、地区搬迁费用赔偿、歇业赔偿、对因被征用而失业的人员的赔偿以及公共建设过程中造成的噪声、废气、水质污染等损害的补偿。

由上可见，土地征用及拆迁补偿的原则、标准各国不尽相同。但各国普遍的规定是：在因政府建设的需要而征地的情况下，产权人必须为大局作出让步，但是政府必须提出需要征地的足够理由及不低于市场价格的足够补偿。各国的征地以及房屋拆迁补偿法规虽然在细节上不同，但主要目的都是为了既保证公共基础项目能够顺利实施，又保护产权的合法权益。拆迁法规必须要保证能够达到公平合理的赔偿金额，其征地拆迁特权被严格限制在服务公益的目的上，赔偿标准的根本目标就是被征用者能够达到与征用之前相等的经济条件。

就世界各国关于土地征用补偿制度立法的整个发展趋势来看，对于国家征用行为所造成的损失补偿范围与标准均呈日渐放宽之势，以便对人民所遭受的损失予以更充分、更完全的补偿。

思考题

1. 简述城市房屋征收的含义。

2.《城市房屋征收条例》与原来的《城市房屋拆迁管理条例》相比较，有哪些不同？

3. 城市房屋征收的前提有哪些？

4. 城市房屋征收补偿的方式有哪些？

5. 什么是城市房屋拆迁估价？

6. 如何认定被拆迁房屋的面积和性质？

第7章

房地产税收法律制度

本章提要：

房地产税收是在房地产开发、经营过程中，房地产企业、个体消费者以及一些房地产持有者都要涉及的。本章主要包括税收的概念及特征，税收制度及构成要素，税收的征管，房地产流转税，所得税，行为目的税，资源税，财产税以及房地产相关收费等内容。通过本章的学习，了解税收的基本知识、固定资产投资及房地产费等有关规定；理解个人所得税、城市维护建设税、耕地占用税、印花税的有关规定；掌握企业所得税、营业税、契税、房产税、土地增值税的纳税人、课税对象、计税依据、税率、纳税地点和期限、减税和免税。

7.1 房地产税费制度概述

7.1.1 税收的概念及特征

1. 税收概念

税收是国家参与社会剩余产品分配的一种规范形式，其本质是国家凭借政治权力，按照法律规定的标准，无偿地取得财政收入的一种手段。

2. 税收特征

税收的本质决定了它具有强制性、无偿性和固定性的特征。

(1)强制性。国家以社会管理者的身份，对所有的纳税人强制性征税，纳税人不得以任何理由抗拒国家税收。

(2)无偿性。指国家取得税收，对具体纳税人既不需要直接偿还，也不支付任何形式的直接报酬。所谓税收，就是向居民无偿索取。无偿性是税收的关键特征。

(3)固定性，也称确定性。指国家征税必须通过法律形式，事先规定纳税人、课税对象和课税额度。这是税收区别于其他财政收入形式的重要特征。

7.1.2 税收制度及构成要素

税收制度简称税制，是国家各项税收法律、法规、规章和税收管理体制等的总称，是国家处理税收分配关系的总规范。税收法律、法规及规章是税收制度的主体。

税收制度由纳税义务人(以下简称纳税人)，课税对象，税基，税率，附加、加成和减免，违章处理等要素构成。

1. 纳税人(课税主体)

纳税人是国家行使课税权所指向的单位和个人，即税法规定的直接负有纳税义务的单位和个人。

纳税人和负税人不同。纳税人是直接向国家交纳税款的单位和个人，负税人是实际负担税款的单位和个人。

2. 课税对象(课税客体)

课税对象又称征税对象，是税法规定的课税目的物，即国家对什么事物征税。

课税对象是区别征税与不征税的主要界限，也是区别不同税种的主要标志。根据课税对象的性质不同，全部税种分为 5 大类，即流转税、收益税、财产税、资源税和行为目的税。

3. 税基

税基是课税基础的简称，有两层含义：税基的质，即课税的具体对象，有实物量和价值量两类；税基的量，即课税对象中，有多少可以作为计算应课税的基数。

4. 税率

税率是据以计算应纳税额的比率，即对课税对象的征收比例，体现征税的深度。在课税对象和税目不变的情况下，课税额与税率成正比。税率是税收制度和政策的中心环节，直接关系到国家财政收入和纳税人的负担。按税率和税基的关系划分，税率主要有比例税率、累进税率和定额税率三类。

5. 附加、加成和减免

纳税人负担的轻重，主要通过税率的高低来调节，但还可以通过附加、加成减免措施来调节。

(1)加重纳税人负担的措施

加重纳税人负担的措施主要有附加和加成。

附加是地方附加的简称，是地方政府在正税之外附加征收的一部分税款。通常把按国家税法规定的税率征收的税款称为正税，把正税以外征收的附加称为副税。

加成是加成征收的简称。对特定的纳税人实行加成征税，加一成等于加正税的 10%，加二成等于加正税的 20%，依此类推。

加成与附加不同，加成只对特定的纳税人加征，附加对所有纳税人加征。加成一般是在收益课税中采用，以便有效地调节某些纳税人的收入，附加则不一定。

(2)减轻纳税人负担的措施

减轻纳税人负担的措施有减税、免税，以及规定起征点和免征额。

减税就是减征部分税款，免税就是免交全部税款。减免税是国家根据一定时期的政治、经济、社会政策的要求而对某些特定的生产经营活动或某些特定的纳税人给予的优惠。

6. 违章处理

违章处理是对纳税人违反税法行为的处置。纳税人的违章行为通常包括偷税、抗税、漏税、欠税等不同情况。偷税是指纳税人有意识地采取非法手段不交或少交税款的违法行为。抗税是指纳税人对抗国家税法拒绝纳税的违法行为。欠税即拖欠税款，是指纳税人不按规定期限交纳税款的违章行为。偷税和抗税属于违法犯罪行为。漏税和欠税属一般违章行为，不构成犯罪。

对纳税人的违章行为，可以根据情节轻重，分别采取以下方式进行处理：批评教育、强行扣款、加收滞纳金、罚款、追究刑事责任等。

7.1.3 税收的征管

(1)税收的开征、停征以及减税、免税、退税、补税，依照法律的规定执行；法律授权国务院规定的，依照国务院制定的行政法规的规定执行。任何机关、单位和个人不得违反法律、行政法规的规定，擅自作出税收开征、停征以及减税、免税、退税、补税和其他同税收法律、行政法规相抵触的决定。

(2)法律、行政法规规定的纳税人和扣缴义务人必须依照法律、行政法规的规定缴纳税款，代扣代缴、代收代缴税款。

(3)税务机关应当广泛宣传税收法律、行政法规，普及纳税知识，无偿地为纳税人提供纳税咨询服务。

(4)纳税人、扣缴义务人有权要求税务机关为纳税人、扣缴义务人的情况保密，税务机关应当依法为纳税人、扣缴义务人的情况保密。

(5)纳税人依法享有申请减税、免税、退税的权利。纳税人、扣缴义务人对税务机关所作出的决定，享有陈述权、申辩权；依法享有申请行政复议、提起行政诉讼、请求国家赔偿等权利，同时还依法享有控告和检举税务机关、税务人员的违法违纪行为的权利。

7.1.4 中国现行房地产税

中国现行房地产税有房产税、城镇土地使用税、耕地占用税、土地增值税、契税。其他与房地产紧密相关的税种主要有固定资产投资方向调节税、营业税、城市维护建设税、教育费附加、企业所得税、外国投资企业和外国企业所得税、印花税。

近年来，关于开征物业税的问题引起了我国社会民众的普遍关注。尽管目前还没有开征物业税，但其现实必要性可以归纳为五个方面：

第一，调整富人和穷人在资源占有上的利益关系，维护社会公平。

第二，开征物业税，抑制过度享受性、奢侈性的住房消费，鼓励适度合理消费，促进节能省地型住宅和公共建筑的发展。

第三，可以有效地推进现有住房资源的市场化流动，优化城市土地资源的配置结构，提高城市住房存量资源的利用效率。

第四，建立和完善针对实物资产持有环节的物业税，政府可以通过物业税与利息税等财政手段、利率等货币手段的反向调整，实现对宏观经济运行状况的有效调节。

第五，让公共利益有更多机会分享土地增值的收益。

同时，开征物业税将带来四大利好：一是有利于各类企业公平竞争；二是有利于解决房和地分别征税带来的税制不规范的问题；三是按照国际惯例，应该按评估值来征税，按照这种方法能够比较客观地反映房地产的价值和纳税人的承受能力，也有利于解决现行房地产税收制度存在的计税依据不合理的问题；四是有利于正确处理税和费的关系，促进房地产市场的健康发展。

7.1.5　房地产费

这里的房地产费是指在房地产的开发、经营活动中发生的税以外的其他收费项目的总称。在房地产开发、经营过程中，除发生法定的税收外，还会发生一些合法的收费项目，包括行政事业性收费、服务性收费和补偿性收费等。

7.2　房地产相关税收

7.2.1　流转税

我国在1958年税制改革后，将货物税、商业流通税、印花税以及工商营利企业的营业税，合并为工商统一税。为了适应经济发展的要求，改变税制过于简单的状况，国务院于1984年9月18日颁布了《营业税条例(草案)》，于当年10月1日起试行，将商业和服务业等行业单独征收营业税。现行营业税的基本规范，是1993年11月13日国务院颁布的《中华人民共和国营业税暂行条例》《中华人民共和国营业税暂行条例实施细则》及2006年6月16日财税[2006]75号关于《财政部 国家税务总局关于调整房地产营业税有关政策的通知》等。现行的营业税征收，是依据2008年11月5日国务院第34次常务会议修订通过的《中华人民共和国营业税暂行条例》；2008年12月18日财政部国家税务总局令第52号公布，根据2011年10月28日《关于修改〈中华人民共和国增值税暂行条例实施细则〉和〈中华人民共和国营业税暂行条例实施细则〉的决定》进行的修订。

1. 营业税

(1)营业税的含义：营业税是对提供应税劳务、转让无形资产和销售、无偿赠送不动产或者土地使用权行为的单位和个人开征的一种税。

(2)营业税的纳税人:在中华人民共和国境内提供本条例规定的劳务(以下简称应税劳务)、转让无形资产或者销售不动产的单位和个人,无偿增送其他单位或者个人的不动产或者土地使用权行为的单位或者个人纳入应税收入为营业税的纳税义务人(以下简称纳税人),应当依照本条例缴纳营业税(加工和修理、修配不属于条例规定的劳务)。

(3)营业税的税目税率(表7-1)

表7-1　营业税税目税率表

税目	税率
一、交通运输业	3%
二、建筑业	3%
三、金融保险业	5%
四、邮电通信业	3%
五、文化体育业	3%
六、娱乐业	5%~20%
七、服务业	5%
八、转让无形资产	5%
九、销售不动产	5%

注:对原来征收营业税的陆路运输服务、水路运输服务、航空运输服务、管道运输服务、研发和技术服务、信息技术服务、文化创意服务、物流辅助服务、有形动产租赁服务、鉴证咨询服务、广播影视服务等,自2013年8月1日起改征增值税,适用税率分别为11%和6%。

(4)营业税的有关计算

纳税人提供应税劳务、转让无形资产或者销售不动产,按照营业额和规定的税率计算应纳税额。应纳税额计算公式为

$$应纳税额=营业额\times税率$$

纳税人的营业额为纳税人提供应税劳务、转让无形资产或者销售不动产收取的全部价款和价外费用。但是,纳税人提供应税劳务、转让无形资产或者销售不动产的价格明显偏低并无正当理由的,由主管税务机关核定其营业额。

应纳税额以人民币计算。纳税人以外汇结算营业额的,应当按外汇市场价格折合成人民币计算。

(5)营业税纳税时间

营业税纳税义务发生时间为纳税人提供应税劳务、转让无形资产或者销售不动产并收讫营业收入款项或者取得索取营业收入款项凭据的当天。当发生下列某些事项时,纳税时间如下:

①纳税人转让土地使用权或者销售不动产,采取预收款方式的,其纳税义务发

生时间为收到预收款的当天。

②纳税人提供建筑业或者租赁业劳务，采取预收款方式的，其纳税义务发生时间为收到预收款的当天。

③纳税人发生将不动产或者土地使用权无偿赠送其他单位或者个人的，其纳税义务发生时间为不动产所有权、土地使用权转移的当天。

④纳税人发生自建行为的，其纳税义务发生时间为销售自建建筑物的纳税义务发生时间。

(6)营业税扣缴义务人

①中华人民共和国境外的单位或者个人在境内提供应税劳务、转让无形资产或者销售不动产，在境内未设有经营机构的，以其境内代理人为扣缴义务人；在境内没有代理人的，以受让方或者购买方为扣缴义务人。

②国务院财政、税务主管部门规定的其他扣缴义务人。

(7)营业税纳税地点

①纳税人提供应税劳务应当向其机构所在地或者居住地的主管税务机关申报纳税。但是，纳税人提供的建筑业劳务以及国务院财政、税务主管部门规定的其他应税劳务，应当向应税劳务发生地的主管税务机关申报纳税。

②纳税人转让无形资产应当向其机构所在地或者居住地的主管税务机关申报纳税。但是，纳税人转让、出租土地使用权，应当向土地所在地的主管税务机关申报纳税。

③纳税人销售、出租不动产应当向不动产所在地的主管税务机关申报纳税。

纳税人应当向应税劳务发生地、土地或者不动产所在地的主管税务机关申报纳税，而自应当申报纳税之月起超过 6 个月没有申报纳税的，由其机构所在地或者居住地的主管税务机关补征税款。

(8)营业税税收优惠

①为了保持房地产市场持续健康发展，2011 年 1 月 27 日，财政部国家税务总局下发了《关于调整个人住房转让营业税政策的通知财税[2011]12 号》，其中明确规定，个人将购买不足 5 年的住房对外销售的，全额征收营业税；个人将购买超过 5 年(含 5 年)的非普通住房对外销售的，按照其销售收入减去购买房屋的价款后的差额征收营业税；个人将购买超过 5 年(含 5 年)的普通住房对外销售的，免征营业税。

②个人(含个体工商户及其他个人)无偿赠予不动产、土地使用权，属于以下情形之一的，暂免征收营业税：

a. 离婚财产分割；

b. 无偿赠予配偶、父母、子女、祖父母、外祖父母、孙子女、外孙子女、兄弟姐妹；

c. 无偿赠予对其承担直接抚养或者赡养义务的抚养人或赡养人；

d. 房屋产权所有人死亡，依法取得房屋产权的法定继承人、遗嘱继承人或者受遗赠人。

③纳税人在资产重组中，通过合并、分立、出售、置换等方式，将全部或部分实物资产以及与其相关的债权、债务和劳动力一并转让给其他单位和个人，不属于营业税的征税范围，其中涉及的不动产转让，不征收营业税。

2. 城市维护建设税

城市维护建设税(以下简称城建税)是随增值税、消费税和营业税附征并专门用于城市维护建设的一种特别目的税。

城建税以缴纳增值税、消费税、营业税的单位和个人为纳税人。对外商投资企业的外国企业，暂不征城建税。

城建税在全国范围内征收，包括城市、县城、建制镇，及其以外的地区。即只要缴纳增值税、消费税、营业税的地方，除税法另有规定者外，都属征收城建税的范围。

城建税实行的是地区差别税率，按照纳税人所在地的不同，税率分别规定为7%、5%、1%三个档次，具体是：纳税人所在地在城市市区的，税率为7%；在县城、建制镇的，税率为5%；不在城市市区、县城、建制镇的，税率为1%。

但是，对下列两种情况，可不执行纳税人所在地的税率，而按缴纳“三税”的所在地的适用税率缴纳城建税：一是受托方代征、代扣增值税、消费税、营业税的纳税人；二是流动经营无固定纳税地点的纳税人。

城建税以纳税人实际缴纳的增值税、消费税、营业税(简称“三税”)税额为计税依据。“三税”税额仅指“三税”的正税，不包括税务机关对纳税人加收的滞纳金和罚款等非税款项。

2010 年 12 月 1 日前，对中外合资企业和外资企业暂不征收城建税。2010 年 12 月 1 日以后，根据 2010 年 10 月 18 日颁布的《国务院关于统一内外资企业和个人城市维护建设税和教育费附加制度的通知》，自 2010 年 12 月 1 日起，对外商投资企业、外国企业及外籍个人开始征收城市维护建设税。

3. 教育费附加

教育费附加是随增值税、消费税和营业税附征并专门用于教育的一种特别目的税。教育费附加的税率在城市一般为营业税的3%。

营业税、城市建设维护税和教育费附加通常也称作“两税一费”。

从 2010 年 12 月 1 日起，根据《国务院关于统一内外资企业和个人城市维护建设税和教育费附加制度的通知》，对外商投资企业、外国企业及外籍个人开始征收教育费附加。

7.2.2　所得税

1. 企业所得税

现行《中华人民共和国企业所得税法》，是 2007 年 3 月 16 日第十届全国人民代表大会第五次会议通过，于 2008 年 1 月 1 日起开始实施的。本次公布并实施的所得税的主要特点为统一了内外资企业的所得税税率。为了加强房地产开发经营企业的所得税征管，规范从事房地产开发经营业务企业的纳税行为，根据新企业所得税法及其实施条例等税收法律、法规的规定，国家税务总局 2009 年 3 月 6 日制定并下发了《房地产开发经营业务企业所得税处理办法》（国税发[2009]31 号）。

(1)纳税人

在中华人民共和国境内，企业和其他取得收入的组织（以下统称企业）为企业所得税的纳税人，依照本法的规定缴纳企业所得税。

企业分为居民企业和非居民企业。

居民企业，是指依法在中国境内成立，或者依照外国（地区）法律成立但实际管理机构在中国境内的企业。

非居民企业，是指依照外国（地区）法律成立且实际管理机构不在中国境内，但在中国境内设立机构、场所的，或者在中国境内未设立机构、场所，但有来源于中国境内所得的企业。

就房地产开发活动而言，企业所得税的纳税人即为开发企业（开发商）。

(2)企业所得税的计算方法

企业所得税的计算方法为开发企业应纳税所得额乘以所得税税率。企业每一纳税年度的收入总额，减除不征税收入、免税收入、各项扣除以及允许弥补的以前年度亏损后的余额，为应纳税所得额。

其中，企业以货币形式和非货币形式从各种来源取得的收入，为收入总额。

①收入总额中的下列收入为征税收入

a. 销售货物收入；

b. 提供劳务收入；

c. 转让财产收入；

d. 股息、红利等权益性投资收益；

e. 利息收入；

f. 租金收入；

g. 特许权使用费收入；

h. 接受捐赠收入；

i. 其他收入。

②收入总额中的下列收入为不征税收入

a. 财政拨款；

b. 依法收取并纳入财政管理的行政事业性收费、政府性基金；

c. 国务院规定的其他不征税收入。

③企业所得税的税率

企业所得税的税率为25%（原来为33%）。符合条件的小型微利企业，减按20%的税率征收企业所得税；国家需要重点扶持的高新技术企业，减按15%的税率征收企业所得税。

④应纳税额

企业的应纳税所得额乘以适用税率，减除依照本法关于税收优惠的规定减免和抵免的税额后的余额，为应纳税额。

(3)税收优惠及减免

①税收优惠

国家对重点扶持和鼓励发展的产业和项目，给予企业所得税优惠。

②企业的下列收入为免税收入

a. 国债利息收入；

b. 符合条件的居民企业之间的股息、红利等权益性投资收益；

c. 在中国境内设立机构、场所的非居民企业从居民企业取得与该机构、场所有实际联系的股息、红利等权益性投资收益；

d. 符合条件的非营利组织的收入。

③企业的下列所得，可以免征、减征企业所得税

a. 从事农、林、牧、渔业项目的所得；

b. 从事国家重点扶持的公共基础设施项目投资经营的所得；

c. 从事符合条件的环境保护、节能节水项目的所得；

d. 符合条件的技术转让所得；

e. 本法第三条第三款规定的所得。

2. 个人所得税

《全国人民代表大会常务委员会关于修改〈中华人民共和国个人所得税法〉的决定》已由中华人民共和国第十一届全国人民代表大会常务委员会第二十一次会议于2011年6月30日通过，自2011年9月1日起施行。

(1)个人所得税的纳税义务人是在中国境内居住有所得的个人，以及不在中国境内居住而从中国境内取得所得的个人，包括中国国内公民，在华取得所得的外籍人员和港、澳、台同胞。包括居民纳税义务人和非居民纳税义务人。

①居民纳税义务人

指在中国境内有住所，或者无住所而在境内居住满 1 年的个人，应当承担无限纳税义务，即就其在中国境内和境外取得的所得，依法缴纳个人所得税。

②非居民纳税义务人

指在中国境内无住所又不居住或者无住所而在境内居住不满一年的个人，承担有限纳税义务，仅就其从中国境内取得的所得，依法缴纳个人所得税。

(2)个人所得税的征税范围

①工资、薪金所得；

②个体工商户的生产、经营所得；

③对企事业单位的承包经营、承租经营所得；

④劳务报酬所得；

⑤稿酬所得；

⑥特许权使用费所得；

⑦利息、股息、红利所得；

⑧财产租赁所得；

⑨财产转让所得；

⑩偶然所得；

⑪其他所得。

(3)财产租赁所得适用比例税率

财产租赁所得适用比例税率为 20%。

(4)房地产转让环节，应那个人所得税的有关规定

国家税务总局作出新规定，从 2006 年 8 月 1 日开始，居民个人转让房地产时，应缴纳个人所得税。按次计算征收个人所得税，适用 20%的比例税率。财产转让所得应纳税额的计算公式：

应纳税额＝应纳税所得额×适用税率＝(收入总额－财产原值－合理税费)×20%

规定明确，对住房转让所得征收个人所得税时，以实际成交价格为转让收入。纳税人申报的住房成交价格明显低于市场价格且无正当理由的，征收机关依法有权根据有关信息核定其转让收入，但必须保证各税种计税价格一致。对转让住房收入计算个人所得税应纳税所得额时，纳税人可凭原购房合同、发票等有效凭证，经税务机关审核后，允许从其转让收入中减除房屋原值、转让住房过程中缴纳的税金及有关合理费用。

规定还针对商品房、自建住房、经济适用房(含集资合作建房、安居工程住房)、已购公有住房、城镇拆迁安置住房等不同住房类型，就房屋原值的计算标准作了详

细规定。同时明确，转让住房过程中缴纳的税金，是指纳税人在转让住房时实际缴纳的营业税、城市维护建设税、教育费附加、土地增值税、印花税等税金。有关合理费用是指纳税人按照规定实际支付的住房装修费用、住房贷款利息、手续费、公证费等费用。

关于住房装修费用，新规定明确，已购公有住房、经济适用房，最高扣除限额为房屋原值的15%；商品房及其他住房，最高扣除限额为房屋原值的10%。纳税人原购房为装修房，即合同注明房价款中含有装修费(铺装了地板，装配了洁具、厨具等)的，不得再重复扣除装修费用。

新规定明确，纳税人未提供完整、准确的房屋原值凭证，不能正确计算房屋原值和应纳税额的，税务机关可对其实行核定征税，具体比例由省级地方税务局或者省级地方税务局授权的地市级地方税务局根据纳税人出售住房的所处区域、地理位置、建造时间、房屋类型、住房平均价格水平等因素，在住房转让收入1%～3%的幅度内确定。

(5)转让环节免税规定

依据《财政部、国家税务总局关于个人无偿受赠房屋有关个人所得税问题的通知》(财税[2009]78号)第一条规定，以下情形的房屋产权无偿赠与，对当事双方不征收个人所得税：

①对个人转让自用5年以上，并且是家庭唯一生活用房取得的所得，免征个人所得税。

②房屋产权所有人将房屋产权无偿赠与配偶、父母、子女、祖父母、外祖父母、孙子女、外孙子女、兄弟姐妹；

③房屋产权所有人将房屋产权无偿赠与对其承担直接抚养或者赡养义务的抚养人或者赡养人；

④房屋产权所有人死亡，依法取得房屋产权的法定继承人、遗嘱继承人或者受遗赠人。

其他人之间的赠与行为，应依法缴纳个人所得税。

(6)转让环节优惠规定

对出售自有住房并拟在现住房出售1年内按市场价重新购房的纳税人，其出售住房应缴纳的个人所得税。具体方式是：先以纳税保证金形式向主管税务机关缴纳，购房金额大于或等于原住房销售额的，全部退还纳税保证金，购房金额小于原住房销售额的，按照购房金额占原住房销售额的比例退还纳税保证金，余额作为个人所得税缴入国库。

7.2.3　行为目的税

1.契税

契税是在土地、房屋权属发生转移时，对产权承受人征收的一种税。

(1)纳税人

《中华人民共和国契税暂行条例》规定，在中华人民共和国境内转移土地、房屋权属，承受的单位和个人为契税的纳税人，应当依照本条例的规定缴纳契税。转移土地、房屋权属是指下列行为：

①国有土地使用权出让；

②土地使用权转让，包括出售、赠与和交换；

③房屋买卖；

④房屋赠与；

⑤房屋交换。

下列方式视同为转移土地、房屋权属，予以征税：

①以土地、房屋权属作价投资、入股；

②以土地、房屋权属抵债；

③以获奖方式承受土地、房屋权属；

④以预购方式或者预付集资建房款方式承受土地、房屋权属。

(2)课税对象

契税的课税对象是发生产权转移变动的土地、房屋。

(3)税率

契税的税率为3%～5%，各地适用税率，由省、自治区、直辖市人民政府在前面规定的幅度内按照本地区的实际情况确定，并报财政部和国家税务总局备案。

(4)计税依据

契税的计税依据按照土地、房屋交易的不同情况确定：

①国有土地使用权出让、土地使用权出售、房屋买卖，其计税依据为成交价格。

②土地使用权赠与、房屋赠与，其计税依据由征收机关参照土地使用权出售、房屋买卖的市场价格核定。

③土地使用权交换、房屋交换，其计税依据是所交换的土地使用权、房屋的价格差额。

应纳税额的计算公式为

$$应纳税额=计税依据\times 税率$$

纳税义务发生时间是纳税人签订土地、房屋权属转移合同的当天。纳税人应当自纳税义务发生之日起10日内，向土地、房屋所在地的契税征收机关办理纳税申报，并在契税征收机关核定的期限内缴纳税款。

契税在土地、房屋所在地的征收机关缴纳。

(5)纳税环节和纳税期限

纳税人在办理房地产转让时，要持房地产转让合同及有关资料，到税收征管部门办理纳税申报，即采用“先税后证”的有关规定，契税的纳税环节是在纳税义务发生以后，办理契证或房屋产权证之前。按照《契税暂行条例》，由承受人自转移合同签订之日起10日内办理纳税申报手续，并在征收机关核定的期限内缴纳税款。

(6)减税、免税

有下列行为之一的，减征、免征契税：

①国家机关、事业单位、社会团体、军事单位承受土地、房屋用于办公、教学、医疗、科研和军事设施的，免征；

②城镇职工，按规定第一次购买公有住房的，免征；

③因不可抗力灭失住房而重新购买住房的，免征；

④土地、房屋被县级以上人民政府征用、占用后，重新承受土地、房屋权属的，由省、自治区、直辖市人民政府决定是否减征或者免征；

⑤纳税人承受荒山、荒沟、荒滩、荒丘土地使用权，用于农、林、牧、渔业生产的，免征；

⑥以自有房产作股投入本人经营企业，免纳契税。

⑦依照我国有关法律规定以及我国缔结或参加的双边和多边条约或协定的规定应当予以免税的外国驻华大使馆、领事馆，联合国驻华机构及其外交代表、领事官员和其他外交人员承受土地、房屋权属的，经外交部确认，可以免征。

(7)其他有关规定

①对于《中华人民共和国继承法》规定的法定继承人(包括配偶、子女、父母、兄弟姐妹、祖父母、外祖父母)继承土地、房屋权属，不征契税。

②按照《中华人民共和国继承法》规定，非法定继承人根据遗嘱承受死者生前的土地、房屋权属，属于赠与行为，应征收契税。

2010年财政部、国家税务总局、住房城乡建设部《关于调整房地产交易环节契税、个人所得税优惠政策的通知》财税[2010]94号规定：对个人购买普通住房，且该住房属于家庭(成员范围包括购房人、配偶以及未成年子女，下同)唯一住房的，减半征收契税。对个人购买90平方米及以下普通住房，且该住房属于家庭唯一住房的，减按1%税率征收契税。

2. 印花税

印花税是对因商事活动、产权转移、权利许可证照授受等行为而书立、领受的应税凭证征收的一种税。

(1)印花税的纳税人

印花税的纳税人为在中国境内书立、领受税法规定应税凭证的单位和个人,包括国内各类企业、事业、机关、团体、部队及中外合资企业、中外合作企业、外商独资企业、外国公司和其他经济组织及其在华机构等单位和个人。

(2)印花税的征收范围

印花税的征收范围主要是经济活动中最普遍、最大量的各种商事和产权凭证,具体包括以下几项:

①购销、加工承揽、建设工程勘察设计、建设安装工程承包、财产租赁、货物运输、仓储保管、借款、财产保险、技术等合同或者具有合同性质的凭证;

②产权转移书据;

③营业账簿;

④权利、许可证照;

⑤经财政部确定征税的其他凭证。

(3)印花税的税率

印花税的税率采用比例税率和定额税率两种。对一些载有金额的凭证,如各类合同、资金账簿等,采用比例税率。税率共分 5 档:千分之一、万分之五、万分之三、万分之零点五、万分之零点三。适用定额税率的是权利许可证照和营业账簿税目中的其他账簿,单位税额均为每件五元。

(4)印花税的计税依据

印花税的计税依据根据应税凭证的种类,分别有以下几种:

①合同或具有合同性质的凭证,以凭证所载金额作为计税依据。具体包括购销金额、加工或承揽收入、收取费用、承包金额、租赁金额、运输费用、仓储保管费用、借款金额、保险费收入等项;

②营业账簿中记载资金的账簿,以固定资产原值和自有流动资金总额作为计税依据;

③不记载金额的营业执照、专利证、专利许可证照,以及企业的日记账簿和各种明细分类账簿等辅助性账簿,按凭证或账簿的件数纳税。

(5)印花税的减免

对下列情况免征印花税:

①财产所有人将财产捐赠给政府、社会福利单位、学校所书立的书据,免征印花税;

②已纳印花税凭证的副本或抄本,免征印花税;

③外国政府或者国际金融组织向我国政府及国家金融机构提供优惠贷款所立的合同,免征印花税;

④有关部门根据国家政策需要发放的无息、贴息贷款合同，免征印花税；

⑤经财政部批准免税的其他凭证。

2012 年 2 月 20 日，国家税务总局纳税服务司就纳税咨询热点问题作出解答，明确夫妻婚前财产婚后加名无需缴纳印花税。《中华人民共和国婚姻法》规定，婚后约定一方的财产可以变为共同财产，所以夫妻婚前财产，婚后加名，是夫妻之间关于财产的一种处分行为，是夫妻之间对财产关系作出的一个约定，并不代表产权的变更，不是一般意义上所讲的普通的赠与关系。因此，按照现行规定，不属于《印花税暂行条例施行细则》第五条规定的征税范围，不需要缴纳印花税。

3. 耕地占用税

(1)耕地占用税的纳税人

《中华人民共和国耕地占用税暂行条例》规定，凡在我国境内占用耕地建房或从事其他非农业建设的单位和个人，都是耕地占用税的纳税义务人。对未经批准占用耕地的，纳税人为实际用地人。

(2)耕地占用税的纳税范围

耕地占用税的征收范围包括用于建房或从事其他非农业建设征(占)用的国家和集体所有的耕地(占用前三年内曾用于种植农作物的土地，亦视为耕地)。具体列入耕地占用税征税范围的耕地有：

①种植粮食作物、经济作物的土地。包括粮田、棉田、麻田、烟田、蔗田等；

②菜地。即用于种植各类蔬菜的土地；

③园地。包括苗圃、花圃、茶园、果园、桑园和其他种植经济林木的土地；

④鱼塘；

⑤其他农用土地。例如已开发从事种植、养殖的滩涂、草场、水面、林地等。

(3)耕地占用税的税率

耕地占用税实行从量计征的地区差别定额税制，以规定单位面积的税额作为征收标准。考虑到我国地区之间经济发展不平衡，人均占用耕地数量的差别较大，《中华人民共和国耕地占用税暂行条理》按人均占有耕地面积将税额标准分为四个档。具体规定如下：

①以县为单位(下同)，人均耕地在 1 亩以下(含 1 亩)的地区，每平方米为 2～10 元；

②人均耕地在 1～2 亩(含 2 亩)的地区，每平方米 1.6～8 元；

③人均耕地在 2～3 亩(含 3 亩)的地区，每平方米为 1.3～6.5 元；

④人均耕地在 3 亩以上的地区，每平方米为 1～5 元。

对经济特区、技术开发和经济发达、人均耕地特别少的地区，税额标准可以适当提高，但是最高不得超过上述规定税额的 50%。

表 7-2　　各省、自治区、直辖市耕地占用税平均税额表

地区	每平方米平均税额(元)
上海	45
北京	40
天津	35
江苏、浙江、福建、广东	30
辽宁、湖北、湖南	25
河北、安徽、江西、山东、河南、重庆、四川	22.5
广西、海南、贵州、云南、陕西	20
山西、吉林、黑龙江	17.5
内蒙古、西藏、甘肃、青海、宁夏、新疆	12.5

(4)耕地占用税的计税

耕地占用税是以纳税人实际占用耕地面积为计税依据，按照规定税率一次性计算征收的。这里所称实际占用的耕地面积，包括经批准占用的耕地面积和未经批准占用的耕地面积。

(5)耕地占用税的减免

从 2004 年 10 月 1 日起，耕地占用税的减免实行申报管理制度。申报耕地占用税减免的纳税人应在用地申请获得批准后的 30 日内，向与批准其占用耕地的土地管理机关同级的征收机关提出减免申报。由国务院或国土资源部批准占用耕地的，由省级征收机关办理减免手续。计税金额在 10000 万元(含 10000 万元)以上的，由省级征收机关办理减免手续，征收机关应在办理减免手续完毕之日起 30 日内报国家税务总局备案。占用耕地 1000 亩以下的耕地占用税的减免及其备案办法由省级征收机关制定。

(6)耕地占用税的征收方式

《中华人民共和国耕地占用税暂行条例》规定，耕地占用税由各级财政机关负责征收。目前各地根据不同情况，主要采取预缴税款、联合办公、同级批地同级征收和银行扣款四种办法。

4. 土地增值税

土地增值税是对有偿转让国有土地使用权及地上建筑物和其他附着物的单位和个人征收的一种税。

(1)纳税人

凡有偿转让国有土地使用权、地上建筑物及其他附着物(以下简称转让房地产)并取得收入的单位和个人为土地增值税的纳税人。

各类企业单位、事业单位、国家机关、社会团体和其他组织，以及个体经营者、

外商投资企业、外国企业及外国驻华机构、以及外国公民、华侨、港澳同胞等均在土地增值税的纳税义务人范围内。

(2)征税范围

土地增值税的征税范围包括国有土地、地上建筑物及其他附着物。具体规定如下：

①土地增值税只对“转让”国有土地使用权的行为征税，对“出让”国有土地使用权的行为不征税。

②土地增值税既对转让国有土地使用权的行为征税，也对转让地上建筑物及其他附着物产权的行为征税。

③土地增值税只对“有偿转让”的房地产征税，对以“继承、赠与”等方式无偿转让的房地产，不予征税。

(3)课税对象和计税依据

土地增值税的课税对象是有偿转让房地产所取得的土地增值额。

土地增值税以纳税人转让房地产所取得的土地增值额为计税依据，土地增值额为纳税人转让房地产所取得的收入减除规定扣除项目金额后的余额。纳税人转让房地产所取得的收入，包括转让房地产的全部价款及相关的经济利益。具体包括货币收入、实物收入和其他收入。

(4)税率和应纳税额的计算

土地增值税实行四级超额累进税率：

①增值额未超过扣除项目金额50%的部分，税率为30%；

②增值额超过扣除项目金额50%，未超过100%的部分，税率为40%；

③增值额超过扣除项目金额100%，未超过200%的部分，税率为50%；

④增值额超过扣除项目金额200%以上部分，税率为60%。

每级“增值额未超过扣除项目金额”的比例均包括本比例数。

为简化计算，应纳税额可按增值额乘以适用税率减去扣除项目金额乘以速算扣除系数的简便方法计算，速算公式如下：

土地增值额未超过扣除项目金额50%的，应纳税额＝土地增值额×30%；

土地增值额超过扣除项目金额50%，未超过100%的，应纳税额＝土地增值额×40%－扣除项目×5%；

土地增值额超过扣除项目金额100%，未超过200%的，应纳税额＝土地增值额×50%－扣除项目×15%；

土地增值额超过扣除项目金额200%的，应纳税额＝土地增值额×60%－扣除项目金额×35%。

(5)扣除项目金额包括以下几部分

①取得土地使用权所支付的金额，是指纳税人为取得土地使用权所支付的地价款和按国家统一规定交纳的有关费用。

②开发土地和新建房及配套设施的成本，是指纳税人房地产开发项目实际发生的成本，包括土地征用及拆迁补偿费、前期工程费、建筑安装工程费、基础设施费、公共配套设施费、开发间接费用。其中：a. 土地征用及拆迁补偿费，包括土地征用费、耕地占用税、劳动力安置费及有关地上、地下附着物拆迁补偿的净支出、安置动迁用房支出等；b. 前期工程费，包括规划、设计、项目可行性研究和水文、地质、勘察、测绘、"三通一平"等支出。c. 建筑安装工程费，是指以出包方式支付给承包单位的建筑安装工程费，以自营方式发生的建筑安装工程费；d. 基础设施费，包括开发小区内道路、供水、供电、供气、排污、排洪、通讯、照明、环卫、绿化等工程发生的支出；e. 公共配套设施费，包括不能有偿转让的开发小区内公共配套设施发生的支出；f. 开发间接费用，是指直接组织、管理开发项目发生的费用，包括工资、职工福利费、折旧费、修理费、办公费、水电费、劳动保护费、周转房摊销等。

③开发土地和新建房及配套设施的费用，是指与房地产开发项目有关的销售费用、管理费用、财务费用。财务费用中的利息支出，凡能够按转让房地产项目计算分摊并提供金融机构证明的，允许据实扣除，但最高不能超过按商业银行同类同期贷款利率计算的金额。其他房地产开发费用，按①、②项计算的金额之和的 5% 以内计算扣除。凡不能按转让房地产项目计算分摊利息支出或不能提供金融机构证明的，房地产开发费用按①、②项规定计算的金额之和的 10% 以内计算扣除。

④旧房及建筑物的评估价格，是指在转让已使用的房屋及建筑物时，由政府批准设立的房地产评估机构评定的重置成本乘以成新率的价格。评估价格须经当地税务机关确认。

⑤与转让房地产有关的税金，是指在转让房地产时缴纳的营业税、城市维护建设税、印花税。因转让房地产交纳的教育费附加，也可视同税金予以扣除。

⑥财政部规定的其他项目，指按规定对从事房地产开发的纳税人可按①、②项费用计算的金额之和，加计 20% 扣除。

另外，对纳税人成片受让土地使用权后，分期分批开发、分块转让的，其扣除项目金额的确定，可按转让土地使用权的面积占总面积的比例计算分摊；或按建筑面积计算分摊。也可按税务机关确认的其他方式计算分摊。

纳税人有下列情形之一者，按照房地产评估价格计算征收土地增值税：

①隐瞒、虚报房地产价格的；

②提供扣除项目金额不实的；

③转让房地产的成交价格低于房地产评估价，又无正当理由的。

(6)征收方式

第一种方式:核定征收,按照转让二手房交易价格全额的1%征收率征收,这种模式类似于目前的个人所得税征收方式。如成交价为50万元,土地增值税应为500000×1%=5000元。

第二种方式:减除法定扣除项目金额后,按四级超率累进税率征收。其中又分两种情况:

①能够提供购房发票的,可减除以下项目金额:

a.取得房地产时有效发票所载的金额;

b.按发票所载金额从购买年度起至转让年度止每年加计5%的金额;

c.按国家规定统一交纳的与转让房地产有关税金;

d.取得房地产时所缴纳的契税。

②不能够提供购房发票,但能够提供房地产评估机构按照重置成本评估法评定的房屋及建筑物价格评估报告的,扣除项目金额按以下标准确认:

a.取得国有土地使用权时所支付的金额证明;

b.中介机构评定的房屋及建筑物价格(不包括土地评估价值),需经地方主管税务机关对评定的房屋及建筑物价格进行确认;

c.按国家规定统一交纳的与转让房地产有关的税金和价格评估费用。

(7)征收管理

纳税地点:土地增值税的纳税人应向房地产所在地主管税务机关办理纳税申报,并在税务机关核定的期限内缴纳。

"房地产所在地",是指房地产的坐落地。纳税人转让的房地产坐落在两个或两个以上地区的,应按房地产所在地分别申报纳税。

纳税申报:土地增值税的纳税人应在转让房地产合同签订后的7日内到房地产所在地主管税务机关办理纳税申报,并向税务机关提交房屋及建筑物产权、土地使用权证书,土地转让、房产买卖合同,房地产评估报告及其他与转让房地产有关的资料。

(8)减税、免税

下列情况免征土地增值税:

①纳税人建造普通标准住宅出售,其土地增值额未超过扣除金额20%的;

②因国家建设需要而被政府征收的房地产。

其中,普通标准住宅是指按所在地一般民用住宅标准建造的居住用房。普通标准住宅与其他住宅的具体划分界限由各省、自治区、直辖市人民政府规定。纳税人建造普通标准住宅出售,增值额未超过《中华人民共和国土地增值税实施细则》第七条(一)、(二)、(三)、(五)、(六)项扣除项目金额之和20%的,免征土地增值税;增值额超过扣除项目之和的 20%的,应就其全部增值额按规定计税。

因国家建设需要依法征收、收回的房地产,是指因城市实施规划、国家建设需要而被政府批准征收的房产或土地使用权。因城市实施规划、国家建设的需要而搬迁,由纳税人自行转让原房地产的,免征土地增值税。

符合上述免税规定的单位和个人,须向房地产所在地税务机关提出免税申请,经税务机关审核后,免征土地增值税。

5. 固定资产投资方向调节税

固定资产投资方向调节税是对单位和个人用于固定资产投资的各种资金征收的一种税。在中国境内进行固定资产投资的单位和个人,为固定资产投资方向调节税的纳税人。

投资方向调节税以在我国境内所有用于固定资产投资的各种资金为课税对象。纳税人用各种资金进行固定资产投资,不论其投资来源渠道如何,都属于征税范围。

投资方向调节税以固定资产投资项目实际完成的投资额为计税依据。

投资方向调节税根据国家产业政策和经济规模实行差别税率,具体适用税率为 0%、5%、10%、15%、30%五个档次。对经济适用房,不论是房地产开发企业还是其他企事业单位投资建设,一律按零税率项目对待。

《固定资产投资方向调节税税目税率表》由国务院定期调整。从 1995 年起,固定资产投资方向调节税暂停征收。

7.2.4　资源、财产税

1. 城镇土地使用税

城镇土地使用税(以下简称土地使用税)是以城镇土地为课税对象,向拥有土地使用权的单位和个人征收的一种税。

(1)纳税人

土地使用税的纳税人是拥有土地使用权的单位和个人。拥有土地使用权的纳税人不在土地所在地的,由代管人或实际使用人纳税;土地使用权未确定或权属纠纷未解决的,由实际使用人纳税;土地使用权共有的,由共有各方划分使用比例分别纳税。

(2)课税对象

土地使用税在城市、县城、建制镇和工矿区征收。课税对象是上述范围内的土地。

(3)计税依据

土地使用税的计税依据是纳税人实际占用的土地面积。

(4)适用税额和应纳税额的计算

土地使用税采用分类分级的幅度定额税率。每平方米的年幅度税额按城市大小分 4 个档次:①大城市 1.5～30 元;②中等城市 1.2～24 元;③小城市 0.9～18 元;④县城、建制镇、工矿区 0.6～12 元。

考虑到一些地区经济较为落后,需适当降低税额以及一些经济发达地区需适当提高税额的情况,但经济落后地区降低额不得超过最低税额的 30%;经济发达地区可以适当提高适用税额标准,但必须报经财政部批准。

(5)纳税地点和纳税期限

①纳税地点

土地使用税由土地所在的税务机关征收。土地管理机关应当向土地所在地的税务机关提供土地使用权属资料。纳税人使用的土地不属于同一省(自治区、直辖市)管辖范围的,应由纳税人分别向土地所在地的税务机关缴纳;在同一省(自治区、直辖市)管辖范围内,纳税人跨地区使用的土地,其纳税地点由省、自治区、直辖市税务机关确定。

②纳税期限

土地使用税按年计算,分期缴纳。

(6)减税、免税

①政策性免税

对下列土地免征土地使用税:

a,国家机关、人民团体、军队自用的土地;

b.由国家财政部门拨付事业经费的单位自用的土地;

c.宗教寺庙、公园、名胜古迹自用的土地;

d.市政街道、广场、绿化地带等公共用地;

e.直接用于农、林、牧、渔业的生产用地;

f.经批准开山填海整治的土地和改造的废弃土地,从使用的月份起免缴土地使用税 5 年至 10 年;

g.由财政部另行规定的能源、交通、水利等设施用地和其他用地。

②由地方确定的免税

下列几项用地是否免税,由省、自治区、直辖市税务机关确定:

a.个人所有的居住房屋及院落用地;

b.房产管理部门在房租调整改革前经租的居民住房用地;

c.免税单位职工家属的宿舍用地;

d.民政部门举办的安置残疾人占一定比例的福利工厂用地;

e.集体和个人举办的学校、医院、托儿所、幼儿园用地。

③困难性及临时性减免税

纳税人缴纳土地使用税确有困难需要定期减免的，由省、自治区、直辖市税务机关审批，但年减免税额达到或超过 10 万元的，要报经财政部、国家税务总局批准。

2. 房产税

房产税是《中华人民共和国房产税暂行条例》设定的，以房产为课税对象，向产权所有人征收的一种税。

(1)纳税人

凡是中国境内拥有房屋产权的单位和个人都是房产税的纳税人。产权属于全民所有的，以经营管理的单位和个人为纳税人；产权出典的，以承典人为纳税人；产权所有人、承典人均不在房产所在地的，或者产权未确定以及租典纠纷未解决的，以房产代管人或者使用人为纳税人。

(2)课税对象

房产税的课税对象是房产。条例规定，房产税在城市、县城、建制镇和工矿区征收。

(3)计税依据

对于非出租的房产，以房产原值一次减除 10%～30%后的余值为计税依据。具体减除幅度由省、自治区、直辖市人民政府确定。

对于出租的房产，以房产租金收入为计税依据。租金收入是房屋所有权人出租房产使用权所得的报酬，包括货币收入和实物收入。

(4)税率

房产税采用比例税率。按房产余值计征的，税率为 1.2%；按房产租金收入计征的，税率为 12%。

(5)纳税地点和纳税期限

①纳税地点

房产税在房产所在地缴纳。房产不在同一地方的纳税人，应分别向房产所在地的税务机关纳税。

②纳税期限

房产税按年计征，分期缴纳。具体纳税期限由各省、自治区、直辖市人民政府规定。

(6)减税免税

下述房产免征房产税：

①国家机关、人民团体、军队自用的房产。但是，上述单位的出租房产以及非自身业务使用的生产、经营用房，不属于免税范围。

②由国家财政部门拨付事业经费的单位自用的房产。

③宗教寺庙、公园、名胜古迹自用的房产。但其附设的营业用房及出租的房产,不属于免税范围。

④个人所有非营业用的房产。

⑤经财政部批准免税的其他房产。包括:

a. 损坏不堪使用的房屋和危险房屋,经有关部门鉴定后,可免征房产税。

b. 对企业因停产、撤销而闲置不用的房产,经省、自治区、直辖市税务机关批准可暂不征收房产税;如果这些房产转给其他征税单位使用或恢复生产的时候,应依照规定征税。

c. 房产大修停用半年以上的,经纳税人申请,税务机关审核,在大修期间可免征房产税。

d. 在基建工地为基建工地服务的各种工棚、材料棚、休息棚和办公室、食堂、茶炉房、汽车房等临时性房屋,在施工期间一律免征房产税。但是,工程结束后,施工企业将这种临时性房屋交还或估价转让给基建单位的,应从基建单位接收的次月起,依照规定征税。

e. 企业办的各类学校、医院、托儿所、幼儿园自用的房产,可免征房产税。

f. 中、小学校及高等学校用于教学及科研等本身业务的房产免征房产税。但学校兴办的校办工厂、校办企业、商店、招待所等的房产应按规定征收房产税。

(7)房产税的改革试点

经国务院同意,上海市、重庆市从 2011 年 1 月 28 日起,开展对个人住房征收房产税的改革试点。

①重庆房产税征收要点

a. 重庆房产税征收对象

重庆房产税征收对象包括:独栋商品住宅,不管存量还是增量;个人新购的高档住房,主城新建商品住房建筑面积成交均价高两倍的房子;无重庆户籍、未在当地工作,在重庆买房,第一套不收税,但是两套及两套以上,开始收税。

b. 重庆房产税的税率

对于房价达到当地均价 2 倍至 3 倍的房产,将按房产价值的 0.5%征税;对于房价达到当地均价 3 倍至 4 倍的房产,将按房产价值的 1%征税;4 倍以上,按 1.2%的税率征税。

c. 收入用途

重庆市委市政府常务会议决定,征收的房产税都放到公租房建设中。

d. 抵扣政策

如无存量商品住宅,买首套独栋商品住宅和高档住房都有抵扣。存量独栋商品住宅可以抵扣 180 平方米，高档住房可以抵扣 100 平方米，具体抵扣以户计算。

f. 计税依据

目前是以房产交易价为征税基数，3～5 年以后可能会用评估的方法计税。

②上海房产税征收要点

a. 上海房产税征收对象

上海市居民家庭在本市新购且属于该居民家庭第二套及以上的住房（包括新购的二手存量住房和新建商品住房，下同）和非本市居民家庭在本市新购的住房（以下统称"应税住房"）。

b. 上海房产税税率

适用税率暂定为 0.6%。应税住房每平方米市场交易价格低于上海市上年度新建商品住房平均销售价格 2 倍（含 2 倍）的，税率暂减为 0.4%。

c. 收入用途

对房产税试点征收的收入，用于保障性住房建设等方面的支出。

d. 征收管理

凡新购住房，购房人在办理房地产登记前应按地方税务机关的要求，主动提供家庭成员情况和由市房屋状况信息中心出具的其在本市拥有住房相关信息的查询结果。

e. 计税依据

试点初期，暂以应税住房的市场交易价格作为计税依据。房产税暂按应税住房市场交易价格的 70%计算缴纳。

7.3 房地产相关收费

7.3.1　土地使用费

为加强土地管理，调节土地级差收益，各地都先后规定了在各自所辖区域内，使用土地的单位和个人缴纳土地使用费的标准。土地使用费的征收，通常由当地土地管理部门负责，土地使用费的标准一般根据当地社会经济发展情况，每隔3～5年调整一次。

土地使用费的缴纳人一般为使用土地的单位和个人。以土地投资入股与地方兴办合资、合作或联营企业的，合资、合作或联营企业为缴纳人，但经批准的合营合同中另有约定的，按合同办理；土地权属没有转移的，提供土地的一方为缴纳人；土地使用权出让转让的，受让方为缴纳人；租赁房屋的，房屋所有人为缴纳人；经营土地开发的，在土地使用权转让前，经营开发单位为缴纳人，土地使用权转让的，受让方为缴纳人；农村工商用地和宅基地，以工商企业、宅基地使用人为缴纳人；共有的土地，以“房地产证”或“土地使用证”登记的权利人为缴纳人。

7.3.2 房地产开发经营中的行政性收费

行政性收费由地方政府和有关部门向房地产开发企业收取，费用项目繁多，费用项目的名称和征收标准各地有很大差异。国家对房地产开发中的行政性收费进行了多次治理，取消了许多名目不合理的收费。目前，房地产开发商在开发过程中仍需缴纳的行政性收费项目，主要包括管理费和手续费、项目性收费和证书工本费三类。

1. 管理费和手续费

管理费和手续费包括征地管理费、拆迁管理费、建设工程招投标管理费、建设工程勘察招标管理费、工程标底编制管理费、质量管理监督费、竣工图费、建材发展补充基金、规划审核费、工程预算审核费、房价审核费、土地出让业务费、土地补偿保证金、土地登记费、界址费、合同鉴证费、质量监督费、占道费和交通管理费、商品房交易管理费和手续费、房屋所有权登记费等。

2. 项目性收费

项目性收费包括城市基础设施建设费、市政公用设施建设费、防空地下室易地建设费、地下水资源费（地下水资源养蓄基金）、地下热水资源费、化粪池建设费、供电贴费（电力增容费）、水增容费、煤气增容费、旧城改造费、墙体改造费、白蚁防治费、砂石管理费、地名费、劳动统筹费、教育集资费、居住小区物业管理启动经费、住宅共用部位和共用设施设备维修基金等。

3. 证书工本费

证书工本费包括规划许可证工本费、规划图纸工本费、土地使用权证工本费、合同预算审查工本费、建筑许可证工本费、房地产权证书工本费等。

7.3.3 房地产中介服务费

房地产中介服务费是一种重要的经营性服务收费，主要发生在房地产交易活动中。房地产交易不同于一般的商品交换活动，它常常涉及许多相关专业知识和一些专门技能。因此，房地产交易双方通常借助于专门的服务机构进行交易行为。在一方或双方委托中介服务机构来完成房地产交易时，就要支付中介服务性的费用。为了规范房地产中介服务收费行为，国家明确规定房地产中介服务收费实行明码标价制度。目前我国的中介服务性收费主要有：房地产咨询费、房地产经纪费、房地产价格评估费。

案例分析

[案情介绍]——房地产税费计算

某房地产开发公司 2000 年开发商品房对外出售，具体情况如下：

(1)按转让产权合同取得收入 4000 万元；

(2)支付取得土地使用权的金额 800 万元；

(3)开发成本费用 1500 万元；

(4)开发费用 250 万元(当地政府规定开发费用的扣除比例为 10%)；

(公司营业税税率 5%、城市维护建设税税率 7%、教育费附加征收率 3%、印花税税率 0.5‰、企业所得税税率 33‰。投资方向调节税由购买方缴纳，本案例不予考虑。)

公司计算应缴纳的有关税金如下：

①应缴纳营业税＝4000×5%＝200(万元)

②应缴纳城市维护建设税＝200×7%＝14(万元)

③应缴纳教育费附加＝200×3%＝6(万元)

④应缴纳印花税＝4000×0.5‰＝2(万元)

⑤应缴纳土地增值税：

a. 扣除项目金额＝800＋1500＋250＋222＋(800＋1500)×20%＝3232(万元)

b. 增值额＝4000－3232＝768(万元)

c. 增值率＝768÷3232＝24%

d. 应缴纳土地增值税＝768×30%－3232×0＝230.4(万元)

e. 应缴纳企业所得税＝(4000－3232－230.4)×33%＝177.408(万元)

要求：

(1)根据上述核算资料，分析公司计算应缴纳的各种税费是否正确？如果不正确，错在何处？

(2)该公司应缴纳的各种税费应该是多少？

[法理评析]

(1)公司自行计算应缴纳的营业税、城市维护建设税、教育费附加、印花税正确，土地增值税、企业所得税错误。

①计算土地增值额时，其开发费用应按照当地政府规定的比例计算扣除，而企

业按照实际数扣除。

②按照规定，房地产开发公司缴纳的印花税，应计入其“管理费用”账户中，计算土地增值额时不再单独扣除。

③公司在计算企业所得税时，扣除金额中含有计算土地增值时的加计扣除金额，加计扣除金额允许作为计算土地增值额时扣除数，企业所得税的扣除项目中没有该项规定。

(2)核定应缴纳的土地增值税、企业所得税如下：

①土地增值税

a.扣除项目金额＝800＋1500＋(800＋1500)×10％＋222＋(800＋1500)×20％＝3212(万元)

b.增值额＝4000－3212＝788(万元)

c.增值率＝788÷3210＝25％

d.应缴纳土地增值税＝788×30％－3210×0＝237(万元)

②企业所得税

a.应纳税所得额：4000－800－1500－250－222－237＝991(万元)

b.应缴纳企业所得税＝991×33％＝327.03(万元)

思考题

1.税收的概念及特征有哪些？

2.试述营业税如何计征。

3.你认为应如何进行房产税的改革？

4.土地增值税的计税依据是什么？

5.土地使用税的纳税人是谁？

6.房地产开发经营中的行政性收费有哪些？

第8章 物业管理法律制度

本章提要：

良好的物业管理，不仅能为物业服务公司带来好的效益，而且能够实现物业的保值增值，并创造良好的社会效益、环境效益和生态效益。本章主要包括物业管理的起源与发展；物业管理的有关概念、内容；业主、业主大会、业主委员会以及物业服务企业等有关内容。通过本章的学习，了解物业管理的起源与发展、业主自治的基本原理、普通住宅小区物业管理服务等级标准；理解物业管理的基本概念、物业管理的基本内容、新的《物业管理条例》修改内容及《物权法》对物业归属权的规定，物业服务企业的设立，物业服务企业的权利及义务，物业服务的委托等内容；掌握物业管理的主要环节，业主、业主大会、业主委员会、管理规约、物业服务企业的性质，物业服务合同的订立。

8.1 物业管理概述

8.1.1 物业管理的起源与发展

物业管理是社会经济发展到一定水平的必然产物。传统意义上的物业管理起源于19世纪60年代的英国。由于工业革命的发展,大量农村人口涌入工业城市,引起了城市房屋需求的增加,但对其缺乏管理导致了诸如房屋破损严重、居住环境日趋恶化等社会问题。当时,英国有一位名叫奥克维娅·希尔(OctaviaHill)的女士迫不得已为其名下出租的物业制定了一套规范租户行为的管理办法,出乎意料地收到了良好效果,招致当地人士纷纷效仿。这可以说是世界上最早的"物业管理"。时至今日,英国的物业管理作为一个固定行业,整体水平是世界一流的。除了传统意义上的楼宇维修、养护、清洁、保安外,物业管理的内容已延展到工程咨询和监理、物业功能布局和划分、市场行情调查和预测、目标客户群认定、物业租售推广代理、通讯及旅行安排、智能系统化服务、专门性社会保障服务等全方位服务。英国在普遍推行物业管理的同时,成立了英国皇家物业管理学会,会员遍布世界各地。

现代意义上的物业管理产生于19世纪末的美国,建筑机械等技术的发展使装有电梯的高层楼宇出现之后,由于其附属设备多,结构复杂,需要专业性很强的日常养护、维修,于是专业的物业管理机构开始出现。

1908年,由美国芝加哥摩天大楼的管理者乔治·A·霍尔特组织的"芝加哥建筑物管理人员组织(CBM-Chicago Building Managers Organization)"召开了第一次全国性工作会议,宣告了世界上第一个专业的物业管理组织的诞生。

香港物业管理的产生与发展是20世纪50年代以后的事,1953年圣诞夜九龙石硖尾木屋的一场大火使5万人无家可归,使香港的居住和治安问题引起社会重视。于是,香港政府开始实施"公共房屋计划",相应的物业管理机构产生。1970年,香港立法局即制定了《多层建筑物(业主法团)条例》为物业管理的主要法规。

中国内地的物业管理产生于20世纪80年代初期,改革开放政策使商品经济得以复苏,特别是沿海开放城市率先打破了传统土地管理和使用制度,并实施一系列优惠政策,从而吸引了大量的外资涌入,房地产业异军突起,涉外商品房产生。涉外商品房的业主、住户大多为港、澳同胞和海外侨胞,他们按海外生活的水准对商品房产提出售后要求,也即所购房产保值、增值的要求和居住环境安全、舒适、文明的要求。传统的福利性房管制度无法适应这一新形势，物业管理在涉外商品房区最先被配套引入。

1980 年深圳市房地产公司(深房集团前身，1980 年 1 月 8 日成立)与港商合资开发的深圳第一个涉外商品房项目——东湖丽苑小区开工兴建。深圳市房地产借鉴香港的物业管理，于 1981 年 3 月 10 日成立了深圳市物业管理公司。

1993 年 6 月 30 日，深圳市成立了国内首家物业管理协会；1994 年深圳市颁布了《深圳经济特区住宅区物业管理条例》，为深圳物业管理行业的规范化、法制化奠定了基础；之后的四年时间里，正式注册的物业服务企业发展到 430 家，其他物业管理机构 700 多家，从业人员 10 万人，物业管理覆盖率住宅区达到 90%以上，高层楼宇 80%以上，工业区 50%以上。

在十几年的实践与探索过程中，深圳诞生了国内第一家物业管理公司；成立了国内第一个物业管理协会；颁布了国内第一部物业管理地方性法规；开办了国内第一个物业管理进修学院；举行了国内第一次物业管理权的招投标；造就了万科、天安、中海、金地、长城等一批全国知名的物业管理专业公司；产生了莲花二村、莲花北村、天安工业区、鹏基工业区、国贸大厦、电子大厦等一批全国优秀示范小区、工业区和大厦。

为了规范该行业的管理，2000 年 10 月 15 日，中国物业管理协会在北京正式成立。

从 1981 年深圳市成立国内第一家物业管理公司，至 2003 年《物业管理条例》的出台，中国物业管理行业经历了 20 多年没有国家条例的阶段，表明物业管理在中国内地经 20 多年的实践之后正式走上了法制化的管理轨道。到如今，物业管理作为我国新兴的转型性行业，正经历着从传统行政福利性的房管模式向社会化、专业化的现代经营管理模式的转变。

2007 年《物权法》颁布实施，其中对建筑物区分所有的权利关系作了规定，并且阐述了与物业管理较为相关的业主权利、相邻关系等内容。《物权法》的颁布也带来了物业管理立法的重大发展，《物权法》中对建筑物区分所有权、相邻关系、业主、业主大会权利的规定为物业管理立法提供了法律支持，使物业管理立法更加具有说服力和法律依据。

2007 年，国务院对《物业管理条例》进行修订，使得《物业管理条例》的实践可操作性有所增强。《物权法》的颁布实施和《物业管理条例》的修订都为物业管理立法注入了新的活力，对于现实中众多的物业管理纠纷起到了规范和良好的指引作用。此外，中华人民共和国住房和城乡建设部还先后颁布了《物业管理企业资质管理试行办法》(建住房[1999]261 号)、《住宅室内装饰装修管理办法》(建设部令[2002]第 110 号)、《业主大会和业主委员会指导规则》(2009 年 12 月 1 日)、《住宅专项维修资金管理办法》(中华人民共和国建设部、财政部 第165号令,2007年12月4日)等,对物业管理行业的进一步规范都起到了很大的作用。

2009年,最高人民法院先后通过两个司法解释,分别是《关于审理建筑物区分所有权纠纷案件具体应用法律若干问题的解释》和《关于审理物业服务纠纷案件具体应用法律若干问题的解释》,这两部司法解释篇幅不长,但是每一条都涉及建筑物区分所有和物业管理的具体问题,具有时代特征。这两个解释的最大特点就是可操作性强,可以直接适用到具体的司法实践中,比如说《物业服务纠纷解释》第十条规定:"物业服务合同的权利义务终止后,业主委员会请求物业服务企业退出物业服务区域、移交物业服务用房和相关设施,以及物业服务所必需的相关资料和由其代管的专项维修资金的,人民法院应予支持。物业服务企业拒绝退出、移交,并以存在事实上的物业服务关系为由,请求业主支付物业服务合同权利义务终止后的物业费的,人民法院不予支持。"这一条明确规定物业服务企业在解聘之后必须做好退出移交手续,及时交接必要的档案资料和设施设备,不得以"赖"的态度要挟业主继续支付物业费。即使这个时候物业服务企业真的继续为业主付出了物业服务,法院也不会支持物业服务企业请求业主支付权利义务关系终止之后的费用。这就从法律层面上强制性地迫使物业服务企业必须及时移交所有手续,避免了互相扯皮以至于武力对抗的现象。这两部司法解释体现着我国物业管理立法的重大进步,对我国物业管理制度的发展起到了具体可行的促进作用。

2007年年底,人事部和建设部联合下发了《关于公布物业管理师资格认定考试结果的通知》,全国共有1119名从业人员取得了物业管理师资格。首批物业管理师的诞生,预示着物业管理师制度全面实施的良好开局。物业管理师制度的实施,有利于推进物业管理专业化、社会化、市场化和国际化的进程,是物业管理科学发展的必然选择。对提升行业竞争能力、强化企业风险意识、完善现代企业制度、优化人才激励机制、改变经济增长方式、改善行业社会形象等诸多方面产生了深远影响。2010年《注册物业管理师》考试在全国范围内展开。随着物业管理师队伍建设步伐的加快,越来越多的企业认识到企业的核心竞争力在于人才,尤其是需要大批高素质的项目经理和各类项目主管,以更好地落实企业发展战略和服务宗旨,推动物业管理的精细化,推进管理和服务的创新,以保障企业在大浪淘沙的变革时期立于不败之地。因此,很多企业采取措施鼓励各类经理人员报考物业管理师,一些企业下大力气抓职工培训,有的企业着手建立有利于管理人才脱颖而出的成长激励机制。一些大专院校也纷纷开设物业管理专业课程,向行业输送专门人才。所有这些,都对提升物业管理从业人员素质,提高行业核心竞争力起到了积极的推动作用。

8.1.2　2007版的《物业管理条例》修改内容及《物权法》对物业归属权的规定

1. 2007版的《物业管理条例》的修改内容

(1)物业由“管理”到“服务”

2007版的《物业管理条例》中最引人注目的变化是：根据《物权法》的有关规定，将“物业管理企业”修改为“物业服务企业”；将“业主公约”修改为“管理规约”；将“业主临时公约”修改为“临时管理规约”。物业公司由“管理”改为“服务”，是对物业和业主关系更加合理而明确的定位。物业公司本来就是全体业主花钱聘请的，从本质上说双方是一种服务与被服务的契约关系。“业主公约”改为“管理规约”也带来一种语气的变化，原来只是大家相约自觉遵守，而现在有了一定的强制性。

(2)业主委员会成立的指导部门增加

增加“街道办事处、乡镇人民政府”为成立业主大会、选举产生业主委员会的指导部门。

此次修改，突出了基层管理，对业主、物业公司的指导更直接，实际操作性更强。

(3)通过起诉可撤销业主大会或者业主委员会的决定

业主大会或者业主委员会的决定对业主具有约束力。业主大会或者业主委员会作出的决定侵害业主合法权益的，受侵害的业主可以请求人民法院予以撤销。

以往，业主大会或者业主委员会一旦决定通过，业主就没有权利改变。当业委会作出的决定不合理时，业主该怎么办？修改后的条文赋予了被侵害权益业主获得司法救济的权利。业主可以以个人名义对业委会的决定进行起诉，只要有不合理的地方，都有权提出申请，将其撤销。这样做，更有利于保护个人权益。

(4)严格专项维修资金使用条件

条例修改后，业主大会对“筹集和使用专项维修资金”和“改建、重建建筑物及其附属设施”这两项事项作决定时，应当经专有部分占建筑物总面积2/3以上的业主，且占总人数2/3以上的业主同意，规定得更加严格。

(5)解聘物业服务公司，投票权数既要考虑面积也要考虑人数

原来的《物业管理条例》规定，解聘物业服务公司需经全体业主所持投票权数的2/3以上通过。也就是说原来的表决是采取单一指标，主要考虑的是房屋建筑面积及对应的投票权数。新的条例除了维持原来的投票权数以外又新增加了业主人数的规定（总人数过半同意可解聘物业服务公司），这样修订是为了更好地维护业主的权益，防止拥有房屋建筑面积比较大的业主左右表决权。

同时,由业主共同决定的7件"大事"的通过要求也有了变化——除了"筹集和使用专项维修资金以及改建、重建建筑物及其附属设施"这两项决定,应当经专有部分占建筑物总面积2/3以上的业主且占总人数2/3以上的业主同意外,其他选聘和解聘物业服务企业等5件"大事",都只要经专有部分占建筑物总面积过半数的业主且占总人数1/2的业主同意就可以了。

2.《物权法》对物业归属权的规定

(1)小区车库应当首先满足业主需要

随着住房制度改革,现代化社区大量出现。因小区内车位、车库的归属问题,以及停放在小区内道路上车位收费问题而引发的纠纷逐渐成为社会各界关注的热点。对此,《物权法》明确规定:"建筑区划内,规划用于停放汽车的车位、车库应当首先满足业主的需要。建筑区划内,规划用于停放汽车的车位、车库的归属,由当事人通过出售、附赠或者出租等方式约定。占用业主共有的道路或者其他场地用于停放汽车的车位,属于业主共有。"

(2)建筑区划内的道路属于业主共有

建筑区划内的道路,属于业主共有,但属于城镇公共道路的除外。建筑区划内的绿地,属于业主共有,但属于城镇公共绿地或者明示属于个人的除外。建筑区划内的其他公共场所、公用设施和物业服务用房,属于业主共有。

8.1.3 物业管理基本概念、特征及内容

1. 物业管理基本概念

(1)物业的含义

"物业"一词是由英语"Estate"或"Property"引译而来的,含义为"财产、资产、拥有物、房地产"等,这是一个广义的范畴。从物业管理的角度来说,物业是指各类房屋及其附属的设备、设施和相关场地。各类房屋可以是建筑群,如住宅小区、工业区等,也可以是单体建筑,如一幢高层或多层住宅楼、写字楼、商业大厦等;同时,物业也是单元房地产的称谓,如一个住宅单元。同一宗物业,往往分属一个或多个产权所有者。附属的设备、设施和相关场地是指为实现建筑物使用功能、与建筑物相配套的各类设备、设施和与之相邻的场地、庭院、道路等。

(2)物业管理的含义

物业管理是指业主通过选聘物业服务企业,由业主和物业服务企业按照物业服务合同约定,对房屋及配套的设施、设备和相关场地进行维修、养护、管理,维护物业管理区域内的环境卫生和相关秩序的活动。

(3)物业服务企业的含义

物业服务企业，是指依法设立、具有独立法人资格、从事物业管理服务活动的企业。

2. 物业管理的基本特征

社会化、专业化、市场化是物业管理的三个基本特性。

(1)社会化

物业管理的社会化有两个基本含义，一是物业的所有权人要到社会上去选聘物业服务企业；二是物业服务企业要到社会上去寻找可以代管的物业。

物业的所有权、使用权与物业的经营管理权相分离是物业管理社会化的必要前提，现代化大生产的社会专业分工是实现物业管理社会化的必要条件。

(2)专业化

物业管理的专业化是指由专业物业服务企业通过合同的签订，按照产权人和使用人的要求去实施专业化管理。随着经济的发展和科技的进步，建设领域不断涌现新技术、新产品，物业的智能化程度越来越高，只有那些掌握管理技术和硬件技术的专业人员，具有先进的管理工具及设备，建立科学、规范的管理措施及工作程序的物业服务企业，才有能力提供相应的物业管理服务。

(3)市场化

市场化是物业管理最主要的特点。在市场经济条件下，物业管理的属性是经营，所提供的商品是服务。物业服务企业是按照现代企业制度组建并运作，向业主和使用人提供服务，业主和使用人购买并消费这种服务。这种通过市场竞争机制和商品经营的方式所实现的商业行为就是市场化。

3. 物业管理服务的基本内容

尽管物业类型各有不同，使用性质差异很大，但物业管理的基本内容是一样的。

物业管理服务的基本内容主要有以下几项：

(1)物业共用部位的维护与管理；

(2)物业共用设备、设施的运行、维护和管理；

(3)环境卫生、绿化管理服务；

(4)机动车和非机动车的停放管理；

(5)物业管理区域内公共秩序、消防、交通等协助管理事项的服务；

(6)物业装饰装修管理服务；

(7)物业档案资料的管理。

另外，针对不同类型物业的具体特点，业主与物业服务企业可以通过物业服务合同约定其他服务内容。

8.1.4 物业管理的主要环节

物业管理是房地产开发的延续和完善,是一个复杂的、完整的系统工程。为保证物业管理有条不紊地顺利启动和正常进行,从规划设计开始到管理工作的全面运作,有若干环节不容忽视。根据物业管理在房地产开发、建设和使用过程中不同时期的地位、作用、特点及工作内容,物业管理主要有三个环节:物业管理的准备阶段、前期物业管理阶段和物业管理的日常运作阶段。

1. 物业管理的准备阶段

这一阶段的工作包括物业管理的早期介入、制订物业管理方案、制定临时管理规约及有关制度、选聘物业服务企业 4 个基本环节。

(1)物业管理的早期介入

所谓物业管理的早期介入,是指物业服务企业在接管物业以前的各个阶段(项目决策、可行性研究、规划设计、施工建设等阶段)就参与介入,从物业管理运作的角度对物业的环境布局、功能规划、配套设施、管线布置、施工质量、竣工验收等多方面提供有益的建设性意见,协助开发商把好规划设计关、建设配套关、工程质量关和使用功能关,以确保物业的设计和建造质量,为物业投入使用后的物业管理创造条件,这是物业管理顺利实施的前提与基础。

(2)制订物业管理方案

房地产开发项目确定后,开发建设单位就应尽早制订物业管理方案,也可聘请物业服务企业代为制定。制订物业管理方案,首先是根据物业类型、功能,规划物业管理消费水平,确定物业管理的档次。其次,确定相应的管理服务标准。然后进行年度物业管理费用收支预算,确定各项管理服务的收费标准和成本支出,并进行有关费用的分摊。

(3)制定临时管理规约及有关制度

建设单位应当在销售物业之前,制定临时管理规约,对有关物业的使用、维护、管理,业主的共同利益,业主应当履行的义务,违反规约应当承担的责任等事项依法作出约定。建设单位制定的临时管理规约,不得侵害物业买受人的合法权益。

建设单位应当在物业销售前将临时管理规约向物业买受人明示,并予以说明。建设单位还应制定物业共用部位和共用设施设备的使用、公共秩序和环境卫生的维护等方面的规章制度。

(4)选聘物业服务企业

在物业管理方案制订之后,即应根据方案确定的物业管理档次着手进行物业服务企业的选聘工作。达到一定规模的住宅物业的建设单位,应当通过招投标的方式选聘具有相应资质的物业服务企业,物业服务企业不得超越资质承接物业管理项目。建设单位应与选聘的物业服务企业签订《前期物业服务合同》。建设单位通过招投标方式选聘物业服务企业，新建现售商品房项目应当在现售前 30 日完成；预售商品房项目应当在取得《商品房预售许可证》之前完成；非出售的新建物业项目应当在交付使用前 90 日完成。

上述 4 个环节均由开发建设单位来主持。这 4 个环节是物业管理全面启动和运作的必要先决条件，建设单位对此应给予足够的重视。

2. 前期物业管理阶段

前期物业管理的全面正式启动以物业的接管验收为标志，从物业的接管验收开始到业主大会选聘新的物业服务企业并签订物业服务合同，包括物业的接管验收、业主入住、档案资料的建立、日常的前期物业管理服务、首次业主大会召开 5 个基本环节。

(1)物业的接管验收

物业的接管验收包括新建物业的接管验收和原有物业的接管验收。新建物业的接管验收是在项目竣工验收的基础上进行的再验收。接管验收一旦完成，即由建设单位向物业服务企业办理物业管理的交接手续后，就标志着正式进入前期物业管理阶段。原有物业的接管验收通常发生在产权人将原有物业委托给物业服务企业；或发生在原有物业改聘物业服务企业，在新老物业服务企业交接之时。针对上述两种情况，由开发建设单位选聘物业服务企业，原有物业接管验收的完成标志着进入前期物业管理阶段；由业主大会选聘物业服务企业，原有物业接管验收的完成标志着进入物业管理的日常运作阶段。

物业的接管验收是直接关系到物业管理工作能否正常顺利开展的重要一环，在接管验收的过程中，物业服务企业要充分发挥自己的作用，对验收中发现的问题应准确记录在案，明确管理、维修责任，并注意审查接受的图纸资料档案。

(2)业主入住

业主入住是指住宅小区的居民入住，或商贸楼宇中业主和租户的迁入，这是物业服务企业与服务对象的首次接触，是物业管理十分重要的环节。业主入住时，物业服务企业向业主发放《临时管理规约》等材料，将房屋装饰装修中的禁止行为和注意事项告知业主，还要通过各种宣传手段和方法，使业主了解物业管理的有关规定，主动配合物业服务企业日后的管理服务工作。

(3)档案资料的建立

档案资料包括业主或租住户的资料和物业的资料。

业主或租住户入住以后，应及时建立他们的档案资料，例如业主的姓名、家庭人员情况、工作单位、平时联系的电话或地址、收缴管理服务费情况、物业的使用或维修养护情况等。

档案资料要尽可能完整地归集从规划设计到工程竣工、从地下到楼顶、从主体到配套、从建筑物到环境的全部工程技术维修资料，尤其是隐蔽工程的技术资料。经整理后按照资料本身的内在规律和联系进行科学的分类与归档。可按建筑物分类，如设计图、施工图、竣工图、设备图等；也可按系统项目分类，如配电系统、供水排水系统、消防系统、空调系统等。

(4)日常的前期物业管理服务

日常的前期物业管理服务与物业管理的日常运作阶段工作内容相似，只是物业服务合同的委托方不同。前者的委托方一般为建设单位或产权单位，而后者的委托单位一般为全体业主。

(5)首次业主大会召开

当物业销售和业主入住达到一定年限或一定比例时，业主应在物业所在地政府主管部门和乡镇人民政府、街道办事处的指导下，组织召开首次业主大会，审议和通过管理规约和业主大会议事规则，选举产生业主委员会，选聘物业服务企业，决定有关业主共同利益的事项。业主委员会与选聘的物业服务企业签订物业服务合同后，物业管理工作就从前期物业管理转向日常运作阶段。

3. 物业管理的日常运作阶段

物业管理的日常运作是物业管理最主要的工作内容，包括日常综合服务与管理、系统的协调两个基本环节。

(1)日常综合服务与管理

日常综合服务与管理是指业主大会选聘新的物业服务企业并签订《物业服务合同》后，物业服务企业在实施物业管理中所做的各项工作。例如，房屋管理、共用设施设备维修养护、协助维护公共秩序、保洁服务、绿化养护管理以及为改善居住与工作环境而进行的配套设施及公共环境的进一步完善等各项服务工作。

(2)系统的协调

物业管理社会化、专业化、市场化的特征，决定了其具有特定的复杂的系统内、外部环境条件。系统内部环境条件主要是物业服务企业与业主、业主大会、业主委员会的相互关系的协调；系统外部环境条件是与相关部门及单位相互关系的协调，例如，供水、供电、居委会、电信、环卫、房管、城管等有关部门。

8.2 物业的业主自治管理

8.2.1 业主自治的基本原理

我国现行物业管理规范性文件都只是提出了“业主自治管理”的术语，却没有作出规范定义。从法学角度探讨业主自治概念的定义，可以认为对该概念有广义和狭义两种理解。

广义的业主自治是指特定物业的业主，一方面根据个体利益和自主意志对自己独有专属部分进行自益性管理(包括委托他人代管)；另一方面集合组成业主团体，通过行使建筑物区分所有权，对各业主共有共用部分和团体共同事务实行公益性统一管理，从而形成业主个体自治管理与业主团体自治管理相结合的一种物业管理的方式和制度。

狭义的业主自治，又称业主团体自治，是指特定物业管理区域内的全体业主，为了对其物业进行管理、使用，维护其自身权益以及物业的整体利益，依照法律规定和共同约定，组成自治性组织，对物业的公共事务进行自治自律、民主管理的方式和制度。

作为专门的房地产法性质的物业管理法律，业主自治概念主要是狭义的业主自治。

需要说明的是，业主自治与业主自主管理不同。根据业主是否委托专业的物业服务企业，是否实现物业所有权与管理权的分离，物业管理可以分为委托型物业管理和自主型物业管理。其中，自主型物业管理是指业主不委托专业管理机构而由自己直接实施管理的物业管理方式。由此可以看出，业主自治与业主自主管理不同，业主自主管理中有业主自治，委托型管理中亦有业主自治。

8.2.2　业主

1. 业主的概念

房屋所有权人为业主。在物业管理中，业主又是物业服务企业所提供的物业管理服务的对象，是物业管理市场的需求主体。

2. 业主的权利

业主在物业管理活动中享有以下权利：

(1)按照物业服务合同的约定，接受物业服务企业提供的服务。业主聘请物业服务企业的目的，就是需要物业服务企业提供的服务，物业服务企业有按照合同的约定提供相应服务的义务。

(2)提议召开业主大会会议，并就物业管理的有关事项提出建议。为了及时解决有关业主公共利益的问题，提议召开业主大会会议的权利应当属于业主。从长远发展与制度化、规范化的角度来看，业主大会的定期会议应当按照业主大会议事规则的规定来运作。如果有20%以上的业主提议，业主委员会应当组织召开业主大会临时会议。

(3)提出制定和修改管理规约、业主大会议事规则的建议。管理规约、业主大会议事规则相当于物业管理区域内的母法,对业主的重大权利、义务都有详细的规定,关系到每一个业主合理使用权利、义务以及与其他业主之间权利、义务的分配。为了确保业主的利益,业主必须享有该项权利。

(4)参加业主大会会议,行使投票权。按照议事规则确定的方式来行使投票权,是业主维护自己合法权益,表达自己合理意愿的有效途径。关系到物业管理区域内所有业主共同利益的重要事项,都必须通过业主大会由业主行使投票权来作出决定。

(5)选举业主委员会委员,并享有被选举权。作为业主大会的执行机构,业主委员会是长期存在的,因此其工作对于保证物业管理区域内的良好秩序具有举足轻重的意义。每个业主都有选举业主委员会委员的权利,也有被选为业主委员会委员的权利,这取决于业主参与物业管理的热情与素质。

(6)监督业主委员会的工作。业主委员会委员代表的应当是全体业主,因此在工作中应当负有一定的注意义务,对所从事的工作应给予持续、有效、谨慎的关注。业主委员会委员还应当负有一定的忠实义务,不能损害业主公共利益,尤其是当个人利益与业主公共利益之间发生冲突时。

为了防止业主委员会从事不利于所有业主利益的行为,法律赋予业主对业主委员会的监督权,以减少纠纷发生的可能性。

(7)监督物业服务企业履行物业服务合同。物业服务企业提供物业服务合同约定的服务,是物业管理活动中最重要的一个部分。合同履行的质量关系到所有业主的利益,只有每一个业主都有权进行合法的监督,才能促进物业服务企业自觉按照合同的约定履行义务。

(8)对物业共用部位、共用设施设备和相关场地使用情况享有知情权和监督权。物业的共用部位、共用设施设备和相关场地属于所有业主共同所有,因此业主应该享有知情权和监督权,以防止业主委员会或者物业服务企业任意处置这些共用部位,获取不当利益,侵犯全体业主的权益。

(9)监督物业共用部位、共用设施设备的专项维修资金(以下简称专项维修资金)的管理和使用。专项维修基金是为保障房屋及其相关公共设施的正常维修、更新,由房地产开发商和购房人按照一定的标准交纳费用,存入专户银行,专门用于房屋及其相关公共设施维修、更新的基金。业主大会或业主委员会有权对专项维修基金进行管理。由于专项维修基金往往数额巨大,在实践中有不少业主委员会私自挪作他用,严重侵犯全体业主的利益。为了防止挪用专项维修基金,业主应该享有该项权利。

(10)法律法规规定的其他权利。这是法律的兜底条款，以适应不断发展变化的社会发展需要，切实维护业主的合法利益。

3. 业主的义务

业主在物业管理活动中，应该履行下列义务：

(1)遵守管理规约、业主大会议事规则。管理规约是业主共同订立或者承诺的，对全体业主具有约束力的有关使用、维护、物业及其管理等方面权利义务的行为守则。业主大会议事规则是规范业主大会召开、表决、选举的程序以及全体业主在业主大会上行使权利、表达意愿时应该遵循的有关规则。管理规约和业主大会议事规则规定的都是与全体业主关系重大的事项，每一位业主都应该遵守。

(2)遵守物业管理区域内物业共用部位和共用设施设备的使用、公共秩序和环境卫生的维护等方面的规章制度。物业管理区域内的物业共用部位和共用设施设备的使用关系到整个物业管理区域的公共秩序和环境卫生，因此业主应该遵守这些规定。

(3)执行业主大会的决定和业主大会授权业主委员会作出的决定。业主大会由全体业主组成，维护本物业管理区域内全体业主的公共利益，行使的是业主对物业管理的自治权。业主大会是物业管理区域内的权力机构，其作出的决定对每一位业主都具有约束力。

(4)按照国家有关规定交纳专项维修资金。国家为了保障合理使用物业、延长物业的使用期限而强制推行专项维修资金制度。只有在维修资金有充分保障的时候，物业才能得到良好的保养与维修，才能最大限度地发挥其使用价值。

(5)按时交纳物业服务费用。物业服务费用是业主接受物业服务企业提供的物业服务时应该支付的对价。支付的物业服务费用应该体现公平合理、质价相符的原则。

(6)法律法规规定的其他义务。

4. 物业使用人及其权利、义务

物业使用人(通常简称为使用人)是指不拥有物业的所有权，但通过某种形式(如签订租赁合同)而获得物业使用权，并实际使用物业的人。

由于物业使用人首先与业主发生关系(如租赁关系)，物业使用人的基本权利、义务就受到租赁合同的一定限制，即在租赁合同中，要明确阐明业主赋予物业使用人哪些权利、义务。同时，物业使用人作为物业的实际使用人，也是物业管理服务的对象，应享有物业管理委托合同约定的相应的权利、义务。

物业使用人和业主在权利上的最大区别是物业使用人没有对物业的最终处置权，如物业的买卖。

8.2.3 业主大会

1. 业主大会的性质

业主大会由物业管理区域内全体业主组成。业主大会应当代表和维护物业管理区域内全体业主在物业管理活动中的合法权益。一个物业管理区域只能成立一个业主大会。物业管理区域的划分应当考虑物业的共用设施设备、建筑物规模、社区建设等因素。

2. 业主大会的成立

同一个物业管理区域内的业主,应当在物业所在地的区、县人民政府房地产行政主管部门或者街道办事处、乡镇人民政府的指导下成立业主大会,并选举产生业主委员会。但是,只有一个业主的,或者业主人数较少且经全体业主一致同意,决定不成立业主大会的,由业主共同履行业主大会、业主委员会职责。

业主大会会议分为定期会议和临时会议。定期会议按照业主大会议事规则的规定由业主委员会组织召开。有下列情况之一的,业主委员会应当及时组织召开业主大会临时会议:①20%以上业主提议的;②发生重大事故或者紧急事件需要及时处理的;③业主大会议事规则或者管理规约规定的其他情况。

业主大会会议可以采用集体讨论的形式,也可以采用书面征求意见的形式,但是,应当有物业管理区域内专有部分占建筑物总面积过半数的业主且占总人数过半数的业主参加。

业主可以委托代理人参加业主大会会议。

3. 下列事项由业主共同决定

(1)制定和修改业主大会议事规则;

(2)制定和修改管理规约;

(3)选举业主委员会或者更换业主委员会成员;

(4)选聘和解聘物业服务企业;

(5)筹集和使用专项维修资金;

(6)改建、重建建筑物及其附属设施;

(7)有关共有和共同管理权利的其他重大事项。

业主大会决定上述(5)(6)事项,应当经专有部分占建筑物总面积 2/3 以上的业主且占总人数 2/3 以上的业主同意;决定上述其他事项时,应当经专有部分占建筑物总面积过半数的业主且占总人数过半数的业主同意。

业主大会的决定对物业管理区域内的全体业主具有约束力。

业主大会或者业主委员会作出的决定侵害业主合法权益的，受侵害的业主可以请求人民法院予以撤销。

住宅小区的业主大会会议，应当同时告知相关的居民委员会。

8.2.4　业主委员会

1. 业主委员会的性质

业主委员会是业主大会的执行机构。

2. 业主委员会的成立

业主委员会由业主大会选举产生。一个物业管理区域应当成立一个委员会，业主委员会一般由5～11名单数业主担任。

业主委员会应当自选举产生之日起30日内，向物业所在地的区、县人民政府房地产行政主管部门和街道办事处、乡镇人民政府备案。业主委员会委员应当由热心公益事业、责任心强、具有一定组织能力的业主担任。

3. 业主委员会履行的职责

(1)召集业主大会会议，报告物业管理的实施情况；

(2)代表业主与业主大会选聘的物业服务企业签订物业服务合同；

(3)及时了解业主、物业使用人的意见和建议，监督和协助物业服务企业履行物业服务合同；

(4)监督管理规约的实施；

(5)业主大会赋予的其他职责。

业主委员会开展活动所需费用，经业主大会审核通过后，由全体业主分担。

8.2.5　管理规约

新的《物业管理条例》将“业主公约”改为“管理规约”，使其有了一定的强制性。

管理规约是一种公共契约，属于协议、合约的性质，并具有一定的强制性。它是由全体业主承诺共同订立的，规定业主在物业管理区域内有关物业使用、维护和管理等涉及业主共同利益事项的，对全体业主(包括物业使用人、继受人)具有普遍约束力的自律性规范，一般以书面形式订立。管理规约作为业主自我管理的一种重要形式和手段，要求全体业主共同遵守。

管理规约是物业管理法律法规和政策的一种有益补充，是有效调整业主之间权利与义务关系的基础性文件，也是物业管理顺利进行的重要保证。建设单位应当在销售物业之前制定临时管理规约，对有关物业的使用、维护、管理，业主的共同利益，业主应当履行的义务，违反规约应当承担的责任等事项依法作出约定。建设单位制定的临时管理规约，不得侵害物业买受人的合法权益。

建设单位应当在物业销售前将临时管理规约向物业买受人明示，并予以说明。物业买受人在与建设单位签订物业买卖合同时，应当对遵守临时管理规约予以书面承诺。业主筹备成立业主大会的，由筹备组参照政府主管部门制定的示范文本，结合物业的实际情况对临时管理规约进行修改补充，拟订管理规约（草案），经业主大会讨论通过生效。以后可根据实际情况对管理规约进行修订并经业主大会讨论通过后生效。

业主大会、业主委员会作出的各项决定，不得与法律、法规、政策相抵触。

8.3 物业服务企业

8.3.1 物业服务企业的性质

物业服务企业是依法定程序设立，从事物业服务、管理活动，独立核算、自主经营、自负盈亏的具有独立的企业法人地位的经济组织。

物业服务企业的性质是具有独立的企业法人地位的经济实体。物业服务企业按自主经营、自负盈亏、自我约束、自我发展的机制运行，其指导思想是：以服务为宗旨，以经营为手段，以经济效益、社会效益和环境效益的综合统一为目的。这是物业服务企业与房地产行政部门所属的房管所和各自管房单位的房管处的最本质的区别。

随着新的《物业管理条例》的颁布，我国从 2007 年 10 月 1 日以后，所有的“物业管理企业”都改为“物业服务企业”。根据有关调查，目前在全国楼市发生的物业纠纷，半数以上是由于物业公司的服务质量、工作态度等引起的。“物业服务”一词，相比过去的“物业管理”，无疑更能彰显业主的地位，也明确了物业企业的服务功能，可以说给物业企业一个法律上的明确“定位”。从这个意义上看，由“管理企业”到“服务企业”不仅仅是为物业管理公司的更名提供了法律依据，还为物业管理行业的发展指明了方向。随着城市化进程的加快和住房市场的蓬勃发展，近年来物业行业成长迅速，并在社会经济生活中扮演着愈来愈不可或缺的角色。同时物业服务企业的业务领域不断拓展，物业管理行业内涵日益丰富，已不仅局限在对房屋及其配套的设施设备和相关场地的维修、养护和公共秩序的维护等管理活动。随着时代的变迁和发展，人们对居住的软环境质量方面有了更高的要求，“服务”越来越成为人们关注的焦点。

8.3.2　物业服务企业的设立

物业服务企业的设立分为工商注册登记和资质审批两个步骤。

1. 物业服务企业的注册登记

设立物业服务企业须向工商行政管理部门进行注册登记，领取营业执照后，方可开业。

2. 物业服务企业的资质审批

根据《物业服务企业资质管理办法》，房地产行政主管部门根据物业服务企业的资产、专业技术人员和物业管理业绩等因素，对设立的物业服务企业核定资质等级。

物业服务企业资质等级分为一级、二级、三级。新设立的物业服务企业，其资质等级按照最低等级核定，并设一年的暂定期。一年内物业服务企业未能承接物业管理项目，资质审批部门应当取消其从事物业管理活动的资格。

物业服务企业的资质管理实行分级审批制度。国务院建设主管部门负责一级物业服务企业资质证书的颁发和管理；省、自治区人民政府建设主管部门负责二级物业服务企业资质证书的颁发和管理；直辖市人民政府房地产主管部门负责二级和三级物业服务企业资质证书的颁发和管理，并接受国务院建设主管部门的指导和监督。设区的市人民政府房地产主管部门负责三级物业服务企业资质证书的颁发和管理，并接受省、自治区人民政府建设主管部门的指导和监督。

国家对从事物业管理活动的企业实行资质管理制度。未经主管部门进行资质评定并取得资质证书的，不得从事物业管理业务。各资质等级物业服务企业的条件如下：

(1)一级资质

①注册资本人民币 500 万元以上；

②物业管理专业人员以及工程、管理、经济等相关专业的专职管理和技术人员不少于 30 人，其中，具有中级以上职称的人员不少于 20 人，工程、财务等业务负责人具有相应专业中级以上职称；

③物业管理专业人员按照国家有关规定取得职业资格证书；

④管理两种类型以上物业，并且管理各类物业的房屋建筑面积分别占下列相应计算基数的百分比之和不低于 100%：

a. 多层住宅 200 万 m^2；

b. 高层住宅 100 万 m^2；

c. 独立式住宅(别墅)15 万 m^2；

d. 办公楼、工业厂房及其他物业 50 万 m^2。

⑤建立并严格执行服务质量、服务收费等企业管理制度和标准，建立企业信用档案系统，有优良的经营管理业绩。

(2)二级资质

①注册资本人民币 300 万元以上；

②物业管理专业人员以及工程、管理、经济等相关专业类的专职管理和技术人员不少于 20 人，其中，具有中级以上职称的人员不少于 10 人，工程、财务等业务负责人具有相应专业中级以上职称；

③物业管理专业人员按照国家有关规定取得职业资格证书；

④管理两种类型以上物业，并且管理各类物业的房屋建筑面积分别占下列相应计算基数的百分比之和不低于 100%：

a. 多层住宅 100 万 m^2；

b. 高层住宅 50 万 m^2；

c. 独立式住宅(别墅)8 万 m^2；

d. 办公楼、工业厂房及其他物业 20 万 m^2；

⑤建立并严格执行服务质量、服务收费等企业管理制度和标准，建立企业信用档案系统，有良好的经营管理业绩。

(3)三级资质

①注册资本人民币 50 万元以上；

②物业管理专业人员以及工程、管理、经济等相关专业类的专职管理和技术人员不少于 10 人，其中，具有中级以上职称的人员不少于 5 人，工程、财务等业务负责人具有相应专业中级以上职称；

③物业管理专业人员按照国家有关规定取得职业资格证书；

④有委托的物业管理项目；

⑤建立并严格执行服务质量、服务收费等企业管理制度和标准，建立企业信用档案系统。

8.3.3 物业服务企业的权利

为了保证物业服务企业能够按照合同的约定向业主提供物业服务，物业服务企业必然应该享有相应的权利。建设部《城市新建住宅小区管理办法》第八条第一款规定，物业服务企业的权利有：

(1)根据有关法规，结合实际情况，制定小区管理办法；

(2)依照物业管理合同和管理办法对住宅小区实施管理；

(3)依照物业管理合同和有关规定收取管理费用；

(4)制止违反规章制度的行为；

(5)要求管委会协助管理；

(6)选聘专营公司(如清洁公司、保安公司等)承担专项管理业务；

(7)实行多种经营，以其收益补充小区管理经费。

在这里必须说明两点：一是物业服务企业的权利应来源于《物业服务合同》，权利的行使必须以《物业服务合同》和业主委员会的授权为依据；二是物业服务企业"可以实行多种经营，以其收益补充小区管理经费"中的"多种经营"，是指与物业管理活动有关的经营活动，如为业主、物业使用人的私有自用设备提供的同物业管理项目相同的服务，这种服务管理应当另行收取费用，此费用是用来补充物业管理经费的。如果物业服务企业在其注册经营范围内，所开展的其他有偿经营服务活动不在《城市新建住宅小区管理办法》第八条规定的"多种经营"范围之内，其经营所得收益不能作为补充小区管理的经费。

8.3.4　物业服务企业的义务

物业服务企业对物业项目的管理，属于民事活动而非行政管理活动，应该遵循民事主体的意思自治原则。物业服务企业的义务和职责主要由《物业服务合同》的双方当事人在合同中加以约定。为了量化双方当事人的权利义务，减少纠纷发生的可能性，《物业服务合同》应当订得详实、科学，具有可操作性。在《物业服务合同》有明确条款的情形下，物业服务企业的义务首先表现为合同义务。但是，当事人双方在合同没有约定的情况下，仍然应当承担法定义务。依据《中华人民共和国合同法》第六十一条的规定，合同双方当事人仍然应当根据物业服务合同的性质、目的以及交易习惯履行附随义务。一般来说，根据物业服务企业履行物业管理职责的实际需要，物业服务企业应该承担下列义务：

(1)根据有关法律法规及合同的约定，提供相应的服务；

(2)对业主和物业使用人违反法规、规章的行为，提请有关部门处理；

(3)对业主和物业使用人违反管理规约的行为进行处理；

(4)选聘专营公司承担物业的专项管理义务，但不得转移物业的管理权；

(5)负责编制并且组织实施房屋、附属建筑物、设备、绿化的年度维修、养护计划；

(6)向业主和物业使用人书面告知物业使用的有关规定，当业主和物业使用人装饰装修物业时，书面告知有关限制条件，订立书面约定，并负责监督；

(7)定期向全体业主和物业使用人公布管理费用收支使用情况；

(8)不得擅自占用和改变物业公用设施的使用功能，如需扩建或完善配套项目，须与业主大会或业主委员会协商后报有关部门批准方可实施；

(9)不得擅自挪用属于全体业主所有的专向维修基金，应保证专款专用；

(10)物业服务企业承接物业时，应当与业主委员会办理物业验收手续。

(11)物业服务企业可以将物业管理区域内的专项服务业务委托给专业性服务企业，但不得将该区域内的全部物业管理一并委托给他人。

(12)物业服务企业接受委托代收物业管理区域内供水、供电、供气、供热、通信、有线电视等费用的，不得向业主收取手续费等额外费用。

(13)物业服务企业不得擅自占用、挖掘物业管理区域内的道路、场地，损害业主的共同利益。物业服务企业应当将临时占用、挖掘的道路、场地，在约定期限内恢复原状。

(14)负责编制物业管理年度管理计划、资金使用计划及决算报告。

(15)合同终止时，向业主委员会移交全部经营性用房、管理用房及物业管理的全部档案资料。业主大会选聘了新的物业服务企业的，物业服务企业之间应当做好交接工作。

物业服务企业应履行的义务会随着《物业服务合同》签订的内容不同而有所变化。但是，与物业管理息息相关的主义务是不能有任何减损的，任何《物业服务合同》都应该对这些主义务加以明确约定。这些主义务包括：

1. 对物业的保养和维修义务

该项义务应在物业服务合同中明确约定，一般包括以下内容：

(1)日常保养。物业服务企业应当根据公共部位和设施的具体状况进行日常保养，以防止提前老化、损坏。

(2)定期检查。物业服务企业应当对公共部位和公共设施进行定期检查，以及时发现问题并妥善处理。要履行该项义务，物业服务企业就必须配备相关的技术人员。

(3)定期维修与临时维修。物业服务企业应当根据公共部位和公共设施的具体情况，定期进行维修。当出现故障时，应当采取及时措施予以维修。

2. 对业主房屋装饰装修行为的管理义务

业主在正式入住之前，往往都要对自己的物业进行一定的装修。由于物业小区的业主人数众多，而且相互之间又存在基于区分所有权的密切关系，如果单个业主在物业管理区域内的装修行为没有一定的规则，将会影响整个物业管理区域内其他业主的正常生活，因此物业服务企业应该承担起对装饰装修行为的管理责任，维护整个物业管理区域内的良好秩序。对于装饰装修行为，根据装饰装修的对象的不同，可以分为两大类：室内装修和建筑物装修。

(1)室内装修

对室内装修的管理一般包括两部分：其一为装修申报备案；其二为装修施工管理。

①装修申报备案

业主在装修之前，应到物业服务企业处领取相关表格，如实填写后交给物业服务企业登记备案。一般而言，业主在对房屋装修进行申报的过程中，应作出以下承诺：a. 不影响整体结构；b. 应考虑楼层楼板承载力；c. 装修材料应符合防火的有关规定；d. 不影响毗邻房屋的安全使用；e. 不影响其他业主的正常使用。

②装修施工管理

针对装修施工管理，主要涉及以下方面的内容：a. 监督业主将施工垃圾和其他废弃物运到指定地点，以防止随便抛弃影响小区环境；b. 监督业主按规定允许的装修施工时间施工，以免影响其他业主的生活和休息；c. 物业服务企业的专业人员应指导业主接电、接水，并随时检查装修施工是否采取必要的安全措施和消防措施；d. 监督业主是否擅自变动涉及房屋整体安全的部位和设施。

如果发现业主在装修过程中违反前述内容，物业服务企业应及时对业主提出整改意见，如果业主在合理期限内仍未整改的，应及时将有关事项告知业主委员会并向有关行政主管部门举报，以便及时纠正，确保物业的安全和全体业主的正常使用。

(2)建筑物装修

对物业建筑物的装修工程一般比室内装修的工程量大，持续时间长，工艺复杂，因而也更容易影响其他业主的正常生活和工作，有必要对这种装修活动作出严格的约定，以维护整个物业管理区域的良好秩序。一般而言，物业服务企业应履行下列职责：

①检查施工现场是否采取围栏封闭等安全措施；

②对进出物业管理区域的施工人员进行管理，以防止闲杂人员进入物业管理区域；

③监督施工单位在规定时间施工，以免影响业主正常居住生活；

④监督施工单位将建筑垃圾及其他废弃物品集中堆放并及时清运；

⑤监督检查施工单位是否采取必要的防火措施，是否配备有必要的消防设施，以确保物业管理区域内的消防安全；

⑥其他约定的管理事项。

3. 物业管理区域内的安全管理义务

物业服务企业的安全管理义务包括物业消防管理和物业管理区域内的治安管理两部分。物业消防管理就是预防和消除火灾，整改治理火灾隐患，以保障物业管理区域内的生命财产安全。治安管理就是采取各种措施，如设立门卫值勤、保安人员巡逻等制度以使物业小区有一个安全稳定的秩序，使得业主们能够安居乐业。

(1)物业消防管理

物业服务合同双方当事人可以根据《消防法》和各地的地方性规定，约定物业服务企业承担以下具体的消防管理义务：

①定期检查、维修消防设施和器材，设置消防安全标志，确保消防设施和器材的完好、有效；

②定期组织防火检查，及时消除火灾隐患；

③开展防火安全知识宣传教育；

④保障疏散通道、安全出口畅通，并设置符合国家规定的消防安全疏散标志；

⑤其他约定的事项。

(2)治安管理

从我国目前的物业管理实践来看，应该对物业管理区域内的治安管理在物业服务合同中作出明确详实的约定。一般而言，物业管理区域内的治安管理义务应包括以下具体内容：

①执行门卫值班制度，防止闲杂人员自由进出物业管理区域；

②实施安保巡逻制度，以便及时发现并排除治安隐患；

③制止不遵守管理规约等规章制度的行为；

④检查进出小区的车辆，并维护小区内车辆的停放秩序；

⑤防范并制止其他妨害小区公共安全秩序的行为。

在履行物业管理区域内治安管理义务时应当注意的是，物业服务企业的身份为一个民事主体而不是行政执法机关。物业服务企业作为一个民事主体，只是接受业主团体的委托对物业项目进行管理，这种管理的本质是一种民事活动。因此，物业服务企业应当控制自身行为的合法界限，不得实施违法行为。

8.3.5 物业服务定价成本的监审

1. 物业服务

物业服务，是指物业服务企业按照物业服务合同的约定，对房屋及配套的设施设备和相关场地进行维修、养护、管理，维护物业管理区域内的环境卫生和秩序的活动。

2. 物业服务定价成本监审部门

物业服务定价成本监审工作由政府价格主管部门负责组织实施，房地产主管部门应当配合价格主管部门开展工作。

3. 物业服务定价成本监审应当遵循的原则

物业服务定价成本监审应当遵循以下原则：

(1)合法性原则。计入定价成本的费用应当符合有关法律、行政法规和国家统一的会计制度的规定；

(2)相关性原则。计入定价成本的费用应当为与物业服务直接相关或者间接相关的费用。

(3)对应性原则。计入定价成本的费用应当与物业服务内容及服务标准相对应。

(4)合理性原则。影响物业服务定价成本各项费用的主要技术、经济指标应当符合行业标准或者社会公允水平。

4. 物业服务定价成本的核定

核定物业服务定价成本，应当以经会计师事务所审计的年度财务会计报告、原始凭证与账册或者物业服务企业提供的真实、完整、有效的成本资料为基础。

5. 物业服务定价成本的构成

物业服务定价成本由人员费用，物业共用部位、共用设施设备日常运行和维护费用，绿化养护费用，清洁卫生费用，秩序维护费用，物业共用部位、共用设施设备及公众责任保险费用，办公费用，管理费分摊，固定资产折旧以及经业主同意的其他费用组成。

(1)人员费用，是指管理服务人员工资，按规定提取的工会经费、职工教育经费，以及根据政府有关规定应当由物业服务企业缴纳的住房公积金和养老、医疗、失业、工伤、生育保险等社会保险费用。

(2)物业共用部位、共用设施设备日常运行和维护费用，是指为保障物业管理区域内共用部位、共用设施设备的正常使用和运行、维护保养所需的费用。不包括保修期内应由建设单位履行保修责任而支出的维修费、应由住宅专项维修资金支出的维修和更新、改造费用。

(3)绿化养护费用，是指管理、养护绿化所需的绿化工具购置费、绿化用水费、补苗费、农药化肥费等。不包括应由建设单位支付的种苗种植费和前期维护费。

(4)清洁卫生费用，是指保持物业管理区域内环境卫生所需的购置工具费、消杀防疫费、化粪池清理费、管道疏通费、清洁用料费、环卫所需费用等。

(5)秩序维护费用，是指维护物业管理区域秩序所需的器材装备费、安全防范人员的人身保险费及由物业服务企业支付的服装费等。其中器材装备不包括共用设备中已包括的监控设备。

(6)物业共用部位、共用设施设备及公众责任保险费用，是指物业服务企业购买物业共用部位、共用设施设备及公众责任保险所支付的保险费用，以物业服务企业与保险公司签订的保险单和所交纳的保险费为准。

(7)办公费用，是指物业服务企业为维护管理区域正常的物业管理活动所需的办公用品费、交通费、房租、水电费、取暖费、通讯费、书报费及其他费用。

(8)管理费分摊，是指物业服务企业在管理多个物业项目情况下，为保证相关的物业服务正常运转而由各物业服务小区承担的管理费用。

(9)固定资产折旧，是指按规定折旧方法计提的物业服务固定资产的折旧金额。物业服务固定资产指在物业服务小区内由物业服务企业拥有的、与物业服务直接相关的、使用年限在一年以上的资产。

(10)经业主同意的其他费用，是指业主或者业主大会按规定同意由物业服务费开支的费用。

8.3.6 普通住宅小区物业管理服务等级标准

2004 年 1 月底，中国物业管理协会出台了《普通住宅小区物业管理服务等级标准》，意在规范物业服务企业的物业管理。

普通住宅物业管理服务等级标准基本要求如下：

1. 一级

(1)管理服务人员统一着装，佩戴标志，行为规范，服务主动、热情。

(2)设有服务接待中心，公示 24 小时服务电话。急修半小时内、其他报修按双方约定时间到达现场，有完整的报修、维修和回访记录。

(3)根据业主需求，提供物业服务合同之外的特约服务和代办服务的，公示服务项目与收费价目。

(4)每年至少 1 次征询业主对物业服务的意见，满意率 80%以上。

2. 二级

(1)管理服务人员统一着装，佩戴标志，行为规范，服务主动、热情。

(2)公示 16 小时服务电话。急修 1 小时内、其他报修按双方约定时间到达现场，有报修、维修和回访记录。

(3)根据业主需求，提供物业服务合同之外的特约服务和代办服务的，公示服务项目与收费价目。

(4)每年至少 1 次征询业主对物业服务的意见，满意率 75%以上。

3. 三级

(1)管理服务人员佩戴标志，行为规范，服务主动、热情。

(2)公示 8 小时服务电话。报修按双方约定时间到达现场,有报修、维修记录。

(3)每年至少 1 次征询业主对物业服务的意见,满意率 70%以上。

8.4 物业服务合同法律制度

8.4.1 物业服务合同概述

物业服务合同是指业主委员会与物业服务企业之间的由房屋所有权人支付费用,由物业服务企业对房屋及配套的设施设备和相关场地进行维修、养护、管理,维护相关区域内的环境卫生和秩序的协议。广义的物业服务合同包括前期物业管理合同,狭义的物业服务合同仅仅指业主委员会成立后其代表全体业主与物业服务企业签订的合同。

我国《合同法》并未规定物业服务合同,因此物业服务合同属于无名合同。在最高法院的"案由规定"中,明确地将物业服务合同纠纷纳入到服务合同的大类中。在审判实践中,有的被认定为服务合同,有的被认定为物业服务企业接受业主委员会委托的委托合同。在学术界,几乎所有的学者也一致认为物业服务合同是委托合同或者委任合同。

1997 年建设部和国家工商行政管理局发布的物业服务合同示范文本亦被称为"物业管理委托合同"示范文本。《合同法》第三百九十六条规定:"委托合同是委托人和受托人约定,由受托人处理委托人事务的合同。"物业服务合同从内容上看符合委托合同的定义,因为物业服务合同的实质是由物业服务企业处理业主物业管理事务的合同。

但是在实际生活中,物业服务企业往往是以自己的名义对外开展民事活动,也不需要出示业主委员会的授权委托书,所产生的法律后果也是由物业服务企业自己承受。在我国实践中,多数的物业管理实行包干制收费而非酬金制收费,业主支付的物业服务费用包括各种具体服务项目的费用和管理费,都由物业服务企业统一管理支配,无法将物业服务企业为业主处理物业管理事务的实际费用和业主为物业服务企业支付的报酬划分清楚。这一点与委托合同中委托人应当向受托人支付处理委托事务的费用,报酬应当按照约定或者习惯另外支付也有很大不同。因此我国《合同法》中关于委托合同的诸多规定很难适用于物业服务合同。物业服务合同具有自己的特点,不能简单地将物业服务合同纳入到委托合同中。物业服务合同中的物业管理涉及房屋及配套的设施、设备和相关场地的维修、养护、管理,以及环境卫生和公共秩序的维护,这些合同事项内容极为丰富,且涉及承揽(房屋修缮)、保管(车辆管理)等不同性质的服务,很难将这些服务的内容完全归入某一性质的合同或我国《合同法》中的有名合同。同时,物业服务合同的期限一般较长,保持合同的稳定性也属必要。尤其是物业管理涉及广大业主的日常生活和居住品质,国家对物业服务合同当事人的资格、合同的订立程序和内容(主要是服务的收费)都进行了干预。

鉴于物业服务合同的特殊性,以及适用《合同法》中委托合同规定的障碍,不能将其定性为委托合同。我们认为,在未来修改《合同法》或者制定《民法典》时,应该将其单独作为一类合同加以规定。

8.4.2 物业服务的委托

1. 物业服务委托方

物业服务的委托方是业主。按物业产权归属,物业服务的委托方有房地产开发企业、公房出售单位和业主大会三类主体。

(1)房地产开发企业

房地产开发企业在以下两种情况下是物业服务的委托方。一是对建成后以销售为主的物业,在物业建成和出售前,其产权归属房地产开发企业。因此,由房地产开发企业负责首次选聘物业服务企业。二是对建成后并不出售而出租经营的物业,因其产权始终归属开发企业,所以房地产开发企业一直是物业服务的委托方。

(2)公房出售单位

随着我国住房制度改革的深入,政府、单位原有公房正在逐步出售给住用人。

公房在出售前,产权属政府、单位所有;出售后,产权发生转移。由于住用人购买原住房的时间不等,物业区域内发生产权转移的份额不等,因此在业主大会和业主委员会成立之前,公房出售单位作为原业主,与房地产开发企业一样,负责首次选聘物业服务企业。

(3)业主委员会

以销售为主的物业,当业主入住达到一定时间或一定比例时,以及原有公房的出售达到一定比例时,均应按规定成立业主大会和业主委员会。业主大会成立后就是全体业主的代表,业主委员会与新选聘的物业服务企业签订物业服务合同,前期物业服务合同自行终止。

2. 物业服务招投标概述

(1)物业服务招投标的内涵

物业服务招投标包括物业服务招标和物业服务投标两部分。物业服务招标是指物业所有人通过制定符合其管理服务要求和标准的招标文件，向社会公开选聘并确定物业服务企业的过程。物业服务投标是指物业服务企业为开拓业务，依据物业服务招标文件的要求组织编写标书，并向招标单位递交投标书和投标文件，参加物业服务竞标，以求通过市场竞争获得物业服务项目的过程。

物业服务招投标是物业服务招标行为和物业服务投标行为的有机结合，通过招投标，物业服务供需主体在平等互利的基础上建立起一种新型的服务关系。物业服务招投标实质是一种市场双向选择行为。

(2)物业服务招标方式

物业服务招标有公开招标、邀请招标两种方式。

公开招标是指招标人以招标公告的方式邀请不特定的法人或者其他组织投标，又称为无限竞争性公开招标，由招标方通过报刊、电视、广播等各种媒体向社会公开发布招标公告，凡符合投标基本条件又有兴趣的物业服务企业均可申请投标。

公开招标的优点是招标方有较大的选择范围，可在众多的投标单位之间选择最优者；其缺点是由于竞标单位较多，工作量大，时间长，增加了招标成本。公开招标一般适用于规模较大的物业，尤其是收益性物业。邀请招标是指招标人以投标邀请书的方式邀请特定的法人和其他组织投标。

投标人少于 3 个或者住宅规模较小的，经物业所在地的区、县人民政府房地产行政主管部门批准，可以采用协议方式选聘具有相应资质的物业服务企业。

8.4.3　物业服务合同的订立

依《物业管理条例》第十一条、十五条的规定，选聘和解聘物业服务企业应由业主大会作出决定，并由业主委员会代表业主与业主大会选聘的物业服务企业签订物业服务合同。该条例仅规定业主大会选聘和解聘物业服务企业，物业服务合同的条款是否应由业主大会讨论决定，并未明确。我们认为，选聘物业服务企业固然重要，而合同条款事关合同当事人的具体权利义务，并决定物业服务的内容和质量，因此，合同的主要条款必须由业主大会作出决定。合同的主要条款必须由业主大会通过，原因在于业主是合同当事人，应该对自身的权利、义务作出决定；由业主大会作出决定也便于业主知晓自身的权利义务；合同的主要条款由业主大会通过，有利于防止业主委员会和物业服务企业相互串通，损害业主的利益。选聘和解聘物业服务企业，应当经专有部分占建筑物总面积过半数的业主且占总人数过半数的业主同意。

1. 物业服务合同的类型

物业服务合同按委托人的不同和签订的先后顺序分为两种。

(1)房地产开发企业或公房出售单位与物业服务企业签订的前期物业服务合同。这是针对前期物业管理服务所签订的,合同甲方是房地产开发企业或公房出售单位;合同乙方是甲方选聘的物业服务企业。该合同至业主委员会代表全体业主与其选聘的物业服务企业签订的物业服务合同生效时止。

(2)业主委员会代表全体业主与物业服务企业签订的物业服务合同。根据业主大会的授权,业主委员会应当与业主大会选聘的物业服务企业订立书面的物业服务合同。合同甲方是业主委员会,合同乙方是其选聘的物业服务企业。该合同一经签订,原房地产开发企业或公房出售单位与物业服务企业所签订的《前期物业服务合同》即自行失效。

2. 订立合同的方式

物业服务合同订立采取要约与承诺的方式。对前期物业服务合同的订立,法律有特殊规定,必须采取招投标的方式,本文已经加以论述,故此不再赘述。

要约是希望和他人订立合同的意思表示,该意思表示应当符合下列规定:①内容具体确定;②表明经受要约人承诺,要约人即受该意思表示约束。要约到达受要约人时生效。

承诺是受要约人同意要约的意思表示。承诺生效时,合同成立。承诺的内容应当与要约的内容一致。受要约人对要约的内容作出实质性变更的,为新要约。有关合同的标的、数量、质量、价款或者报酬、履行期限、履行地点和方式、违约责任和解决争议方法的变更,是对要约内容的实质性变更。承诺对要约的内容作出非实质性变更的,除要约人明确表示反对或者要约表明承诺不得对要约的内容作出任何变更外,该承诺有效,合同的内容以承诺的内容为准。

3. 物业服务合同的基本内容

《物业管理条例》第三十五条规定,物业服务合同应当对物业管理事项、服务质量、服务费用、双方的权利义务、专项维修资金的管理与使用、物业管理用房、合同期限、违约责任等内容进行约定。物业服务企业应当按照物业服务合同的约定,提供相应的服务。尽管该条例对约定的事项使用"应当"的措辞,但该条款应属于提示性条款,如果物业服务合同没有包括第三十五条的所有条款,不影响合同的成立与生效。

一般而言,约定的物业管理事项主要针对物业小区的共有部位、公用设施设备以及相关场地。但依据约定,双方也可以约定由物业服务企业对属于业主自用部位和自用设施实施管理服务。物业服务合同中针对物业公共事务的管理事项通常包括以下几项:

(1)房屋建筑公用部位的维修、养护和管理,包括楼盖、屋顶、外墙面、承重结构、楼梯间、走廊通道、门厅等;

(2)公用设施设备的维修、养护和管理，包括公用的上下水管道、落水管、垃圾处理场所、共用照明、天线、中央空调、暖气干线、供暖锅炉房、高压水泵房等；

(3)市政公用设施和附属建筑物、构筑物的维修、养护和管理；

(4)公共卫生及园林绿化服务；

(5)物业区域公共秩序的管理服务；

(6)物业档案资料的管理。

关于合同的形式，条例规定业主委员会应当与业主大会选聘的物业服务企业订立书面的物业服务合同。因此，物业服务合同应当采用书面形式。

8.5　住宅专项维修资金

8.5.1　住宅专项维修资金的含义

住宅专项维修资金，是指专项用于住宅共用部位、共用设施设备保修期满后的维修和更新、改造的资金，又称物业专项维修资金。

为了加强对住宅专项维修资金的管理，保障住宅共用部位、共用设施设备的维修和正常使用，维护住宅专项维修资金所有者的合法权益，根据《物权法》《物业管理条例》等法律、行政法规，《住宅专项维修资金管理办法》于 2007 年 10 月 30 日建设部第 142 次常务会议讨论通过，经财政部联合签署，自 2008 年 2 月 1 日起施行。

8.5.2　住宅专项维修资金的筹集

下列物业的业主应当按照规定交存住宅专项维修资金：

(1)住宅，但一个业主所有且与其他物业不具有共用部位、共用设施设备的除外；

(2)住宅小区内的非住宅或者住宅小区外与单幢住宅结构相连的非住宅；

(3)上述两种物业属于出售公有住房的，售房单位应当按照本办法的规定交存住宅专项维修资金。

8.5.3　住宅专项维修资金的收缴

1. 住宅专项维修资金的收缴标准

(1)商品住宅的业主、非住宅的业主按照所拥有物业的建筑面积交存住宅专项维修资金，每平方米建筑面积交存首期住宅专项维修资金的数额为当地住宅建筑安装工程每平方米造价的5%～8%。

直辖市、市、县人民政府建设（房地产）主管部门应当根据本地区情况，合理确定、公布每平方米建筑面积交存首期住宅专项维修资金的数额，并适时调整。

（2）出售公有住房的，按照下列规定交存住宅专项维修资金：

①业主按照所拥有物业的建筑面积交存住宅专项维修资金，每平方米建筑面积交存首期住宅专项维修资金的数额为当地房改成本价的2%。

②售房单位按照多层住宅不低于售房款的20%、高层住宅不低于售房款的30%，从售房款中一次性提取住宅专项维修资金。

业主交存的住宅专项维修资金属于业主所有，从公有住房售房款中提取的住宅专项维修资金属于公有住房售房单位所有。

2. 住宅专项维修资金的收缴时间

（1）商品住宅的业主应当在办理房屋入住手续前，将首期住宅专项维修资金存入住宅专项维修资金专户。

（2）已售公有住房的业主应当在办理房屋入住手续前，将首期住宅专项维修资金存入公有住房住宅专项维修资金专户或者交由售房单位存入公有住房住宅专项维修资金专户。

（3）公有住房售房单位应当在收到售房款之日起30日内，将提取的住宅专项维修资金存入公有住房住宅专项维修资金专户。

8.5.4 物业专项维修资金的使用

1. 物业专项维修资金的用途及使用原则

物业专项维修资金的使用执行《物业服务企业财务管理规定》，专款专用，专项用于住宅共用部位、共用设施设备保修期满后的大中修、更新与改造。

物业专项维修资金的使用应当遵循方便快捷、公开透明、受益人和负担人相一致的原则。

2. 物业专项维修资金的支出

住宅专项维修资金的使用支出应符合以下规定：

（1）实施物业管理的住房，对全体业主共有的共用部位、共用设施设备进行维修和更新、改造的，由物业服务企业提出物业专项维修资金使用计划，经业主大会通过后实施；对部分业主共有的共用部位、共用设施设备进行维修和更新、改造的，由物业服务企业提出物业专项维修资金使用计划，经对该共用部位、共用设施设备具有共有关系的业主三分之二以上通过后实施。

实施物业管理但未成立业主大会，以及未实施物业管理但有房屋管理单位的住房，由物业服务企业或者房屋管理单位提出物业专项维修资金使用计划，经对该共用部位、共用设施设备具有共有关系的业主三分之二以上通过后实施。

未实施物业管理，也没有房屋管理单位的住房，由对共用部位、共用设施设备具有共有关系的业主提出物业专项维修资金使用计划，经对该共用部位、共用设施设备具有共有关系的业主三分之二以上通过后实施。

(2)发生危及房屋安全的情况，需要立即对住房共用部位、共用设施设备进行维修和更新、改造的，可由物业服务企业或者房屋管理单位预先垫付有关费用，经规定程序审核确定后从物业专项维修资金中列支。

(3)因对商品住房共用部位、共用设施设备进行维修和更新、改造使用物业专项维修资金的，从对该共用部位、共用设施设备具有共有关系的业主账户中列支。

因对已购公有住房共用部位、共用设施设备进行维修和更新、改造，使用物业专项维修资金的，可以按照业主和售房单位缴存物业专项维修资金的比例，分别从对该共用部位、共用设施设备具有共有关系的业主账户和售房单位的物业专项维修资金账户中列支。

(4)住房共用部位、共用设施设备在保修期内应由建设单位承担的维修和更新、改造费用，不得从物业专项维修资金中列支。

(5)供水、供电、供气、供热、通信、有线电视等管线和设施设备的维修、养护责任依法应由相关单位承担的，所需费用不得从物业专项维修资金中列支。

(6)住房共用部位、共用设施设备属于人为损坏的，修复费用由责任人承担，不得从物业专项维修资金中列支。

(7)根据物业管理合同约定，应当由物业服务企业从物业管理服务费用或者物业服务资金中支出的住房共用部位、共用设施设备的维修养护费用，不得从物业专项维修资金中列支。

3. 物业专项维修资金的增值收益

在保证物业专项维修资金正常使用的前提下，代管单位可以按照国家有关规定将物业专项维修资金用于购买一级市场国债。业主大会成立后，代管单位用物业专项维修资金购买一级市场国债的，应当经业主大会同意。

物业专项维修资金存储或者购买国债的增值收益应当转入物业专项维修资金滚存使用。

4. 其他规定

利用住房共用部位、共用设施设备进行经营的，业主税后所得纯收益应当主要用于补充物业专项维修资金，业主大会另有决定的除外。

住房共用设施设备报废后回收的残值，统一纳入物业专项维修资金。

8.5.5 物业专项维修资金的管理与监督

物业专项维修资金管理实行统一缴存、专户存储、专款专用、所有人决策、政府监督的原则。专项维修资金属于代收代管基金，因此，必须加强对专项维修资金的管理与监督。

1. 物业专项维修资金的代管

物业专项维修资金的代管主要包括：

(1)业主首次缴存的物业专项维修资金，由直辖市、市、县人民政府房地产主管部门或其委托的单位代收代管。

(2)成立业主大会的，物业专项维修资金的代收代管由业主大会决定。

(3)公有住房售房单位缴存的物业专项维修资金，由直辖市、市、县人民政府房地产主管部门代管。

业主应当在住房产权登记前，将物业专项维修资金交至代收单位。

公有住房售房单位应当在业主缴纳购房款30日内，将提取的物业专项维修资金交至代管单位。

代收、代管单位应当向缴存人出具由省、自治区、直辖市以上人民政府财政部门统一监制的物业专项维修资金专用票据。

2. 物业专项维修资金的储存

物业专项维修资金代管单位应当委托商业银行办理资金账户的设立、储存、提取、查询等手续。业主缴存的物业专项维修资金按幢设账，按业主分户核算。公有住房售房单位缴存的物业专项维修资金按售房单位设账，按幢核算。

具有区分所有关系的业主的物业专项维修资金应当存储于一家商业银行。

3. 物业专项维修资金的过户

业主转让住房时，应当结清欠缴的物业专项维修资金，该住房结余的物业专项维修资金应当随房屋所有权同时过户。

4. 物业专项维修资金的结余

因拆迁等原因造成住房灭失的，物业专项维修资金代管单位应当将业主缴存的物业专项维修资金账面余额返还业主，售房单位缴存的物业专项维修资金账面余额纳入政府统筹管理。

5. 物业专项维修资金的监督

物业专项维修资金代收代管单位应当定期向业主公布，接受业主咨询，并依法接受审计部门的审计监督。

物业专项维修资金的财务管理和会计核算应当执行国务院财政部门的有关规定。物业专项维修资金专用票据的购领、使用、保存、核销管理，应当按照省、自治区、直辖市以上人民政府财政部门的有关规定执行，并接受财政部门的监督检查。

财政部门应当加强对物业专项维修资金收支财务管理和会计核算制度执行情况的监督。

案例分析

(1)[案情介绍]——业主车位开发商无权销售

2005年2月，龚先生与上海一家房地产开发有限公司签订《商品房预售合同》，购买位于南汇区惠南镇城东路某小区的房屋一套，房屋总房价款50万余元。2006年2月，龚先生又向该房地产公司购买了小区地面20号汽车停车位，价款1万元。同年5月19日，龚先生与房地产公司正式签订房屋交接书，办理了房屋交接手续，龚先生并取得了小区地面汽车停车位一个。2007年9月，龚先生以地面汽车停车位属业主共有，房地产公司无权销售地面汽车停车位使用权为由，向南汇区法院提起诉讼，要求房地产公司返还支付的购买款1万元，并赔偿相应利息损失。

庭审中，业主龚先生认为，自己向房地产公司购买了地面汽车停车位一个，为此支付了1万元。然而，按照有关规定，这个部位是小区公共配套设施，属全体业主共有，房地产公司根本无权销售地面汽车停车位使用权，其所取得的款项属于不当得利，应当予以返还，并赔偿相应利息损失。

房地产公司辩称，小区地面汽车停车位属于业主所有没有依据，公司有权销售小区内地面汽车停车位的使用权，不存在收取龚先生的购买款1万元是不当得利之说，故不同意返还。

2007年11月5日，上海市南汇区人民法院依法判决房地产公司返还业主龚先生购买小区地面汽车停车位1万元，赔偿相应利息损失。

[法理评析] 根据2007年10月1日正式生效的《物权法》第七十四条第三款，“占用业主共有的道路或者其他场地用于停放汽车的车位，属于业主共有”之规定，龚先生以1万元价款从房地产公司处购买的小区地面20号汽车停车位，本就应属于全体业主共有，房地产公司无权销售其使用权。而本案房地产公司却将该停车位出售给龚先生，与法有悖，房地产公司应当将收取的款项退还龚先生，并承

担相应利息损失。本案为首次依据《物权法》确定车位归属的判例。

(2)[案情介绍]——“二房东”群租败诉

2006年5月23日,付小姐向产权人杨先生租赁了位于绿城小区内一套房屋,双方在租赁合同中约定,租赁期限为两年,房租为每月2400元,租金每三个月以现金支付。双方同时在合同中又约定了补充条款,其中有“甲方(杨先生)同意乙方(付小姐),在签约之内的两年分割出租(转租)”以及“若本条款与合同内的条款有冲突,应以本条款为准”的内容。同时,付小姐将第一期三个月租金付给出租人杨先生,然后向物业申请对房屋进行装修,物业也核准了,发给她装修进场证。付小姐将客厅变成三间独立房,餐厅、主卧室、书房又被分别变成六间独立房,“二房东”付小姐转眼间将承租的“三室两厅”变成了“十间房”。而由于在“搬入十张大床”进入小区时遭到保安阻止,付小姐向上海浦东新区人民法院提起诉讼,要求物业公司停止侵权,不得无理阻挠她及房客正常进入小区,并赔偿她的房屋租金2400元。

作为被告的上海绿宇物业管理有限公司(以下简称物业公司)并不认可付小姐的说法,物业公司提供了出租人杨先生本人出具的证明函,该证明函这样写道:“租赁合同虽然约定付小姐可以分割,但前提是不得违反国家和上海市的有关规定。现付小姐承租以后将房屋分割成10个小房间,分别出租给不同的个人,造成互不相识的人共同居住,而且存在很多的治安隐患。本人对付小姐这种违法行为是绝对不认可的,要求恢复原有户型和功能。”而且,物业公司认为:“付小姐的行为违反了《上海绿城业主临时公约》及《上海绿城室内装饰装修管理服务协议》。我们是基于《临时公约》赋予我们的权利来进行管理。”

浦东新区法院一审认为,因原告付小姐存在擅自改变住宅实际功能和布局、未按照设计功能使用物业的分割转租行为,故被告物业公司作为物业服务企业,有权采取措施予以制止。现被告限制原告搬入家具的行为其实质系对原告违反设计使用功能对物业进行使用收益的限制,且出租人对此也予以认可,故系被告物业行使权利的行为,该行使权利的方式并无不当,不应承担侵权责任。

付小姐随即提起上诉,认为一审判决混淆了物业公司非法阻挠付小姐合法使用承租房屋与付小姐使用房屋的方式是否恰当这两个概念。

二审法院审理后认为,民事活动必须遵守法律、法规和国家有关政策,尊重社会公共利益,付小姐将承租的房屋分割转租,违反了相应的法律法规,也违反了《上海绿城业主临时公约》的约定,损害了绿城小区其他业主的权益,物业公司作为物业服务企业,有责任采取措施予以制止,不构成侵权,遂作出维持原判的裁决。

[法理评析] 《物业管理条例》第四十六条和第四十八条的规定如下:“对物业管理区域内违反有关治安、环保、物业装饰装修和使用等方面法律、法规规定的行为,物业服务企业应当制止,并及时向有关行政管理部门报告。”“物业使用人在物

业管理活动中的权利义务由业主和物业使用人约定，但不得违反法律、法规和管理规约的有关规定”。付小姐违反了《上海绿城业主临时公约》及《上海绿城室内装饰装修管理服务协议》的有关规定，物业公司作为物业服务企业，有责任采取措施予以制止。

(3)［案情介绍］——物业在履行保安服务中存在过错的，应承担责任

业主张锐在小区中被人捅死，保安在目击有人打斗的情况下，因为害怕而溜走，且没有向警方报案。2006 年，海淀法院对 2005 年 6 月发生在玉海园小区的这起因刑事案件引起的物业纠纷作出一审判决，物业公司被判 20%的补充赔偿责任，张锐父母因此获赔 6 万余元。

据张锐的父亲张文国说，2005 年 6 月 3 日晚，附近的客户找张锐去维修电脑。再次见到张锐时，他已经倒在血泊中，“好多好多的血，气都不出了。”张文国自己拨打了 110 和 120，但儿子终因失血性休克而死亡。

北京市居民死亡医学证明书中记载：“直接导致死亡的情况：失血性休克，从发病到死亡的大概时间间隔为 1 小时。”公安机关对小区当班保安进行了询问，17 岁的保安张永强承认，他当时发现有人打架，也听到了金属物落地的声音，但因为害怕溜走了。

附近住户刘东（化名）证明，他当时路过，看到有人打架，还对一旁的保安说，“你怎么不去管。”但保安没应声。

事发第二天，当地居委会一位大妈闲聊中向保安张永强问起此事，小张说他当时确实看到了，可是因为害怕就没管。大妈在后来的庭审中，也出庭就此作证。

在庭审中双方争论的焦点是，谁该为张锐之死负责。

坐在被告席上的物业公司坚持认为：该为张锐之死承担法律责任的是杀害他的凶手，而不是物业公司。在法律上张锐死亡的原因是凶手的犯罪行为。歹徒能够进入小区并不表明物业公司未尽到职责，保安不具备分辨好人与坏人的能力。而且，张锐遇害是一个突发的刑事案件，作为保安也不具备制止突发刑事案件的能力。此外，玉海园小区的小南门不是小区的主要出入口，依据北京市居住小区物业管理服务标准，公司没有义务在小南门设保安。但张锐的父亲张文国认为，正是因为保安的不尽责、置之不理，才导致儿子在被扎后 1 个小时才被送到医院，耽误了最佳抢救时间。“送到医院时，孩子的血都要流干了，医生说哪怕早 10 分钟都有生还的希望。”他认为物业应该对孩子的死承担全部责任，而不只是 20%。如果他们在发现打斗时上前制止、报警甚至在儿子被扎后及时拨打 120，儿子都不会死。

法院在判决中认定，事发的玉海园小南门平时由物业派保安固定值守，一般有两名保安值班至凌晨 4 时许。在小南门内还设有保安观察岗亭。事发时，玉海园物业保安张永强发现有打斗事件，但未予制止，亦未采取其他及时、合理的措施进行处置，事后亦未巡查。因此，玉海园物业在履行保安服务过程中存在过错，应当对此承担相应的民事责任。本案中，造成张锐死亡的直接原因是歹徒行凶，也就是第三人的侵害行为，现案件尚未侦破，侵害人也没有发现。玉海园物业公司作为安全保障义务人也有过错，应当在其能够防止或制止侵害的范围内，承担相应的补充赔偿责任。据此，判定物业对张文国夫妇因张锐死亡所受损失承担20%的补充赔偿责任。

[法理评析] 依据最高人民法院《关于审理人身损害赔偿案件适用法律若干问题的解释》第六条的规定，本案中，造成张锐死亡的直接原因是歹徒行凶，尚未落网的嫌犯应当承担赔偿责任。但是，物业公司作为安全保障义务人也有过错，应当在其能够防止或者制止损害的范围内承担相应的补充赔偿责任。所以法院判决物业承担补充赔偿责任。

在该案件中，如果物业服务合同未对保安内容作特别约定，物业公司不用担责。张锐的案件是人身损害赔偿案件，被告要不要担责，主要是看他在本案中有没有过错。同时，还要看物业服务合同有没有对保安服务的内容作特别约定，如果没有，法院可以认定，物业公司所负的保安义务只是维护公共秩序的防范性活动。物业公司提供的保安服务不是治安保障服务。它的义务主要体现在业主和物业公司的物业服务合同中。在本案中，双方签订的物业服务合同中，保安服务的内容为：维持公共秩序，包括安全监控、巡视、门岗执勤。服务质量中，对保安的要求为：24小时巡查，责任到人。这个合同没有对保安服务的内容作特别约定，依照物业管理的相关法规，法院可以认定，物业公司所负的保安义务只是为维护公共秩序的防范性保卫活动。也就是说，如果保安没有发现张锐和人打斗并被捅死，物业公司不用承担责任。但是，在本案中有一个特殊的情节，保安张永强发现了打斗，却置之不理。根据物业服务合同，物业在履行保安服务过程中存在过错，应承担相应的民事责任。

思考题

1.《物权法》对物业归属权的规定有哪些？

2. 物业管理基本概念、特征及基本内容有哪些？

3. 物业管理准备阶段的主要工作有哪些？

4. 前期物业管理阶段的主要工作有哪些？

5. 业主的权利和义务有哪些？

6. 业主委员会的职责有哪些？

7. 物业服务企业有哪些权利和义务？

8. 物业服务合同的基本内容有哪些？

第9章

房地产纠纷的解决

本章提要：

本章介绍房地产纠纷处理的相关法律制度。内容包括房地产纠纷的概念与特征；房地产纠纷处理原则；房地产民事纠纷、行政纠纷的处理程序等。通过本章学习，了解房地产纠纷的种类；掌握房地产纠纷的概念及解决房地产纠纷的方式和法律依据。

9.1 房地产纠纷概述

房地产纠纷处理法律制度是房地产管理法律制度的重要组织部分,也是维护房地产权利人合法权益的保障。对它的了解和掌握具有十分重要的意义。

9.1.1 房地产纠纷的概念和特征

1. 房地产纠纷的概念

房地产纠纷是指公民之间、企业事业单位之间、公民与企事业单位之间,因房地产所有权、使用权、买卖、租赁、抵押、转让、互易以及与房地产行政管理部门在管理过程中因房地产权益而发生的争议。房地产纠纷包括两个方面,一是静态的房地产纠纷,是因房地产的权益归属问题而发生的争执;二是动态的房地产纠纷,是因房地产所有权、使用权以及他项权利行使过程中所发生的争执,如房屋租赁、抵押、互易等纠纷。社会生活中的房地产纠纷是复杂多样的,既有历史遗留下来的房地产纠纷,又有在改革开放过程中产生的新类型的房地产纠纷,涉及面广,情况不一,复杂程度也不同。因此,在解决处理房地产纠纷争议时,应重视查清事实,分清是非,实事求是、公平合理地解决,以平息争端。

2. 房地产纠纷的特征

(1)主体具有多样性

房地产纠纷的主体,有的是具有法人资格的企业、事业单位和国家机关;有的是非法人的企业、事业单位和公民;有的一幢房地产纠纷涉及房地产建设、管理有关部门,如规划部门、城建部门、土地管理部门、房产管理部门直至当地人民政府等;有的一幢房地产纠纷涉及几个家庭、几代人。可见,房地产纠纷主体具有广泛性。

(2)客体具有特定性

房地产纠纷主要或大量的是房地产所有权和使用权以及他项权利行使过程中发生的问题。例如,历史上遗留下来的公私合营入股房屋产权转移手续不完备,私人房屋所有权在社会主义改造中被侵占等纠纷。又如在改革过程中出现的共建(一方出资,一方提供地皮)房屋,其产权如何认定等问题。

(3)调处难度大

房地产纠纷标的价值比较大,因而调处难度大。作为不动产的房屋、土地、宅基地,对于一个家庭来说,是主要的家产,是最值钱的物;对于一个单位来说,房地产也是最大的固定资产，因此有的人、有的单位为了打房地产官司，不惜倾家荡产，耗费大量资金、时间，费力费神，旷日持久地讼争。可见，房地产纠纷案件是民事纠纷中调解处理难度最大、政策性最强的。

(4)法律关系复杂，涉及面广

房地产纠纷往往涉及诸多与房地产建设、管理有关的部门，一起房地产纠纷往往同时存在两个以上相互牵连的民事法律关系，尤其历史遗留的纠纷，因年代久远，变迁大，有争议的房地产自然状况及其管理、使用情况、权属更迭情况复杂。因此，房地产纠纷案件查证工作难度比较大。

(5)政策性强

房地产利益具有社会性，各国对房地产关系调整的社会规范都不同程度地含有政策性规范。这些政策往往对房地产立法和房地产案件的审理产生深刻影响。我国目前对房地产纠纷的处理仍保留了大量的政策调整空间，例如对历史遗留房地产问题争议的处理，对华侨房地产、宗教房地产等特殊地产争议的处理，在大多数情况下均以政策规范的适用为主。我国不同时期的政策规范及其与法律规范的界限有很大的发展变化。在审理房地产纠纷案件时，必须正确地适用这些政策规范。

9.1.2　房地产纠纷产生的原因及其类型

1. 房地产纠纷产生的原因

我国房地产纠纷案件在不同的历史时期，呈现出不同的情况。在党的十一届三中全会以前，历次政治运动都要涉及房屋问题。也就是说，在法制不健全的年代，对公民的民事权益，特别是对房地产权益的保护是不够的。对企事业单位和机关的固定资产中的房地产，也是以行政命令、长官意志强行调拨，无偿使用；国家在房地产的管理方面，虽然制定公布若干政策和规章，但在长时间内并没有建立一个完备的房地产管理制度和法规体系，使房地产纠纷处理无法可依，无章可循，遗留下来不少房地产纠纷。改革开放以来，随着房地产市场的建立与发展，又出现了一些新型的房地产纠纷。同时，随着房屋商品化，土地有偿出让、转让，以及国家政策、法律对公民、法人房地产所有权、使用权保护的重视和加强，房改使公有房屋由原来作为国家、单位给职工的生活福利待遇，而逐步转向商品化；私人所有的房屋也不仅只是作为供居住使用的生活资料，而是被作为商品来开发利用，用于出租、买卖、抵押等；此外，还出现了一方出资、一方提供土地使用权共建房屋，农民购买城镇房屋，城市居民购买乡村自建的没有合法手续的房屋，以及房地产开发公司销售的商品房出现质量问题等产生的纠纷。可见，房地产纠纷复杂多样，既有历史的，又有现实的，大致可以归纳为以下几点：

(1)历史原因遗留下来的房地产纠纷

①新中国成立以来,我国大多数城镇没有进行房地产所有权登记,没有核发过房屋所有权证件,这就使得长期产权不清、产籍不明的现象普遍存在。

②我国历史上对房地产缺乏严格、科学的管理和房地产管理法律制度不健全,也是导致房地产纠纷的一个重要原因。

③历次政治运动遗留下大量的房地产问题。这些问题中,除了属于政府落实政策的以外,仍有大量的产权问题,如土改、公私合营、私房改造等遗留下来的房产纠纷。这些纠纷,有的是私人房屋所有权被侵犯,有的是因房屋产权转移手续不完备,有的是因交易显失公平,有的是因产权登记与实际不符。

④多年来尽管国家为城镇居民建房大量投资,但人均住房面积仍然很低,再加上不合理的住房制度造成住房分配不公正,国家在住房建设上的投资不能及时回收,使加快住宅建设受到影响。因此,城镇住房的供需矛盾突出,也是引发房地产纠纷的原因。

(2)房地产权属登记时错登、漏登产生的纠纷

我国在1987年对全国城镇开展房地产所有权登记,核发所有权的工作,因宣传教育工作力度不够,工作不细,不到位,出现了房屋产权错登记和漏登记的现象。这些房产在转让或析产继承时导致了纠纷。

(3)房屋作为"商品"走向市场而产生的房地产纠纷

①改革开放以来,随着国家经济建设的发展,人们经济收入增加了,生活水平不断提高,改善居住条件的要求更加迫切,因此,新建、改造、扩建、翻建住房和租赁、买卖房屋的越来越多。由于人们法律意识薄弱,手续不全,契约不规范或当事人不认真履行契约引起的纠纷颇多。

②房地产开发建设过程中,包括拆迁、安置以及工程承包合同、售房逾期(或付款逾期)和质量问题引起的纠纷。

③房屋共建(合建)纠纷,也就是一方申请,两方以上的公民或单位合资(或一方出资,一方提供地皮)共同建成的房屋,其产权如何认定引起的纠纷。

④房屋所有权、使用权的归属、继承、分割、析产、赠与、转让、交换以及房屋院落土地界址占用和私搭乱建等引起的纠纷。

⑤房地产出租者因维修不及时,给承租人造成居住困难或者人身财产损失,以及承租人因使用不当致使房屋损坏或擅自拆改房屋结构而引起的纠纷。

2. 房地产纠纷的类型

房地产纠纷复杂多样,但按法律关系性质不同,可分为以下几种类型:

(1)房地产权属纠纷

房地产权属纠纷是指房地产的所有权和使用权纠纷。房地产的所有权是一切

房屋纠纷的核心。可以说,所有的房地产纠纷都直接或间接地涉及产权问题。所以明确或确认产权是正确处理各类房地产纠纷的关键。

(2)商品房买卖纠纷

商品房买卖纠纷是有关当事人在买卖房产过程中发生的纠纷。有关这类纠纷人们投诉较多,有上升的趋势,是当前房地产行政管理部门关注的问题之一。

(3)房屋租赁纠纷

这类纠纷一般发生在私房或公房的出租方和承租方之间,多数涉及租赁合同、租金、养护、维修以及公房承租权等方面的法律问题。

(4)房产继承纠纷

房产往往是被继承人遗产中最值钱的财物,涉及继承的当事人多,处理难度比较大。

(5)房地产抵押纠纷

以房地产作抵押担保债权的实现是现实生活中的常见现象,为此而发生的纠纷也不少,这类纠纷当事人之间的法律关系比较复杂,应慎重调处。

(6)宅基地使用权纠纷

这类纠纷在农村的土地纠纷中占有相当大的比重,量大而面广。

(7)房地产行政纠纷

房地产行政纠纷是指公民、法人或者其他组织对房地产行政管理机关处理决定不服而发生的纠纷。这类纠纷的一方是行政行为的相对人,称为“民”,另一方是作出具体行为的行政机关,称为“官”。这类纠纷以诉讼方式解决,就是“民”告“官”的行政案件纠纷。

(8)房地产相邻关系纠纷

房地产相邻关系纠纷是由相邻房地产的所有人或使用人因通行、排水、采光,以及空间延伸、管线设置等问题引起的纠纷。

9.2　房地产纠纷调处的原则和解决途径

9.2.1　房地产纠纷调处的原则

1. 依法保护当事人合法权益的原则

依法保护当事人合法权益的原则包含三层含义:

(1)房地产是人们赖以生存的物质条件之一,拥有住房是人们的基本生活条件。我们党和政府为保护公民、法人及其他组织的房地产合法权益，制定了若干政策和法律、法规。特别是改革土地使用制度和住房制度，取消无偿的福利分房制度，住房分配实行商品化、货币化，开放房地产市场，出售公有新旧住宅，鼓励居民私人购买住房、投资集资合作建房等有关政策和法律、法规的制定实施，保障了房地产权益人的合法权益，为房地产纠纷的调解处理提供了依据。

(2)房地产纠纷极为复杂，尤其是历史上遗留的房地产纠纷，历时久远，经过多次运动的变革，房产、土地的状况及其所有权人、使用人的变动较大，查证取证难度大。而且房地产作为不动产，其权属的重要凭证是书证，即所有权证和契约等。所以在处理纠纷时，首先要求当事人提供证据，由房地产行政管理部门、仲裁机构或人民法院在对证据进行核实、认证的基础上，依法合情合理，符合客观事实地认定(或判决裁定)，以解决争端。

(3)在调解处理房地产纠纷时，要做好当事人的思想工作，防止矛盾激化。也就是说，本着团结的愿望，公平、合理、实事求是地解决问题，达到化解矛盾的目的。

2. 有利生产、方便生活的原则

调解处理房地产纠纷，要坚持有利于城乡建设和改善人们居住条件，有利于稳定住房秩序，有利于国家、集体和人民生产、生活方便的原则。正确掌握和运用这一原则，不仅兼顾了国家、集体和个人利益，同时也稳定了财产关系，维护了社会秩序。

3. 尊重历史，面对现实，兼顾当事人双方或多方利益的原则

"尊重历史"，一是对政策、法律已确权的历史事实，不能任意变动；二是对历史上发生的法律事实、法律行为，要用历史的眼光去客观地看待，不能以现在的政策、法律和民法原理去规范历史上具有政治性的民事行为，也不能任意否认历史事实。"面对现实"，是指要考虑到有争议的房地产现在的权属情况和自然状况，以利酌情处理。例如，调解处理宅基地使用权纠纷时，应在保护国家、集体的土地所有权、保护公民个人的宅基地使用权的前提下，坚持从实际出发，参照宅基地长期的演变情况和现实使用情况，照顾到当事人双方的实际利益需要，并有利于生产、生活和解决争议。

4. 利益协调和兼顾原则

房地产法律关系不同于一般民事法律关系，至少涉及三方当事人的利益，即国家作为土地所有者的利益、房地产经营者的商业利益和公民作为房地产消费者的利益。当这三者利益发生冲突产生纠纷时，法律在基于保护弱者而对消费者权益优先保护的前提下，也要兼顾各方当事人的利益，充分发挥法律协调利益的功能，实现法律的公平正义宗旨，保证房地产业持续健康地发展。另一方面，房地产业既是高盈利的产业，也是风险程度较高的产业，因此应限制投机利益的过度膨胀，使房地产业经济利益在全社会范围内合理地分配;其高风险性则要求把这种高风险所造成或可能带来的损失降低到最低程度。总之,房地产利益协调和兼顾的原则在解决房地产纠纷中的适用,就是要保证房地产业发展中的实质公平,防止房地产业发展中的大起大落,以保证房地产业持续健康地发展。

9.2.2　房地产纠纷的解决途径

根据我国有关法律的规定,房地产纠纷的解决途径主要有当事人双方协商、调解、仲裁或诉讼。

1. 房地产纠纷的协商解决

协商是解决民事纠纷经常采用的行之有效的方法之一。协商是指房地产纠纷的当事人双方在没有第三者参加的情况下,本着自愿、互谅互让的精神,分清是非,明确责任,就争议的问题达成和解协议,使房地产纠纷得到及时妥善解决的一种方式。这是一种私力救助,其优点在于简单易行、稳妥、及时,并且有利于增进了解,加强团结。

2. 房地产纠纷的调解解决

调解,是指房地产纠纷当事人在不能相互协商时,根据一方当事人的申请,在房地产行政管理部门或街道居委会(村委会)的主持下,坚持依法自愿、公平合理的原则,促使纠纷当事人相互谅解,统一认识,达成和解协议,解决房地产纠纷。有效利用调解程序,提高调解成功率,尤其发挥街道居委会(村委会)在房地产纠纷调解中的作用,有利于化解纠纷,减少诉讼,节约司法成本。

3. 房地产纠纷的仲裁解决

房地产纠纷的仲裁,是仲裁机构根据当事人双方的申请,依据《仲裁法》的规定,对房地产所有权的买卖、租赁、交换、赠与以及宅基地院落的使用等方面的争议,进行调解或通过仲裁解决房地产纠纷。

4. 房地产纠纷的诉讼解决

诉讼是法律赋于公民和法人的基本权利之一,任何组织或个人的合法权益受到侵害时,都有权诉诸人民法院,请求人民法院行使国家审判权,保护其合法权益。当事人依照法律规定和房地产纠纷的性质,可以提起民事诉讼或行政诉讼,性质上属于公力救助,也是当事人寻求救济的最后途径。

对由于房地产纠纷导致违法犯罪的,由检察机关提起刑事诉讼,以保护当事人的合法权益和人身权利。

值得注意的是，仲裁制度和诉讼制度是解决房地产纠纷的两种截然不同的制度，选择诉讼就不能选择仲裁，反之，选择了仲裁就排斥了诉讼，两者是“或者”的关系。选择仲裁的前提是双方达成仲裁的合意即有仲裁协议或仲裁条款。在我国，诉讼有严格的级别管辖和地域管辖，当事人不得随意选择受诉法院，而仲裁允许当事人通过仲裁协议或仲裁条款选择仲裁委员会和仲裁庭的组成人员；诉讼是两审终审而仲裁是一次裁决具有终局性。

9.3 房地产纠纷诉讼

9.3.1 房地产纠纷行政诉讼

1.房地产纠纷行政诉讼概述

(1)房地产纠纷行政诉讼的概念

房地产的管理是国家行政机关为了维护房地产市场秩序，保障产权人的合法权益，促使房地产业的健康发展，运用行政权力对房地产进行管理的一种行政行为。房地产管理工作，是国家行政管理工作的重要组成部分，由于行政机关中执行具体工作的人员与公民、法人或者其他组织的具体工作人员对事物认识水平具有差异，难免有时因行政处理决定引起争议或纠纷。现实生活中，侵犯公民、法人和其他组织有关房地产的合法权益和违反国家房地产管理秩序的行为与现象都是客观存在的。公民、法人或其他组织认为房地产管理机关或管理人员侵犯其合法权益而向人民法院提起的诉讼，就是房地产管理中的行政诉讼。

房地产纠纷行政诉讼是指在房地产管理中，公民、法人或者其他组织认为房地产行政机关和行政机关工作人员的具体行政行为侵犯其合法权益，依法向人民法院提起的诉讼。人们把这类诉讼称为“民”告“官”的诉讼。这当然是一种通俗的、比较形象化的比喻。换句话说，是指在行政管理过程中，被管理者(民)告管理者(官)的诉讼。行政诉讼中的被告必须是行政机关，而不是公民、法人(企业事业单位或社会团体)。能引起行政诉讼必须是行政机关的具体行政行为，而非抽象行政行为。行政诉讼法中所指的具体行政行为，在房地产管理中，就是房地产管理机关行使行政权力，对特定的公民、法人或其他组织作出的单方行为。

(2)房地产纠纷行政诉讼的特征

房地产纠纷行政诉讼除具有一般行政诉讼的特征外，还有其自身的特征：

①房地产行政诉讼的发生，必须是在房地产管理活动中，被管理的相对人(公

民、法人或者其他组织)对房地产管理机关的管理行为侵犯其合法权益而向人民法院提起的诉讼。如果原告的权益受到侵犯,但不是由于房地产管理机关的管理行为所引起的,则不属于房地产管理行政诉讼。例如,某甲在拆旧房建新房时,超出原房址,同与他相连接的某乙发生纠纷。后经多方调解未能解决。双方当事人都没有证据,于是房地产管理部门决定重新划界、定线。某甲以地基的界线清楚,房地产管理部门的处理决定损害了他的合法权益为由,向人民法院提起行政诉讼,要求撤销房地产管理部门的裁定。

②房地产行政诉讼当事人中的被告方,必须是国家行政机关。

③房地产行政诉讼的管辖不是以被告所在地为依据,而是以被管理的房地产所属地区为依据。行政案件由最初作出具体行政行为的行政机关所在地人民法院管辖。因不动产提起的行政诉讼,由不动产所在地人民法院管辖。

(3)房地产纠纷行政诉讼的特别规定

①举证责任倒置。在房地产行政诉讼中作为被告的行政机关负有举证责任,应提供具体行政行为的根据和规范性文件。

②诉讼期间原行政行为不停止执行。作为行政诉讼标的的具体行政行为,在人民法院未作出撤销或变更判决之前,不因为被起诉而停止其执行的效力。

③房地产纠纷行政诉讼不适用调解。人民法院审理行政案件,不得采用调解作为审理程序或结案方式,应以判决方式解决行政案件。可以用调解方式结案的只限于特定案件,如关于行政赔偿的诉讼。这是因为,调解是在诉讼中由法院说服双方当事人互相让步,达到谅解而结束案件。这种方式一般不适用于行政诉讼。

④审查具体行政行为合法性。人民法院审理行政案件所要解决的问题,是具体行政行为的合法性问题。《行政诉讼法》第五条规定:“人民法院审理行政案件,对具体行政行为是否合法进行审查。”

2. 房地产纠纷行政诉讼提起的条件

根据我国《行政诉讼法》的规定,房地产行政纠纷能够提起行政诉讼的,主要有以下几种情况:

(1)相对人不服房地产管理部门罚款、吊销报废证照的,责令停业、没收房地产的;

(2)公民、法人或者其他组织认为房地产行政管理机关或工作人员侵犯其房地产企业经营自主权的;

(3)公民、法人或者其他组织认为符合条件向房地产行政管理部门申请颁发产权证、准建证和其他有关房地的证件而拒绝颁发或不予答复的;

(4)公民、法人或其他组织,向房地产管理部门申请保护人身权、财产权的法定职责而拒绝履行或不予答复的;

(5)公民、法人或者其他组织认为房地产行政管理部门违法要求履行义务的。

另外，不属于房地产行政诉讼受案范围的主要有：

(1)房地产行政管理部门内部行政行为，如对机关内部工作人员奖惩、任免等决定；

(2)房地产抽象的行政行为，指有关房地产的行政法律、法规、规章或具有普遍约束力的决定、命令等；

(3)法律规定由房地产行政管理机关最终裁决的房地产具体行政行为。

3. 人民法院对房地产行政案件的审理

人民法院审查被诉的房地产行政管理机关是否依法享有与被诉具体行政行为相关的行政管理职权，以及审查具体行为的内容是否合法。也就是说，人民法院根据不同情况，可依法作出以下几种判决：

(1)房地产行政管理机关作出的具体行政行为所依据的事实清楚，证据充足，适用法律正确，符合法定程序的，判决维持被告的具体行政行为。

(2)房地产行政管理部门所作出的具体行政行为若有以下情形之一的，判决撤销或部分撤销该具体行政行为：

①具体行政行为证据不足。即在行政诉讼过程中，被告房地产行政管理部门拿不出证据或证据不足，证明其具体行政行为的合法。

②适用法律错误。是指对违法事实的定性或对法律条文错误的理解，从而引用了不该引用的法律条文。

③违反法定程序。即不按法律规定的程序行使行政权，其结果会损害或可能损害原告人的权益。

④超越职权。房地产行政管理部门所作的具体行政行为超出了自己的职权范围。例如，房地产行政管理部门对违反房地产市场秩序的人予以拘留，这就超越权限，侵犯了公安部门的职权，应予撤销。

⑤滥用职权。房地产行政管理部门在执法时违背了法律、法规的立法目的或以权谋私、索要好处。

(3)房地产行政管理部门不履行或拖延履行其法定职责的，判决其在一定期限内履行。

(4)房地产行政管理部门所作的行政处罚显失公正的，人民法院可以判决变更。我国《行政诉讼法》规定，人民法院对具体行政行为有有限的司法变更权。

在房地产行政诉讼中，当事人不服人民法院一审判决的，有权在判决书送达之日起 15 日内(裁定书送达之日起 10 日内)向上一级人民法院提起上诉。逾期不提起上诉的，人民法院的第一审判决或裁定发生法律效力。

人民法院对上诉案件认为事实清楚的，可以实行书面审理。除有特殊情况经批准延长审期外，二审人民法院应当在两个月内根据情况分别作出维持原判、改判或发回重审的判决或裁定。

9.3.2 房地产纠纷民事诉讼

1. 房地产纠纷民事诉讼概述

（1）房地产纠纷民事诉讼的概念

诉讼是宪法赋予公民与法人的基本权利之一，任何组织或个人当其合法权益受到侵害时，有权诉诸法院，请求人民法院行使国家审判权，予以保护。

《民事诉讼法》是国家规定民事诉讼的原则、制度和程序，调整人民法院和当事人、其他诉讼参与人之间诉讼权利和义务关系的法律，是国家重要的程序法。房地产诉讼，是指人民法院在双方当事人和其他诉讼人的参与下，依法审理房地产纠纷所进行的司法活动，是一种具有最高权威的解决房地产纠纷的方法。

（2）房地产纠纷民事诉讼的原则

根据《民事诉讼法》的规定，人民法院应当遵守以下特有原则：

①民事诉讼当事人有平等的诉讼权利。人民法院审理民事案件，应当保障和便利当事人行使诉讼权利，对当事人在适用法律上一律平等。这个规定就是《民事诉讼法》中的当事人平等原则，包含以下内容：一是原告与被告具有平等的诉讼地位。提请人民法院对这一争议通过审理加以裁判的一方为原告，另一方则为被告，二者在诉讼上的称呼不同，但并不意味着地位上具有优劣之分，不应当将“被告”视为贬称，更不应当对其有所歧视。二是实体权利的享有者与实体义务的承担者具有平等的诉讼地位。也就是在作出裁判之前，法官不能据此先入为主地判断双方谁为“有理”，因为实体权利的享有者固然需要运用诉讼权利维护自己的合法权益，而实体义务的承担者也同样需要用诉讼权利对抗不合法的主张和请求。三是具有不同社会身份的人诉讼地位平等。也就是人民法院对涉诉的任何人和任何组织平等地提供行使诉讼权利的机会。那些照顾名人和知名单位的做法是不可取的，特别是“先国家、后集体、再个人”“公优于私”等观念在民事诉讼中也是不适用的。四是具有不同国籍的当事人、无国籍的当事人诉讼地位平等。

②人民法院审理民事案件，应当根据自愿和合法的原则进行调解；调解不成的，应当及时判决。这个原则表明，我国法律对采用协商的方法解决民事纠纷十分重视，强调审判人员对当事人多做思想教育工作，宣传国家的法律政策。但调解应当在自愿和合法的前提下进行，不能强制调解或久调不决。

③人民法院审理民事案件时，当事人有权进行辩论。这个原则说明了在人民法院主持下，当事人双方有权就案件事实和争议问题，各自陈述自己的主张和根据，互相进行辩驳，以维护自己的合法权益。当事人在诉讼过程中可以就事实争议和法律适用进行辩论，也可以就程序上的事项进行辩论。

④当事人有权在法律规定的范围内处分自己的民事权利和诉讼权利。根据这个原则，在民事权利发生争议之后，当事人可依自己的意愿决定是否起诉，实行“不告不理”；当事人在提起诉讼时，可以自由地确定请求司法保护的范围和选择保护的方法；在诉讼中可以变更或放弃诉讼请求，可以自由决定是否行使撤诉、上诉、申请执行等诉讼权利。

2. 房地产纠纷民事诉讼的管辖

管辖，就是各级和同级人民法院之间，根据案件的不同情况划分受理案件的权限，也就是解决一个具体纠纷案件，由哪一级的哪一个法院对其进行第一审审判的问题，这是进行民事诉讼的前提。按照《人民法院组织法》的规定，我国设有最高人民法院、高级人民法院、中级人民法院和基层人民法院四级。

(1)级别管辖

级别管辖，也叫审级管辖。它是根据案件性质、情节的轻重、影响的范围或诉讼标的大小来划分上下级法院对第一审案件的管辖权限。

①基层人民法院管辖第一审民事案件，但法律另有规定的除外；

②中级人民法院管辖重大涉外案件、在本辖区有重大影响的案件和最高人民法院确定由中级人民法院管辖的案件；

③高级人民法院管辖在本辖区有重大影响的第一审民事案件；

④最高人民法院管辖在全国有重大影响的第一审民事案件和认为应当由最高人民法院审理的第一审民事案件。

(2)地域管辖

地域管辖是按行政区域划分的法院对第一审案件审判管辖的权限和分工。我国《民事诉讼法》规定的地域管辖条款中，大都规定由被告住所地、原告住所地、标的物所在地、合同履行地、侵权行为地的法院管辖。

由于地域本身是一个复杂的因素，当事人、标的物、法律行为本身的特殊性及其与地域之间形成关系的多样性，根据地域管辖中的不同情况和特点，一般又分为一般地域管辖、特殊地域管辖、专属管辖和选择管辖等。

①一般地域管辖。对公民提起的民事诉讼，由被告住所地的人民法院管辖；被告住所地与经常住所地不一致的，由经常居住地的人民法院管辖。对法人与其他组织提起的民事诉讼，由被告住所地人民法院管辖。同一诉讼的几个被告住所地、经常居住地在两个以上人民法院辖区的，各该人民法院都有管辖权。这是按照“原告就被告”的原则，即以被告所在地确定的审判管辖。

②特殊地域管辖。有些纠纷案件有自己的特殊性，为便于当事人进行诉讼和法院审理案件，《民事诉讼法》规定了特别的管辖。如因合同纠纷提起的诉讼，由被告住所地或者合同履行地的人民法院管辖；因保险合同纠纷提起的诉讼，由被告住

所或者保险标的物所在地的人民法院管辖；因票据纠纷提起的诉讼，由票据支付地或者被告住所地的人民法院管辖。

③专属管辖。所谓专属管辖，是根据诉讼标的或案件的其他特殊性，由法律规定的特定法院实施的审判管辖。专属管辖具有排他性，既排除一般地域管辖和特殊地域管辖，也排除当事人的协议管辖。《民事诉讼法》规定的适用于专属管辖的有两种诉讼：

a. 因不动产提起的诉讼，由不动产所在地的人民法院管辖。因不动产提起的诉讼包括房地产的所有权确认、买卖、租赁、抵押、互易、赠与、侵权损害等方面的诉讼；还包括土地所有权的确认、土地使用权的依法出让、转让、抵押、出租，以及房地产相邻关系的诉讼。这类诉讼，根据《民事诉讼法》的规定，由不动产所在地人民法院管辖，对涉及房地产遗产继承纠纷提起的诉讼，由被继承人死亡时所在地或者主要遗产所在地人民法院管辖。继承遗产纠纷的诉讼涉及继承权的有无和遗产分配问题，由被继承人所在地或主要遗产所在地人民法院管辖。

b. 因港口作业中发生纠纷提起的诉讼，由港口所在地的人民法院管辖。

④选择管辖。所谓选择管辖，是指两个以上人民法院对同一案件依法都有管辖权的管辖。对两个以上人民法院都有管辖权的诉讼，原告可以向其中一个人民法院起诉；原告向两个以上有管辖权的人民法院起诉的，由最先立案的人民法院管辖。

3. 房地产纠纷民事诉讼的第一审程序

(1)普通程序

①起诉。原告提起诉讼必须符合下列条件：a. 原告是与本案有直接利害关系的公民、法人和其他组织；b. 有明确的被告；c. 有明确具体的诉讼请求和事实、理由；d. 属于人民法院受理诉讼的范围和受诉人民法院管辖。原告起诉应向人民法院递交起诉状，并按照被告人数提出副本。

②受理。人民法院收到起诉状后，应当及时审查。经审查认为符合起诉条件的，应当在 7 日内立案，并通知原告在 7 日内预交案件受理费；认为不符合起诉条件的，应当在 7 日内裁定不予受理；原告对裁定不服的，可以提出上诉。

③审理前的准备。按照法律规定，人民法院应当自立案之日起在 5 日内将起诉状副本发送被告，被告应自收到起诉状副本之日起在 15 日内提出答辩状，对原告的指控和请求作出回答，陈明自己的立场、观点和理由，提出必要的证据，也可以对原告提出反诉。被告提出答辩状的，人民法院应当在收到之日起 5 日内将答辩状副本发送原告；被告不提出答辩状的不影响人民法院对案件的审理，诉讼程序照常进行。

④开庭审理和作出判决。人民法院审理房地产纠纷案件时，除涉及国家机密

或者法律另有规定的以外，应当公开进行。涉及商业秘密的纠纷案件，当事人申请不公开审理的可以不公开审理。人民法院开庭审理的案件，应当在开庭3日前通知当事人和其他诉讼参与人。公开审理的，还应当公告当事人姓名、案由和开庭的时间、地点。开庭前书记员应当查明当事人和其他诉讼参与人是否到庭，宣布法庭纪律。开庭审理时，由审判长核对当事人，宣布案由、审判人员、书记员名单，告知当事人有关的诉讼权利和义务，询问当事人是否提出回避申请。提出回避申请的，经审查，如有正当理由，可以按照规定程序更换被申请回避的人员。在庭审时，通过当事人陈述和询问当事人，询问证人和宣读未到庭的证人证言，出示有关的证据，宣读鉴定结论，宣读勘验笔录，以及原被告双方进行法庭辩论，进一步核对事实，审查、检验和补充证据，查明案情，以便以事实为根据，以法律为准绳，作出公正、合理的判决。

在开庭审理时，原告经传票传唤，无正当理由拒不到庭的，或者未经法庭许可中途退庭的，可以按撤诉处理；被告经传票传唤，无正当理由拒不到庭的，或者未经法庭许可中途退庭的，可以缺席判决。

(2)简易程序

《民事诉讼法》第十三章专门规定了“简易程序”，即规定基层人民法院和其派出法庭审理事实清楚、权利义务关系明确、争议不大的简单的民事案件，适用简易程序。这些规定同样适用于对房地产纠纷案件的审理。

适用简易程序审理、情节比较简单的纠纷案件，可以用简便方式传唤当事人、证人，不受普通程序中有关开庭审理程序的限制，而且可由审判员一人独任审理。在审理中发现并非简单案件时，可以改用普通程序。但已按普通程序审理的简单案件，不能改用简易程序。

人民法院适用简易程序审理案件，应当在立案之日起3个月内审结。

4. 房地产纠纷民事诉讼的第二审程序

根据《民事诉讼法》的规定，当事人不服地方人民法院第一审判决的，有权在判决书送达之日起15日内向上一级人民法院提出上诉。当事人不服地方人民法院第一审裁定的，有权在裁定书送达之日起10日内向上一级人民法院提起上诉。上诉人提出上诉，应当递交上诉状。

第二审人民法院应当对上诉请求的有关事实和适用法律进行审查。对上诉案件，应当组成合议庭，开庭审理。经过阅卷和调查，询问当事人，在事实核对清楚后，合议庭认为不需要开庭审理的，也可以进行判决、裁定。第二审人民法院对上诉案件经过审理，对下列情形分别处理：

(1)认为原判决认定事实清楚，适用法律正确的，判决驳回上诉，维持原判决。

(2)认为原判决适用法律错误的，依法改判。

(3)认为原判决认定事实错误或者原判决认定事实不清，证据不足的，撤销原判决，发回原审法院重审或者查清事实后改判。

(4)认为原判决违反法定程序，可能影响案件正确判决的，裁定撤销原判决，发回原审法院重审。当事人对重审案件的判决、裁定可以上诉。第二审人民法院的判决、裁定是终审的判决、裁定。当事人、法定代理人对已经发生法律效力的判决、裁定认为确有错误的，还可以向人民法院申诉。根据《民事诉讼法》第一百五十九条规定："人民法院审理对判决的上诉案件，应当在第二审立案之日起 3 个月内审结。有特殊情况需要延长的，由本院院长批准。人民法院审理对裁定的上诉案件，应当在第二审立案之日起 30 日内作出终审裁定。"这些规定，有利于实现审判工作的规范化、制度化和提高办案效率。

5. 房地产纠纷民事诉讼的审判监督程序

(1)审判监督的方法和制度

根据《民事诉讼法》规定，各级人民法院院长对本院已经发生法律效力的纠纷案件的判决、裁定，发现确有错误，认为需要再审的，应当提交审判委员会讨论决定。最高人民法院对地方各级人民法院已经发生法律效力的纠纷案件的判决、裁定和上级人民法院对下级人民法院已经发生法律效力的纠纷案件的判决、裁定，发现确有错误的，有权提审或者指令下级人民法院再审。下级人民法院对上级人民法院应按审判监督程序指令及时认真再审，不能因有不同意见拖延。当事人对已经发生法律效力的判决、裁定，认为有错误的，可以向上一级人民法院申请再审，但不停止判决、裁定的执行。

最高人民检察院对各级人民法院已经发生法律效力的纠纷案件的判决、裁定，上级人民检察院对下级人民法院已经发生法律效力的纠纷案件的判决、裁定，发现有《民事诉讼法》第一百七十九条规定情形之一的应当按照审判监督程序提出抗诉。

地方各级人民检察院对同级人民法院已经发生法律效力的判决、裁定，发现有《民事诉讼法》第一百七十九条规定情形之一的，应当提请上级人民检察院按照审判监督程序提出抗诉。接受抗诉的人民法院应当自收到抗诉书之日起 30 日内作出再审的裁定。

另外，当事人对已经发生法律效力的纠纷案件的调解书，能够提出证据，证明调解违反自愿原则或者调解协议的内容违反法律的，可以申请再审。经人民法院审查属实的，应当再审。但当事人申请再审具有时间限制，即应当在判决、裁定发生法律效力后 2 年内提出。2 年后据以作出原判决、裁定的法律文书被撤销或者变更，以及发现审判人员在审理该案件时有贪污受贿、徇私舞弊、枉法裁判行为的，自知道或者应当知道之日起三个月内提出。

(2)审判监督的程序规则

根据《民事诉讼法》的规定,人民法院按照审判监督程序决定再审的案件,应当裁定中止原判决的执行。裁定由院长署名,加盖人民法院印章。人民法院按照审判监督程序再审的案件中,发生法律效力的纠纷案件的判决、裁定是第一审法院作出的,按第一审程序审理,所作的判决、裁定当事人可以上诉;发生法律效力的纠纷案件的判决、裁定是由第二审法院作出的,按照第二审程序审理,所作的判决、裁定,是终审;上级人民法院按照审判监督程序提审的,按照第二审程序审理,所作的判决、裁定是发生法律效力的判决、裁定,当事人必须遵照执行。

人民法院审理再审纠纷案件,应当另行组成合议庭,目的在于防止先入为主和"官不悔判"的思想和行为干扰审判。同时,也有利于增强办案人员的责任心,搞好廉政建设。

6. 房地产纠纷民事诉讼的执行程序

(1)执行程序的一般规定

①对于发生法律效力的纠纷案件的判决、裁定,由第一审人民法院执行或者与第一审人民法院同级的被执行的财产所在地人民法院执行。法律规定由人民法院执行的其他法律文书,由被执行人住所地或者被执行的财产所在地人民法院执行。人民法院自收到申请执行书之日起超过6个月未执行的,申请执行人可以向上一级人民法院申请执行。上一级人民法院经审查,可以责令原人民法院在一定期限内执行,也可以决定由本院执行或者指令其他人民法院执行。

②被执行人或者被执行的财产在外地的,可以委托当地人民法院代为执行。委托人民法院也可派人会同受委托人民法院共同执行。委托外地人民法院代为执行,应当正式出具委托函,并附送执行的法律文书、当事人的申请执行书及其他可供执行参考的材料。受委托执行的人民法院收到委托函件后,必须在15日内严格依照法律文书确定的权利义务开始执行,不得拒绝。

③在执行中,双方当事人自行和解达成协议的,执行员应当将协议内容记入笔录,由双方当事人签名或盖章。一方当事人不履行和解协议的,人民法院可以根据对方当事人的申请,恢复对原生效法律文书的执行。

④在执行中,被执行人向人民法院提供担保,并经申请执行人同意的,人民法院可以决定暂缓执行及暂缓执行的期限。被执行人逾期仍不履行的,人民法院有权执行被执行人的担保财产或者担保人的财产。

⑤作为被执行人的公民已死亡的,以其遗产偿还债务。作为被执行人的法人或者其他组织终止的,由其权利义务承受人履行义务。

⑥执行完毕后,据以执行的判决、裁定和其他法律文书确有错误,被人民法院

撤销的，对已经执行的财产，人民法院应当作出裁定，责令取得财产的人返还；拒不返还的，强制执行。

⑦执行过程中，案外人对执行标的提出书面异议的，人民法院应当自收到书面异议之日起 15 日内审查，理由成立的，裁定中止对该标的的执行；理由不成立的，裁定驳回。案外人、当事人对裁定不服，认为原判决、裁定错误的，依照审判监督程序办理；与原判决、裁定无关的，可以自裁定送达之日起 15 日内向人民法院提起诉讼。

(2)执行的移送和申请

①移送执行。所谓移送执行，是指办案的审判人员将发生法律效力的法律文书直接交给执行员执行的一种方式。以这种方式执行，对于及时保护国家和集体利益，以及保护有特殊困难的当事人的合法权益，具有积极意义。

②申请执行。所谓申请执行，是指一方当事人在法律文书规定的期限内不履行或不完全履行确定的义务，对方当事人向人民法院提出申请，要求对义务方当事人实施强制执行。人民法院对执行申请进行审查，凡是符合条件的，应当立案执行。

申请执行的期间为两年。申请执行时效的中止、中断，适用法律有关诉讼时效中止、中断的规定。上述期限，从法律文书规定履行期的最后 1 日起计算；法律文书规定分期履行的，从规定的每次履行期间的最后 1 日起计算。

执行员接到申请执行书或者移交执行书后，应当向被执行人发出执行通知，责令其在指定的期间履行，逾期不履行的，强制执行。

7. 房地产纠纷民事诉讼的时效

(1)一般时效

一般时效是指其他法律有特别规定除外的诉讼时效，通常适用《民法通则》第一百三十五条规定的诉讼时效为 2 年，从权利人知道或应当知道权利被侵害之日起计，超过 2 年，人民法院不予受理。

(2)特别时效

特别时效是指《民法通则》第一百三十六条第三项规定的“延付或者拒付租金”的情况，诉讼时效为 1 年，超过 1 年的，人民法院不予受理。

(3)最长时效。

最长时效是指《民法通则》第一百三十七条规定的“从权利被侵害之日起超过 20 年”的情况，人民法院不予受理，换言之，即权利人即使不知道或者不应该知道自己的权利被侵害，请求人民法院保护也应在 20 年时效之内提出，超过 20 年，人民法院不予保护。

综上所述，一般诉讼时效和特别诉讼时效是从权利人知道或者应当知道自己的权利被侵害之日起计算，而最长时效则是从权利人的权利被侵害之日起计算。超过诉讼时效的当事人不丧失诉权、丧失胜诉权，即当事人仍有提起诉讼的权利，但丧失胜诉的权利。

9.4 房地产纠纷仲裁

9.4.1 房地产纠纷仲裁的概念

房地产纠纷仲裁是指房地产纠纷仲裁机关根据公民或法人的申请，依法对其发生的有关房地产所有权、使用权、买卖、赠与、交换、租赁以及宅基地院落的使用等方面的争议或纠纷，作出具有约束力的调解或仲裁。

在房地产纠纷仲裁中，仲裁机构是以第三者的身份，对当事人争执的事实和权利义务关系依法作出裁决。它既不同于人民法院对房地产纠纷案件进行审理的诉讼活动，也不属于房地产行政管理机关对房地产的管理活动，而是处于当事人之间的居中地位，为解决当事人房地产纠纷进行裁处。房地产纠纷仲裁在机构设置、审理程序以及行为效力等方面要与《仲裁法》规定相符合。

9.4.2 房地产纠纷仲裁的原则和基本制度

根据《仲裁法》规定，仲裁实行以下原则和基本制度：

(1)自愿仲裁原则。当事人采用仲裁方式解决房地产纠纷，应当由双方自愿达成仲裁协议。没有仲裁协议，一方申请仲裁的，仲裁委员会不予受理。

(2)以事实为根据，以法律为准绳原则。仲裁应当根据事实，依据国家法律、法规，公平合理地解决纠纷。

(3)独立仲裁的原则。仲裁机关依法独立仲裁，不受行政机关、社会团体和个人的干涉。人民法院对仲裁活动有权监督。

(4)或裁或审制度。对房地产纠纷，当事人可以采取仲裁方式或者审判方式解决，而不能既申请仲裁，又提起诉讼。当事人达成仲裁协议，一方向人民法院起诉的，人民法院不予受理，但仲裁协议无效的除外。

(5)一裁终局制度。仲裁实行一裁终局制度，裁决作出后，当事人就同一纠纷再申请仲裁或者向人民法院起诉的，仲裁机构或者人民法院不予受理。

9.4.3　房地产纠纷仲裁的受案范围

根据《仲裁法》第二条规定：平等主体的公民、法人和其他组织之间发生的合同纠纷和其他财产权益纠纷，可以仲裁。由此可见，仲裁解决的纠纷有一定的限制。一般应包括平等主体间的合同纠纷及其他财产权益纠纷。根据该法第三条规定，以下两类纠纷不属仲裁受理范围：①婚姻、收养、监护、抚养、继承纠纷；②依法应当由行政机关处理的行政争议。

1. 房地产纠纷仲裁机构可受理的房地产争议案件

(1)房屋买卖的争议。包括房产买卖合同、价格、优先购买权等；

(2)房屋所有权争议。包括所有权归属、份额、变更、析产、交换等；

(3)房屋使用权争议。包括租赁、租金、强占、返还、占有、交换、转租、转让等方面的争议；

(4)他项权利与相邻关系争议。包括通行、典当及与相邻房屋发生的权利和义务，如影响房屋的安全完好、通风、采光、滴漏水和上下水的正常使用等。

(5)房屋修缮的争议。包括房屋修缮的工程项目及安全检查的鉴定，各项工程费用的承担等。

2. 房地产纠纷仲裁机构不予受理的房地产争议案件

(1)人民法院已经受理或审理办结的房地产纠纷；

(2)涉及离婚、收养、监护、继承、析产、赠与的房地产纠纷；

(3)涉及落实政策问题的房地产纠纷；

(4)经过公证机关公证后发生争议的房地产纠纷；

(5)依法应当由行政机关处理的房地产纠纷；

(6)机关、团体、企业、事业单位内部分房的房屋纠纷；

(7)驻军内部的房屋纠纷。

9.4.4　房地产纠纷仲裁机构

我国的房地产纠纷仲裁机构有两个系统：一是国内仲裁机构，即各地方设立的仲裁委员会。仲裁委员会可在直辖市和省、自治区人民政府所在地的市设立，也可根据需要在其他设区的市设立，不按行政区划层层设立。仲裁委员会由规定的市人民政府组织有关部门和商会统一组建，平等主体的公民、法人和其他组织之间发生的房地产纠纷，当事人有仲裁协议的，可以仲裁。二是涉外仲裁机构，即中国国际商会设立的中国国际经济贸易仲裁委员会，只对涉外房地产民事纠纷进行仲裁。

仲裁委员会应具备的条件为：有自己的名称、住所和章程；有必要的财产；有该委员会的组成人员，有聘任的、符合法定条件的仲裁员。

仲裁委员会由主任1人、副主任2～4人和委员1～11人组成，其中法律、经济贸易专家不得少于2/3。仲裁委员会独立于行政机关，与行政机关没有隶属关系，仲裁委员会之间也没有隶属关系。

9.4.5 房地产纠纷仲裁程序

1. 仲裁申请及其受理

(1)仲裁申请

当事人申请房地产纠纷仲裁必须符合下列条件：

①有仲裁协议当事人申请仲裁，应当向仲裁委员会递交仲裁协议、仲裁申请书及副本。仲裁协议是指双方当事人自愿把他们之间的房地产纠纷提交仲裁机构解决的书面约定，包括合同中订立的仲裁条款和以其他书面方式在纠纷发生前、后达成的请求仲裁解决的协议。

②房地产纠纷案件属于房地产纠纷仲裁管辖的范围。

③申请人是与本案有直接利害关系的当事人。

④有明确的被申请人、明确的申请请求和事实根据。

⑤房地产纠纷既未向法院起诉，也未经仲裁机关作出仲裁裁决。

⑥未超过仲裁时效。房地产纠纷案件的仲裁时效应同诉讼时效。

⑦申请人向仲裁机关申请仲裁，应当递交申请书，并按照被申请人数提交副本。

(2)仲裁申请的受理

仲裁委员会自收到仲裁申请之日起5日内，认为符合受理条件的，应当受理，并通知当事人；认为不符合受理条件的，应当书面通知当事人不予受理，并说明理由。

2. 仲裁庭的组成

仲裁庭可由3名仲裁员或1名仲裁员组成，由3名仲裁员组成的，设首席仲裁员。当事人约定由3名仲裁员组成仲裁庭的，应当各自选定或各自委托仲裁委员会主任指定1名仲裁员，第三名仲裁员由当事人共同选定或共同委托仲裁委员会主任指定，第三名仲裁员为首席仲裁员。当事人约定由1名仲裁员成立仲裁庭的，应当由当事人共同选定或者共同委托仲裁委员会主任指定仲裁员。当事人没有在仲裁规则规定的期限内约定仲裁庭的组成方式或者选定仲裁员的，由仲裁委员会主任指定。对仲裁员，当事人可以申请回避。

3. 仲裁审理与裁决

(1)仲裁应当开庭进行。仲裁一般不公开进行，当事人协议公开的，可以公开进行，但涉及国家秘密的除外。仲裁庭应当将开庭情况记入笔录。

(2)当事人申请仲裁后，可以自行和解。达成和解协议的，可以请求仲裁庭根据和解协议作出裁决书，也可以撤回仲裁申请。

(3)仲裁庭在作出裁决前，可以先行调解。当事人自愿调解的，仲裁庭应当调解；调解不成的，应及时作出裁决；调解达成协议的，仲裁庭应当制作调解书或者根据协议的结果制作裁决书。调解书与裁决书具有同等法律效力。

(4)裁决应当按照多数仲裁员的意见作出，少数仲裁员的不同意见可以记入笔录。仲裁庭不能形成多数意见时，裁决应当按照首席仲裁员的意见作出。

(5)裁决书自作出之日起发生法律效力。

4. 仲裁裁决的执行

当事人应当履行裁决。一方当事人不履行的，另一方当事人可以依照《民事诉讼法》的有关规定向人民法院申请执行。

但根据《仲裁法》，当事人提出证据证明仲裁裁决有下列情况之一的，可以向仲裁委员会所在地的中级人民法院申请撤销仲裁裁决：①没有仲裁协议的；②裁决的事项不属于仲裁协议的范围或者仲裁委员会无权仲裁的；③仲裁庭的组成或者仲裁程序违反法定程序的；④裁决所依据的证据是伪造的；⑤对方当事人隐瞒了足以影响公正裁决的证据的；⑥仲裁员有索贿、徇私舞弊、枉法裁决行为的。

申请撤销裁决，应当在收到裁决书之日起 6 个月内提出。一方当事人申请执行裁决，另一方当事人申请撤销裁决的，人民法院应当裁定中止执行。人民法院裁定撤销裁决的，应当裁定终止执行。撤销裁决的申请被驳回的，人民法院应当裁定恢复执行。

案例分析

[案情介绍]——张淑芳诉彭州市城建委缴销《房屋所有权证》案

原告：张淑芳

被告：四川省彭州市城乡建设委员会

张淑芳之夫陈伍清于 1973 年 2 月购买原彭县天彭镇牛市坝街 11 号鄢姓草房一间半(价格 80 元)后，在该草房前未经批准占用公用土地面积搭建木结构草房一间(面积:40.25 平方米),1982 年改建为石棉瓦房。1991 年 7 月,原彭县佛教协会重建龙兴古塔,经原彭县城市建设指挥部批复后再经原彭县人民政府批准,将外北街 9 至 11 号住房的土地面积划拨给佛教协会作为建筑古塔之用。1992 年 8 月 15 日,原彭县基本建设拆迁管理办公室发布公告,限天彭镇外北街居委会辖区牛市坝段北侧门牌号 9 至 11 号范围内的国有土地和一切房屋及附属物于 1992 年 9 月 7 日前搬迁完毕。1992 年 9 月,原彭县城市建设指挥部在拆迁该地段时,对陈伍清所购鄢姓草房一间半,按有关规定作了安置(于同月 18 日办理了将彭州市天彭镇东干道点式楼 206 号,面积 71.86 平方米住房一套交给陈伍清的手续)。对该房前违章搭建的 40.25 平方米石棉瓦平房作出由原告自行拆除的决定。

事后,因原彭县外北街居委会办公房即将拆除,原彭县城市建设指挥部无房安置其办公用房,决定该居委会临时占用原告违章搭建的石棉瓦平房办公。同时,该居委会与原告协商购买该违章搭建房残值(指该房拆除材料值),由城建指挥部付款。1992 年 9 月 7 日,原告出具领条一张,领取了房屋残值 480 元。1993 年 3 月 26 日,原告隐瞒其真实情况,向原彭县规划委员会办公室申请办理扩建房屋的产权证。同年 5 月 10 日,原彭县规划委员会办公室由于审查不严,予以批准。次日,原告张淑芳为占有违章搭建房与其夫陈伍清协议分割夫妻共同财产,分房协议内容:"一、彭县城市建设指挥部为陈伍清安置的天彭镇东干道住房一套属陈伍清所有;二、牛市坝街 11 号未拆除的 40.25 平方米石棉瓦房屋属张淑芳所有。"并经原彭县公证处公证。事后,原告强行搬进彭州市天彭镇外北街居委会正在使用的违章搭建的石棉瓦房内食宿。同月 17 日,原告持规划部门的批复和公证书向被告申请办理该石棉瓦房的产权证。因被告审查不严,于同年 9 月 1 日颁发了彭权字第 2476 号《房屋所有权证》。1994 年 2 月 1 日,原告将领取的石棉瓦房残值款 480 元强行退给彭州市天彭镇外北街居委会(领取残值款时间与退款时间之间已长达一年又四个月)。彭州市规划委员会办公室查明真情后,于 1995 年 5 月 16 日作了撤销对天彭镇牛市坝街产权证申请批复意见的决定。同月 20 日,彭州市公证处作了撤销(93)彭证民字第 9 号公证书的决定。同月 29 日,彭州市城乡建设委员会作出关于缴销彭权字第 2476 号《房屋所有权证》的决定。对此,原告不服,主张依法撤销彭州市城乡建设委员会关于缴销彭权字第 2476 号《房屋所有权证》的决定和确认原告对该房享有所有权,于 1995 年 7 月 23 日向彭州市人民法院提起行政诉讼。

彭州市人民法院经审理认为:原告张淑芳之夫陈伍清于 1973 年 2 月购买原彭县天彭镇牛市坝街 11 号鄢姓草房一间半,其后,在该房前搭建了木结构石棉瓦平房一间,面积 40.25 平方米,未能提供该搭建平房的申请批准手续,属违章搭建。原告隐瞒真实情况取得的房屋产权证不符合有关法律规定,属无效行为。被告彭州市城乡建设管理委员会 1995 年 5 月 29 日关于缴销彭权字第 2476 号《房屋所有权证》的决定，事实清楚，证据充分，适用法律法规正确，程序合法。据此，根据《中华人民共和国行政诉讼法》第五十四条第一项规定，该院于 1995 年 11 月 25 日作出判决：一、维持彭州市城乡建设管理委员会关于缴销彭权字 2476 号《房屋所有权证》的决定；二、驳回原告张淑芳的其他诉讼请求。

张淑芳不服一审判决，以"1982 年搭建 40.25 平方米房屋时，没有健全的管理机构和审批制度，应视搭建房屋属合法建筑物。1992 年 9 月 7 日领取 480 元残值时，由于我不识字，认为是暂借我的房子给我的使用费，便糊涂地盖了章，收了钱，后来请人看条子，我才发现上了当"为由向四川省成都市中级人民法院提出上诉。

彭州市城建委辩称：张淑芳以搭建 40.25 平方米房屋时没有健全的管理机构和审批制度为由来说明其搭建合法是不能成立的。因为彭州市房屋审批机构于 1984 年已成立。房屋产权登记机构已于 1988 年正式办公。1992 年房屋拆迁时，因张淑芳未补办搭建房手续，同年 9 月房屋拆迁处理是正确的。张淑芳称由于不识字，领取 480 元钱是上当是不能成立的。张淑芳办理产权登记申请时隐瞒了该房在 1992 年 9 月 7 日已作拆迁处理这一事实。张淑芳办理搭建房屋产权证其主要依据是规划申请批准证明和公证证明，而这两个证明已被出具单位撤销，因此，作出缴销张淑芳所持这 40.25 平方米房屋产权证的决定是符合事实和法律的。

成都市中级人民法院受理此案后，依法组成了合议庭，经公开审理认为：张淑芳在所买的房屋前搭建木结构石棉瓦房一间，面积 40.25 平方米系未经批准擅自搭建，且张淑芳在申办《房屋所有权证》时隐瞒事实，属不如实申报房屋产权真实情况，彭州市城建委作的缴销彭权字第 2476 号《房屋所有权证》的决定，符合《成都市城市房屋产权产籍管理暂行办法》第三十九条第(一)项的规定。张淑芳的上诉理由不能成立。原判认定的事实清楚，适用法律、法规正确。据此，根据《中华人民共和国行政诉讼法》第六十一条第(一)项的规定，该院于 1996 年 3 月 4 日作判决：驳回上诉，维持原判。

[法理评析]　本案是一起因主管机关撤销房屋所有权证书而引发的行政纠纷。我国实行居民修建住宅审批制度。本案中，原告张淑芳及其夫陈伍清在 1982 年将搭建草房一间完全建成石棉瓦平房时，均没有申请扩建住宅，此修建行为应认定为擅自建房行为；且张淑芳在申办《房屋所有权证》时隐瞒事实，属不如实申报房屋产权真实情况，违反了有关法律、法规的规定，终致败诉。彭州市城乡建设管理委员会依法缴销彭权字第 2476 号《房屋所有权证》，理应受到法院确认。

思考题

1. 房地产纠纷的概念与特征是什么?

2. 房地产纠纷有哪些主要类型?

3. 房地产纠纷的处理原则有哪些?

4. 什么是房地产纠纷民事诉讼? 其诉讼的基本程序是如何规定的?

5. 什么是房地产纠纷行政诉讼? 有哪些特点?

6. 房地产纠纷仲裁的基本程序是什么?

参考文献

[1]李延荣，周坷. 房地产法. 北京:中国人民大学出版社，2005
[2] 赵勇山. 房地产法论. 北京:法律出版社，2002
[3] 信勇. 房地产法学. 杭州:浙江大学出版社，2002
[4] 程信和，刘国臻. 房地产法. 北京:北京大学出版社，2006
[5] 黄河. 房地产法. 北京:中国政法大学出版社，1999
[6] 沈晖. 房地产法的理论与实践. 上海:同济大学出版社，2000
[7] 蔡耀忠. 中国房地产法研究. 北京:法律出版社，2002
[8] 尚晨光. 物业管理条例释义. 北京:中国法制出版社，2004
[9] 崔建远，孙佑海，等. 中国房地产法研究. 北京:中国法制出版社，1995
[10] 王文正，韩强. 新编房地产法 北京:高等教育出版社，1998
[11] 钱明星. 物权法原理. 北京:北京大学出版社，1997
[12] 夏善胜. 物业管理法. 北京:法律出版社，2003
[13] 韩舫友. 房屋交易纠纷评判依据及案例解析. 北京:中国物价出版社，2003
[14] 揭明，张勇敏. 房地产法. 杭州:浙江大学出版社，2004
[15] 李延荣. 房地产管理法 北京:中国人民大学出版社，2002
[16] 孙翠兰. 土地与房地产管理法案例解析. 北京:中国检察出版社，2005
[17] 孙镇平. 房地产法案例教程. 北京:高等教育出版社，2005
[18] 梁槛，潘文，等. 建设工程合同管理与案例分析. 北京:中国建筑工业出版社，2004
[19] 潘福仁. 建设工程合同纠纷. 北京:法律出版社，2007
[20] 李武伦. 建设工程管理与索赔. 郑州:黄河水利出版社，2002
[21] 李永军. 合同法案例. 北京:中国人民大学出版社，2005
[22] 董开军. 合同法释义. 北京:群众出版社，1999

参考法规

[1]《中华人民共和国土地管理法》(1986 年颁布,1988 年修正,1998 年修订, 2004 年第二次修正)
[2]《中华人民共和国城市房地产管理法》(1994 年颁布,2007 年修订)
[3]《中华人民共和国招标投标法》(1999 年颁布)
[4]《中华人民共和国合同法》(1999 年颁布)
[5]《中华人民共和国物权法》(2007 年颁布)
[6]《中华人民共和国民事诉讼法》(1991 年颁布)
[7]《中华人民共和国农村土地承包法》(2002 年颁布)
[8]《国有土地房屋征收与补偿条例》(2011 年发布)
[9]《建设工程质量管理条例》(2002 年发布)
[10]《中华人民共和国物业管理条例》(2003 年发布,2007 年修订)
[11]《中华人民共和国城镇国有土地使用权出让和转让暂行条例》(1990 年发布)
[12]《中华人民共和国土地增值税暂行条例》(1993 年发布)
[13]《农村土地承包经营权流转管理办法》(2005 年颁布)
[14]《物业管理服务收费管理办法》(2003 年颁布)
[15]《城市房地产开发经营管理条例》(1998 年发布)
[16]《经济适用住房管理办法》(2007 年发布)
[17]《商品房销售管理办法》(2001 发布)
[18]《城市商品房预售管理办法》(1994 年发布,2001 年修正)
[19] 最高人民法院《关于审理商品房买卖合同纠纷案件适用法律若干问题的解释》(2003 年通过)
[20]《土地登记办法》(2007 年公布)
[21]《房屋登记办法》(2008 年发布)
[22]《中华人民共和国城乡规划法》(2007 年公布)
[23] 最高人民法院《关于审理建筑物区分所有权纠纷案件具体应用法律若干问题的解释》(2009 年通过)
[24] 农村土地承包经营纠纷调解仲裁法(2009 年通过)
[25] 审理涉及农村土地承包纠纷案件适用法律问题的解释(2005 年通过)
[26]《商品房屋租赁管理办法》(2011 年发布)